La compañía de
Débora
Cómo marcar una diferencia

EDITORIAL PENIEL
Boedo 25
Buenos Aires, C1206AAA
Argentina
Tel. 54-11 4981-6178 / 6034
e-mail: info@peniel.com
www.peniel.com

Diseño de cubierta e interior:
ARTE PENIEL • arte@peniel.com

Publicado originalmente en inglés con el título:
The Deborah Company by Destiny Image
Shippensburg, PA, USA
Copyright © 2007 by Jane Hamon
All rights reserved.

Hamon, Jane
La compañía de Débora. - 1a ed. - Buenos Aires : Peniel, 2008.
320 p. ; 21x14 cm.
Traducido por: Virginia López
ISBN 10: 987-557-220-9
ISBN 13: 978-987-557-220-1
1. Vida Cristiana. I. López, Virginia, trad. II. Título
CDD 248

Impreso en Colombia / Printed in Colombia

La compañía de
Débora
Cómo marcar una diferencia

Jane Hamon

BUENOS AIRES - MIAMI - SAN JOSÉ - SANTIAGO
www.peniel.com

Dedicatoria

Este libro está dedicado a mis dos hijas, Cristal y Tiffany, y al ejército de mujeres a quienes Dios está levantando hoy en esta generación en toda la Tierra. Que cada una de ustedes halle el camino que Dios les ha marcado para llegar a su destino. Que puedan saltar cada obstáculo con el poder de la fuerza del Señor, y ser llenas del corazón y la mente de Dios. Que sean osadas y valientes al enfrentar cada adversidad, y alcancen todo su potencial en Cristo. ¡Sean todo lo que pueden ser!

Agradecimientos

Tengo el enorme privilegio de tener dos hombres fuertes y ungidos que me apoyan en mi búsqueda de cumplir mi destino como mujer en el ministerio. Quisiera agradecer especialmente y expresar mi aprecio a mi esposo, Tom, y a mi suegro, el obispo Bill Hamon.

Gracias por todas las veces que me han alentado, me han acompañado, me han apoyado y me han empujado a seguir. Gracias por creer en mí y en el llamado que tengo para mi vida, aun en esos momentos en que a mí misma se me hacía difícil creer. Gracias por darme la libertad de acceder a nuevos desafíos en el ministerio con la confianza de no estar sola, y de que ustedes me ayudarían si cometía algún error. Gracias por nunca hacerme sentir como una ciudadana de segunda en el Reino de Dios o en el ministerio por el mero hecho de ser una mujer. ¡Los amo muchísimo a ambos!

Algunas opiniones sobre el libro

La profetisa Jane Hamon está plenamente calificada para escribir sobre las mujeres como Débora. Ella misma es profetisa al estilo de Débora, desde hace ya más de veinte años. Su libro revela cómo una mujer puede cumplir cuatro ministerios diferentes con sabiduría y equilibrio. Jane ha funcionado como esposa, madre, profeta y copastora con su esposo, con gran éxito. Toda mujer debe leer este libro para obtener sabiduría e inspiración para cumplir su llamado. Todo hombre necesita leer este libro para comprender a su mujer. Dios te bendiga, Jane, por bendecir al Cuerpo de Cristo con tu revelación, sabiduría y experiencia para cumplir el cuádruple ministerio de las mujeres como Débora.

DR. BILL HAMON
Obispo de Christian International Ministries Network
Autor de siete libros

Durante sus tiempos estratégicos, Dios levanta voces proféticas que emiten un sonido nuevo del Señor para esa época. Como una potente trompeta, Jane Hamon lanza un llamado de trompeta para las mujeres en su libro *La Compañía de Débora*. El desafío para ellas es salir de la mediocridad y las ataduras religiosas de las viejas mentalidades y animarse a lanzarse como pioneras en el camino que Dios ha marcado para las mujeres y que influirá sobre las generaciones futuras. Recomiendo especialmente *La Compañía de Débora* para todas las mujeres que deseen que sus vidas marquen una diferencia en el mundo.

BARBARA WENTROBLE
Fundadora de International Breakthrough Ministries
Escritora

Siempre he sido un defensor de las mujeres que son fieles a su llamado. Tuve una abuela temerosa de Dios y una madre vencedora, y he visto la fortaleza de Dios demostrada en el género femenino. ¡Sé que el enemigo odia a las mujeres que tienen pasión! Él sabe que su simiente es capaz de desbaratar sus propósitos en el ámbito de la Tierra. El diablo sabe que las mujeres serán usadas para plantarse frente a él y ganar gran victoria en este planeta. Ellas van a desentrañar las estructuras religiosas islámicas. Vencerán las estrategias del caos en sus ciudades. Se ubicarán en puestos elevados en las más importantes entidades para regir y cambiar las estructuras sociales. Jane Hamon, una de estas mujeres osadas, llenas de fe, ha creado un libro para explicar quiénes son las mujeres que pertenecen a "la Compañía de Débora". Este libro es un atrapante recordatorio de las mujeres de fe que han pasado antes que nosotros estableciendo un legado en la Tierra y en la historia de la Iglesia. Este libro es una guía de cómo las mujeres se levantarán para ejercer su autoridad apostólica y asegurar el futuro del pueblo de Dios. ¡Es de lectura obligatoria!

DR. CHUCK D. PIERCE
Presidente de Glory of Zion International, Inc.
Vicepresidente de Global Harvest Ministries

Usando los atributos y las características de Débora como fundamento, Jane bosqueja la identidad y el destino de las mujeres de

Dios en esta hora en que Él las llama a acceder a la plenitud de sus propósitos. Toma ejemplo de las mujeres de La Biblia, así como de mujeres del siglo XXI, que hacen impacto en su mundo para alentarnos a aceptar todo lo que Dios tiene para nosotras como mujeres de visión, sabiduría, autoridad, coraje y pasión. ¡Tome su puesto en el ejército de mujeres como Débora y reciba la totalidad de su herencia!

JANE HANSEN
Presidenta y Directora general
Aglow International

Índice

PRIMERA SECCIÓN
Débora, la profetisa: mujer de visión

Segunda sección
Débora, la jueza: mujer de sabiduría y autoridad

Tercera sección
Débora, la esposa: mujer de equilibrio

Cuarta sección
Débora, la guerrera: mujer de coraje

Quinta sección
Débora, la adoradora: mujer apasionada

Sexta sección
¡Déboras, levántense!

Prólogo

En mis viajes por el mundo, he encontrado vez tras vez la misma palabra profética: ¡este es el tiempo de Dios para las mujeres! ¿Qué significa esto? Las mujeres siempre han sido la columna vertebral de las naciones. Hay ciertas características inherentes que el Señor ha colocado en la mujer: tenacidad, fortaleza, resistencia, amor por los niños y una justa indignación por las injusticias. Naturalmente, no digo que Dios no vaya a usar cada vez con más poder a los hombres también. De hecho, Dios desea usar a hombres y mujeres juntos para manifestar los principios de su Reino en los países.

En este nuevo movimiento del Espíritu Santo, hay una nueva necesidad de mirar a las mujeres del pasado que poseyeron una unción para la reforma en su generación. El ejemplo más destacado de esta clase de mujer en La Biblia es Débora. Ella fue jueza, profeta, valiente guerrera, adoradora y líder de gobierno, todo en una. ¡Maravilloso!

Hay muchas mujeres así en la actualidad. Una de ellas es Jane Hamon, por lo cual, es una de las personas más capacitadas para escribir sobre Débora. Ella es la encarnación de los atributos de esta líder bíblica y posee una llama de justicia dada por Dios. Su palabra profética es segura y precisa, y es maestra de La Biblia trayendo revelación a quienes la oyen.

¿Por qué este libro es tan importante en este momento de la historia? Aunque hay muchas mujeres que son llamadas a levantarse como Déboras, no existen demasiados modelos que puedan seguir las líderes y las que se están formando para llegar a ser líderes. De hecho, al mirar a los ojos a mujeres jóvenes de diversas partes del mundo, he notado que están ansiosas por tener una mentora, alguien que haya abierto camino antes que ellas. Este libro responde a las necesidades, tanto de aquellas que comienzan a buscar al Señor para saber qué parte les toca en cambiar a las naciones, como de aquellas que ya lo están haciendo.

Débora era una mujer que sabía que no podía hacer todo sola. Por ello, se unió a Barac para cambiar su nación. Por dotadas que seamos las mujeres, debemos comprender que Dios hace trabajar en equipo a hombres y mujeres. Naturalmente, el enfoque principal de este libro está puesto en las mujeres, pero no le haría daño a algún "Barac" echar un vistazo para poder comprender este nuevo movimiento de Dios.

Mientras estaba en Barcelona (España), en 1999, tuve una increíble visitación de Dios. En esa visión sobrecogedora, el Señor me mostró a miles de mujeres montadas en caballos de guerra y marchando por toda la faz de la Tierra, llevando el evangelio del Reino. Vi a mujeres de Europa, África, Asia, América Latina, Rusia, Norteamérica, Escandinavia, todas cabalgando juntas como un gran ejército de Dios. Estas mujeres tenían un mismo espíritu y una misma voz para luchar contra el aborto, la pobreza, la esclavitud infantil, la prostitución y otros males.

Muchas veces, como mujeres cristianas, no nos hemos unido y no hemos prestado atención al hecho de que, formando coaliciones contra el mal, podemos cambiar y reformar las naciones. Juntas, podemos hacer lo que una voz solitaria no puede lograr; podemos sacudir las naciones de la Tierra por amor a la justicia.

Es triste decirlo, pero las feministas han logrado unirse mucho mejor que las mujeres cristianas. Por consiguiente, han levantado hogares para mujeres golpeadas, han influido en las áreas de justicia social, en particular, y se las cita con frecuencia en los servicios informativos. Pero se está produciendo un cambio en esta Tierra. ¡Las Déboras de Dios se levantan! Se levantan para cabalgar juntas y decir: "¡Vamos a alimentar a los pobres, vamos a cuidar a los huérfanos, vamos a predicar el evangelio, vamos a ayudar a erradicar la pobreza y a liberar a las que están atadas por la prostitución! ¡Haremos oír nuestra voz en las naciones!".

Dios le encomendó a Débora la tarea de ser jueza en un tiempo en que su país estaba en ruinas. No la había llamado a cumplir una tarea fácil; de hecho, era prácticamente imposible. Dado que su país estaba ocupado, la gente no podía vivir en aldeas normalmente (ver Jueces 5:7), y temían viajar por las rutas habituales (ver v. 6). La sociedad estaba destruida.

Hay mujeres que viven en situaciones similares en la actualidad. Otras mujeres, aun hoy, son poco más que una posesión, con escasos o ningún derecho propio. Aunque muchas tenemos completa libertad, debemos escuchar los clamores de las mujeres que sufren, cuyos hijos tienen hambre, y que no tienen adónde ir.

Por ello, este es un libro fundamental. ¡Necesitamos que las Déboras se levanten! Por mi parte, he reunido a un grupo de líderes internacionales increíblemente dotadas –del cual Jane Hamon es una de las fundadoras– que se han comprometido a hacer precisamente estas cosas. Hay un grupo de "jóvenes Déboras" que también se reúnen todos los años. Estas mujeres de gran mérito y coraje alimentan a los pobres, predican, enseñan y producen películas ganadoras de premios. Iqbal Massey, que escribe una sección de este libro, es una de ellas. De hecho, acabamos de ingresarla en nuestro Salón Internacional de la Fama de las Mujeres Cristianas como miembro inaugural.

Mi oración es que usted se encuentre en las páginas de este libro. Sea que su llamado sea a quedarse en casa para criar hijos increíbles o que sea médica, actriz, esposa de pastor, evangelista o cualquiera de millones de títulos más, este libro es para usted. La fortalecerá en su llamado, la movilizará y la ayudará a comprender su lugar en el mundo de Dios.

Gracias, Jane, por este libro. Hace tiempo que las Déboras de este mundo lo necesitaban.

CINDY JACOBS
Generals International
Dallas, Texas

Prefacio

Este libro fue escrito como resultado de mi propia búsqueda personal de verdad e identidad como mujer llamada al ministerio. Gran parte de lo escrito está dirigido hacia las mujeres del Cuerpo de Cristo que comparten mi pasión y mi celo por ser completamente obedientes a la voluntad de Dios para nuestras vidas y para ser usadas por el Señor en el ministerio de cualquier forma que Él decida. Cada una de nosotras debe esforzarse por ser una persona que marque una diferencia, haciendo impacto en su esfera de influencia para el Reino de Dios.

Las verdades de este libro, sin embargo, no están limitadas en su aplicación a las mujeres; ¡de ninguna manera! Hablaré de ser personas de visión, de manifestar visión de Dios, de actuar con valentía y coraje, de mantener el equilibrio en nuestra vida, de ministrar en equipo y de vivir apasionadamente para Dios. Estos temas, espero, ministrarán tanto a mujeres como a hombres y nos alentarán a todos para alcanzar nuestro mayor potencial en Cristo.

Con el advenimiento del Movimiento Apostólico-profético en la Iglesia, Dios desafía muchas mentalidades, tradiciones religiosas y prejuicios culturales para hacernos entrar de lleno en su plan eterno.

Las mujeres hemos escuchado muchas veces sermones o enseñanzas sobre ser parte de la "Generación de Josué" o de tener la naturaleza de David, Elías o Pablo; de ser "hijos de Dios". De la misma manera, podría ser beneficioso para los hombres aprender algunos de los principios de "la Compañía de Débora", así como han aprendido a acomodarse a la idea de ser la Esposa de Cristo.

En cuanto a ser parte de "la Compañía de Débora", vemos en La Biblia que un hombre, el general Barac, trabajó codo a codo con la mujer y jueza Débora, y fue una parte vital de lo que Dios estaba haciendo en ella y a través de ella.

Por lo tanto, y aunque este libro fue escrito pensando en las mujeres, quisiera invitar a los hombres a que también ellos capten la visión de lo que Dios está haciendo en las mujeres del Cuerpo de Cristo para que todos podamos trabajar juntos y así cumplir eficazmente los propósitos de su Reino aquí en la Tierra. ¡Dios los bendiga a todos!

Introducción

El Señor da la palabra (de poder); **las mujeres** *que escuchan y publican (la noticia) son un gran ejército* (Salmo 68:11, Biblia Amplificada, traducción libre).

Parada en la plataforma, antes de hablar a una multitud de miles de personas en Asia, comencé a darme cuenta de cuán fiel había sido Dios al abrir las puertas para el cumplimiento de mi destino. Aquí estaba yo, predicando y ministrando a líderes y creyentes de otro país, con mi esposo sentado en la primera fila, alentándome, y mi hija sentada junto a él, ambos listos para apoyarme cuando comenzara el momento de ministrar individualmente. Esta gente no estaba demasiado acostumbrada a las "mujeres predicadoras", pero quería escuchar lo que Dios decía a su país. Mi oración fue que lo que yo tenía para decir no fuera simplemente otro mensaje "agradable", sino que lo que impartiera realmente marcara una diferencia en sus vidas, individualmente, así como en la vida de la nación toda.

Dios me había hablado, ya desde comienzos de mi vida, sobre sus planes para utilizarme en el ministerio. Me dijo que me iba a dar un "equipo ministerial" con mi esposo, y que, codo a codo, predicaríamos La Palabra de Dios; y que Él nos iba a enviar a las naciones de la Tierra. En ese momento de la Iglesia, no había muchos ejemplos de equipos de esposo y esposa, ni muchos modelos de mujeres que fueran utilizadas para ministrar La Palabra de Dios. Las mujeres eran esposas de pastores, maestras de Escuela Dominical o miembros del coro. Muy pocas predicaban o enseñaban a congregaciones enteras, y aun menos tenían posiciones de liderazgo con autoridad.

Pero los tiempos han cambiado. Hoy, no solo hay mujeres líderes en nuestras iglesias, sino que han accedido a roles de liderazgo en el mundo comercial y político también. Esto no es resultado del movimiento secular de liberación femenina, como muchos creen, sino el tiempo, plan y propósito de Dios, de restablecer a las mujeres en roles de funcionamiento vitales para marcar una diferencia en los reinos de este mundo. La ideología feminista de los años sesenta y setenta fue solo una falsificación de lo que Dios deseaba hacer en las mujeres y a través de ellas. Dios siempre tuvo en su corazón poner a las mujeres en libertad para que alcanzaran su pleno potencial en Cristo. Pero no deseaba que esto produjera rebelión ni ruptura de la unidad familiar. Lo que comenzó al revés ahora está siendo colocado en su ubicación real, a medida que las mujeres reconocen sus destinos –ordenados por Dios– y los siguen con un espíritu de libertad y humildad para poder hacer un impacto real en su entorno.

Desde los primeros días de la historia de la Iglesia, Dios ha usado a las mujeres para marcar una diferencia en la sociedad. Ana, la profetisa, fue la primera en proclamar que el niño Jesús era el largamente esperado Mesías. Las vidas de varias mujeres –entre ellas, la samaritana junto al pozo de agua– fueron tocadas por Jesús, que confrontó los prejuicios de género de la época. Descubrimos que las mujeres fueron las últimas en alejarse de la cruz, las primeras en acercarse a la tumba, las primeras en proclamar la resurrección, asistieron a la primera reunión de oración en el aposento alto, en Pentecostés, y fueron las primeras en recibir a Pablo y a Silas en Europa. La primera convertida europea, Lidia, apoyó económicamente a Pablo y abrió una iglesia en su casa. Además, mujeres como Febe, Priscila y Cloé fueron líderes en la Iglesia primitiva. Estas fueron algunas de las mujeres cristianas del primer siglo que marcaron una diferencia y prepararon el camino para que el cristianismo creciera en todo el mundo.

A lo largo de los años, las mujeres han dejado su marca con su fidelidad al llamado de Dios, su pureza y persistencia. Nos inspira el legado de Vibia Perpetua, una joven mártir –de solo veintiún años– del siglo tercero, que fue sentenciada a morir y arrojada a las bestias salvajes por negarse a renunciar a su fe. Ella escribió muchos de los detalles previos a su martirio e inspiró a muchos a permanecer firmes en su fe. También nos alienta leer sobre la joven Juana de Arco, que, por su intensa relación de amor con el Salvador, comenzó a recibir visitaciones divinas. Por ser obediente a lo que las visiones le indicaban, cambió el curso de reyes y naciones. Pero, al mismo tiempo, dado que era mujer –y muy influyente en su época–, debió soportar falsas acusaciones y, finalmente, fue quemada como hereje. Al morir, pronunció el nombre de Jesús y perdonó a los que la acusaban.

Otro modelo es Florence Nightingale, conocida como la fundadora de la enfermería moderna. Ella mejoró las condiciones sanitarias en los hospitales y trabajó para mejorar la atención médica. Finalmente, fue declarada la pionera que inspiró la creación de la Cruz Roja, que ayuda a millones de personas en todo el mundo en tiempos de necesidad.

Muchas otras mujeres han marcado una diferencia en sus lugares de influencia: Corrie Ten Boom, que ayudó a multitud de judíos a escapar del control de la Alemania nazi y que continuó llevando a miles de personas al Señor en todo el mundo; Maria Woodworth Etter, extraordinaria predicadora y precursora de avivamientos en el Oeste Medio de los EE. UU.; Aimee Semple McPherson, fundadora de la denominación Cuadrangular y gran evangelista sanadora; Katherine Kuhlman, asombrosa obradora de milagros; y Henrietta Mears, autora de multitud de planes de estudio para Escuela Dominical y fundadora de *Gospel Light Publications*. Todas estas mujeres hicieron impacto, no solo en su generación, sino también en las que les siguieron. Fueron mujeres que dejaron su marca y cambiaron el estado de las cosas.

Como joven mujer en el ministerio, yo también quería influir en las vidas de otras personas y producir un cambio positivo en este mundo. Sabiendo que tenía un llamado de Dios sobre mi vida, comencé a buscar en La Biblia el ejemplo de una mujer que pudiera hacerlo todo: ser la esposa, madre, mujer de negocios, mujer ungida del Espíritu y líder respetada que caracterizara a esta nueva raza de mujeres a las que Dios está levantando para soltar en la Iglesia. Encontré muchos ejemplos de mujeres fuertes en La Biblia, que poseían varias cualidades admirables para imitar, como Sara, Ester y Abigail. Pero cuando leí sobre Débora, supe que su vida y su ministerio serían el prototipo de las cualidades que debían encontrarse en este ejército de mujeres de las que quería ser parte.

Jueces 4:4 dice:

En aquel tiempo gobernaba a Israel una profetisa llamada Débora, que era esposa de Lapidot.

Débora llevó el cambio a una nación en turbulencia. Inspiró a un general, convocó a las tropas y abrió un camino de libertad para millones de personas. Fue una mujer que marcó una diferencia. Débora nos da un excelente ejemplo de una mujer que sirvió como líder en Israel, en el tiempo en que eran oprimidos por sus enemigos. Se la describe como *profetisa, jueza gobernante y esposa*; y luego, al acompañar al general Barac a la batalla, como *guerrera* y *adoradora*.

Estos aspectos de la vida y el ministerio de Débora también se aplican a las características de las mujeres que son llamadas por Dios hoy. Ellas son el ejército de las "la Compañía de Débora", mujeres comunes, de todas partes, que responden al llamado profético de Dios para convertirse en extraordinarias personas y marcar una diferencia. En este libro, exploraremos cada una de estas funciones y cómo podemos ser más eficaces en cada una, mientras seguimos el llamado de Dios sobre nuestra vida.

Cada mujer tiene un llamado en Cristo. Algunas lo cumplirán como esposas y madres. Otras, en el mundo de los negocios. Otras más lo cumplirán como líderes en el gobierno. Otras producirán cambios positivos en las vidas de otras personas. Algunas desafiarán los sistemas operativos del mundo para mejorarlos. Algunas, aun, cambiarán a naciones enteras con la influencia que Cristo les dará.

En todos mis años de ministerio, he vivido muchas alegrías y muchos desafíos. Algunas veces, sentía que desbordaba de visión y deseaba tener todo, hacer todo y ser todo. Quería ser madre y esposa, pero también quería cumplir el llamado que Dios había dado a mi vida. Tengo el privilegio, desde hace más de veinte años, de haber participado de la iniciación de una iglesia que hemos pastoreado con quien es mi esposo desde hace más de veinticinco años, Tom. También tengo tres hermosos hijos: Crystal, Tiffany y Jason, que trabajan con nosotros en el ministerio. He tenido la bendición de ser usada por el Señor como profeta; he viajado a muchos países, donde ministré por medio de la enseñanza, la predicación y la profecía; y he sido usada por Dios con el don de discernimiento para ciudades, iglesias y naciones. Todos los aspectos de mi vida han sido un verdadero gozo y un privilegio, pero también ha sido un desafío hacer que todo fluya con gracia: matrimonio, familia, amistades y ministerio.

En este libro, usted leerá mucho sobre mi trayectoria personal como mujer en el ministerio. También conocerá a muchas otras Déboras fascinantes que impactan sus áreas de influencia en todo el mundo. Estas mujeres marcan una diferencia para las causas del Reino de Dios en muchos lugares del mundo.

Si usted es como yo, tendrá un ardiente deseo de ser todo lo que Dios la ha llamado a ser. Quiera Dios que, al estudiar el ejemplo de la vida de Débora, cada una de nosotras se vea desafiada a alcanzar la plenitud de su potencial en Cristo, con la humildad y el amor como guías. Ministremos los propósitos de Dios a esta generación, marcando así un sendero de fuego para las generaciones de mujeres que vendrán. Que le sea impartido el corazón y el espíritu de Débora, y que comprendamos más plenamente esta nueva raza de mujeres: "la Compañía de Débora".

Débora, la profetisa: mujer de visión

*"Las personas que tienen visión ven lo invisible,
escuchan lo inaudible, piensan lo impensable,
creen lo increíble y hacen lo imposible".*

AUTOR ANÓNIMO

Capítulo I

Débora, una mujer que marcó una diferencia

Dondequiera que uno mirara, podía ver gente triste y deprimida. Ya hacía veinte años que dominaba Jabín, el rey cananeo, y las cosas iban cada vez peor. Los caminos no eran seguros para viajar, y aun en las aldeas, la gente tenía miedo de salir de su casa. Los niños ya no jugaban en las calles como antes. Lo que alguna vez fue una comunidad amante de la familia y la sana diversión se había convertido en un lugar de supervivencia y dolor, y la desesperanza reinaba en todos los hogares. Jabín les había quitado todas las armas y había prohibido que construyeran otras nuevas. Por consiguiente, dado que ningún joven tenía espadas o lanzas, no estaban dispuestos a encabezar una batalla para lograr la libertad. Sus corazones estaban demasiado llenos de temor. Después de todo, ¿acaso Jabín no tenía novecientos carros de hierro? ¿Y no hacía ya dos décadas que desataba su crueldad sobre el pueblo? "Señor, ¿habrá alguien que pueda librarnos de esta cruenta esclavitud?".

El pueblo ansiaba los días en que Aod era juez sobre esa Tierra. Él los había guiado a una gran victoria y había llevado la paz al territorio. Después, llegaron los días de Samgar. Él también había sido un poderoso guerrero y había librado a Israel de los filisteos que habían entrado para robar y destruir. Estos hombres habían enseñado a Israel los caminos del Señor y los habían instado a vivir rectamente. Los habían mantenido sobre el camino angosto y recto.

Pero las cosas habían cambiado. Después de años de paz, el pueblo había olvidado su pacto con Dios y había comenzado a servir a los ídolos de la Tierra. Pronto, su idolatría y su pecado hicieron que el favor de Dios se retirara de ellos, y ahora servían a sus enemigos. No tenían esperanzas ni valor para producir un cambio. Solo la misericordia de Dios podría salvarlos ahora, por lo cual, clamaron a Él pidiendo un libertador.

Mientras tanto, en las montañas de Efraín, vivía una mujer llamada Débora, esposa de Lapidot, un hombre respetado en su comunidad. Débora amaba al Señor y despreciaba la práctica de la idolatría. Diariamente oraba para que Dios levantara una vez más gobernantes justos en Israel, y se ofrecía a Dios para hacer cualquier cosa que Él pidiera de ella para ver restaurado su reino.

Mientras Débora continuaba clamando a Dios, Él comenzó a hablarle con regularidad. Pronto, su visión profética y su sabiduría atrajeron a las personas hacia ella en busca de soluciones para sus problemas y juicios. Aun los hijos de Isacar, que eran hombres de gran sabiduría y capacidad para el liderazgo, acudían a ella por consejo. Finalmente, Dios ungió a Débora para que se convirtiera en jueza de todo Israel.

Débora se sentaba bajo una palmera, y la gente acudía a ella en busca de ayuda. Ella escuchaba sus clamores desesperados por un cambio y los alentaba, mientras estaban cautivos de la cruel mano de Jabín. Como madre en Israel, su corazón se partía por el pueblo que vivía bajo juicio y sufría las consecuencias de su pecado; pero, como profetisa, sabía que llegarían tiempos de cambio, y que Dios deseaba mostrarse fuerte por su pueblo. Sabía que Él tenía un plan para cambiar los patrones de represión e injusticia, y sacar a la nación de la cautividad para llevarla a la libertad y la vida.

Planes de batalla estratégicos

Un día, mientras Débora buscaba al Señor, Dios le reveló su plan. Entonces, ella convocó a Barac, general del ejército, y le comunicó la estrategia que el Señor le había dado para llevar a la nación a la libertad. Hacía más de veinte años que Barac no llevaba a las tropas a la batalla, porque Jabín había aplastado toda resistencia y prohibía que cualquier hombre de Israel tuviera espada o lanza. El plan de batalla que Débora le explicaba sonaba tonto a sus oídos racionales. Sin embargo Barac reconoció que no era un plan que Débora hubiera fabricado en sueños, sino la voz profética de Dios. ¡Pero parecía tan imposible!

Barac debía reunir a las tropas en un determinado lugar y esperar con sus hombres desarmados que el comandante de Jabín, Sísara, llegara con su ejército. Sonaba a locura. Pero la promesa de Débora la profetisa, de Débora la jueza, era que Dios iba a entregar a Sísara en sus manos.

Barac respondió al plan de batalla profético diciendo a Débora: "Si tú vas conmigo, iré. Si no vas, yo no iré". Sabía que necesitaba la unción que Débora cargaba para que se produjera la victoria en la batalla. (Me pregunto si, además, no habrá tenido temor de enfrentar solo a sus tropas con una estrategia tan demencial para la lucha). Débora le dijo que, naturalmente, iría con él. También le informó que él no iba a recibir la gloria por esta victoria, porque Sísara iba a ser entregado en manos de una mujer. Después, Débora y Barac movilizaron al ejército y vieron cómo Dios les daba una victoria sobrenatural sobre sus enemigos.

Visión profética para el cambio

Débora era una mujer común que fue llamada por Dios durante un tiempo crítico de cambio en su pueblo. Recibió una revelación y sabiduría divina que le permitió gobernar eficazmente su nación y comunicar estrategias a otros líderes para llevar a Israel a la libertad. Era una mujer de visión, lo cual se evidencia en el hecho de que pudo oír la voz de Dios para Israel en un tiempo de terrible esclavitud y opresión, y comunicar el plan de batalla que obraría la libertad del pueblo. Ella es un ejemplo para las mujeres de Dios actuales que desean oír su voz e influir en su mundo.

En la actualidad, podemos mirar a nuestro alrededor y ver que las cosas no son muy diferentes de lo que eran en la época de Débora. Conocemos las injusticias que se producen cuando los inicuos oprimen a pobres y débiles. Vemos familias destrozadas por las presiones del sistema mundano. Sabemos de ciudades donde es demasiado peligroso salir de casa por la noche. Vemos a las personas atrapadas en el fatalismo, la mentalidad que dice: "Así son las cosas", sin esperanza de cambio. Ahora, más que nunca, necesitamos que Dios levante profetas que presten atención a sus planes de batalla para la libertad y liberen a este mundo.

Dios llama a mujeres de todo el mundo a responder al nuevo mandato del Espíritu Santo para convertirse en mujeres de visión. La fortaleza de nuestras familias depende de esto. La esperanza de nuestras naciones depende de esto. Las mujeres ya no están limitadas por las ataduras de opresión impuestas por sistemas tradicionales, sociales o religiosos. Es un nuevo tiempo para romper con todas las mentalidades restrictivas que quieren limitarnos a pensar que "no se puede". Dios nos libra de las fortalezas de excusas y de las limitaciones que nos hemos impuesto a nosotras mismas y que nos impidieron cumplir el propósito más elevado de Dios para nuestras vidas.

Dado que era una mujer visionaria, Débora pudo ver más allá de la situación aparentemente imposible que sufría su nación, y aferrarse a la esperanza de la promesa de libertad que Dios le había dado. Ella es un ejemplo tanto para mujeres como para hombres que desean ver más allá de la circunstancia natural que viven y observar el mundo sobrenatural de posibilidades con los ojos del Espíritu de Dios, y convertirse en personas de visión que ven un plan para producir un cambio.

Dios está levantando hoy esta generación de personas que están dispuestas a adoptar la visión del Señor para sus vidas, sus circunstancias y aun sus naciones, mucho más allá de lo que la mente natural puede ver o captar. Las personas de visión tienen un poder que les fue dado y les permite conquistar y vencer en situaciones que, de otra manera, serían invencibles. Alguien dijo una vez de las personas que tienen visión:

Las personas que tienen visión ven lo invisible, escuchan lo inaudible, piensan lo impensable, creen lo increíble y hacen lo imposible.

Autor anónimo

Para ser vehículo del cambio de Dios en la Tierra, la Iglesia debe, primero, pasar por el proceso de renovación y restauración. Para producir cambio, primero debemos soportar el cambio. Para implementar el cambio, debemos estar llenos de la visión de Dios para nuestro futuro.

Mi llamado como Débora

Un día de 1978, cuando era una joven de dieciséis años que recién había sido llena del Espíritu Santo, estaba buscando a Dios en mi cuarto, pidiéndole dirección sobre su plan para mi vida. Ya tenía algunas ideas sobre una posible vocación para seguir, pero, mientras oraba y esperaba delante del Señor (esperando sin saber en realidad qué esperaba), escuché claramente la voz de Dios que me hablaba.

Esto me sorprendió, por dos motivos. Primero, no me habían enseñado que Dios conversara con las personas, así que quedé pasmada cuando escuché sin lugar a dudas que su Espíritu me hablaba. Segundo, además de sorprenderme el hecho de escuchar la voz de Dios, lo que me sorprendió fue el mensaje que me dio.

Dios me dijo esa tarde que no debía seguir la profesión que yo había elegido, sino otra que Él había escogido. Me dijo que me llamaba para su servicio, y que, con el tiempo, llegaría a servir en un "ministerio en equipo", codo a codo con mi esposo. Juntos, íbamos a predicar y ministrar con la unción de su Espíritu, y Él nos enviaría aun a las naciones del mundo.

"¿Qué quieres decir?"

Esto, sencillamente, no tenía ningún sentido para mí. Mi confusión era doble. Primero y principal, el concepto de las mujeres en el ministerio era algo totalmente extraño a mi mente; segundo, una mujer ministrando a la par de su esposo en equipo era para mí algo igualmente incomprensible.

En las iglesias a las que yo había asistido, las mujeres no participaban en ningún rol activo en el ministerio, sino más que nada en tareas de apoyo y hospitalidad. Algunas eran maestras de Escuela Dominical, y ocasionalmente, podía verse una mujer dirigiendo el coro. Pero yo nunca había tenido contacto con ninguna mujer que predicara La Palabra de Dios o fluyera con la unción del Espíritu Santo. Aun la mayoría de las mujeres que eran "esposas de pastores" parecían cumplir un rol más bien administrativo –o decorativo– en la iglesia, más que cumplir un ministerio espiritual.

Dios revela algo nuevo

Dado que me resultaba difícil captar lo que Dios me decía, le pedí que me mostrara un ejemplo de alguien que estuviera haciendo eso para tener un modelo vivo con el cual identificarme. Su respuesta fue la tercera sorpresa del día para mí. Creo que me dijo: "No hay nadie ahora haciendo lo que tú harás. Yo voy a hacer algo nuevo, y tú ayudarás a producirlo".

En los años siguientes, comencé a buscar a otras mujeres en el ministerio como punto de referencia para comprender la palabra de Dios personal para mí. De las que observé, encontré muy pocas a las que deseara imitar. En las raras ocasiones en que escuché predicar a una mujer, me sentí decepcionada. Me parecía que las mujeres que escuchaba sonaban duras, como si estuvieran transfiriendo la filosofía feminista tan en boga del mundo a la iglesia. De alguna manera, sabía que este no era el modelo de lo que Dios me llamaba a ser parte.

En cierta ocasión, después de escuchar a una misionera hablar sobre sus experiencias en naciones lejanas, algo cobró vida dentro de mí. Parecía que esta mujer tenía libertad para predicar y enseñar La Palabra de Dios y moverse en las dimensiones sobrenaturales del Espíritu Santo sin las restricciones que, aparentemente, se aplicaban a mi género en las iglesias de los Estados Unidos. Había escuchado muchas veces el pasaje: *"guarden las mujeres silencio en la iglesia..."* (1 Corintios 14:34), y me preguntaba cómo la Palabra de Dios para mí podía cumplirse sin que yo me fuera a algún país lejano como misionera, donde tendría libertad para predicar y ministrar codo a codo con mi esposo, igual que él.

Como suele suceder cuando Dios nos habla cosas que están por venir, yo trataba de comprender con mi mente natural cómo se cumpliría la Palabra de Dios. Lo que no comprendía era que Dios tenía un tiempo perfecto para comenzar a revelar su plan y hacer que entrara en foco. Lo que tampoco comprendía era que Él me había llamado a funcionar como profeta, pero aún no había llegado el tiempo de develar el ministerio de profecía. En tercer lugar, hasta que conocí al hombre que Dios había elegido para mí, me casé con él y comencé a trabajar con él en el ministerio, me fue imposible comprender el concepto de "ministerio en equipo". Esta también era una idea nacida en el corazón de Dios que se develaría en el momento justo, en el futuro.

Preparar el escenario para el destino

A su tiempo, Dios, fielmente, comenzó a arreglar el escenario para hacerme entrar en su plan. Yo me preparé dedicando mucho tiempo al estudio de La Palabra de Dios y la oración. Busqué oportunidades de compartir el evangelio y de alentar a otros con las enseñanzas de Cristo. Inicié un estudio de La Biblia en mi escuela secundaria e hice arreglos para asistir a un instituto bíblico, de modo de estar preparada para este llamado que Dios había dado a mi vida.

Poco después, conocí a Tom y me casé con él. Entonces, comencé a trabajar en el área administrativa del ministerio fundado por su padre, el Dr. Bill Hamon. Mientras mi esposo y yo crecíamos en la experiencia ministerial juntos, también crecía mi ansiedad por ser usada plenamente por el Espíritu Santo en lo que llegó a conocerse como "el ministerio profético". Tenía un deseo ardiente de ver que se ministrara al pueblo de Dios con una palabra personal sobre su vida y su destino. Poco después, me di cuenta de que, orando y ministrando, mi esposo y yo formábamos un equipo ministerial. Este trabajo en equipo, que continuó con nuestra tarea de pastorear juntos una iglesia, comenzó en el ministerio de Christian Internacional. Dios me estaba revelando las aplicaciones prácticas de la palabra que me había dado muchos años antes.

Me di cuenta de que lo que Dios estaba haciendo con nosotros era algo nuevo, pero no necesariamente único, ya que parecía que estaban surgiendo equipos de ministración de esposo y esposa por todas partes. Junto con esto, llegó la participación de los santos con la activación de sus divinos dones y llamados. Me di cuenta de que Dios iba más allá de mis conceptos de lo que una mujer podía y no podía hacer en el ministerio.

Esto hizo que dejara de buscar un ejemplo moderno de mujer en el ministerio (o aun de equipos ministeriales) como modelo al cual imitar en mi vida y, en cambio, acudiera a La Biblia para buscar el ideal de Dios. Aún podía aprender de las vidas de quienes tenían muchos más años de experiencia que yo en el ministerio, pero mi corazón clamaba por ese modelo bíblico.

Entonces, leí la historia de Débora, que me dio un modelo bíblico que realmente podía seguir. Débora era esposa (y presumiblemente, también madre). Pero era una mujer que rompió los moldes sociales y religiosos, y se convirtió en alguien investido de gran autoridad y poder. Era una mujer de visión, que influyó en las vidas de otras personas y de una nación, e inspiró a otros líderes a ocupar los lugares que Dios les había destinado. Ella alentó al pueblo a creer en Dios cuando todo a su alrededor hablaba de desesperanza y desesperación, y continuamente avivó su fe para esperar que Dios apareciera sobrenaturalmente para vencer a sus enemigos. ¡Literalmente, Débora cambió el curso de la historia!

Otras Déboras en la historia

Hoy, Dios levanta una multitud de mujeres que tienen el corazón y la visión de Débora. Pero, a lo largo de la historia, ha habido numerosas mujeres –muchas de las cuales debieron trabajar sin apoyo– que marcaron una diferencia en tiempos de gran dificultad. Vamos a conocer a una de ellas ahora.

Vibia Perpetua

Era el año 203. El emperador romano Séptimo Severo había emitido un edicto por el cual prohibía que sus súbditos se convirtieran al cristianismo. Como consecuencia, una gran persecución se había desatado sobre Europa y el norte de África, hasta la ciudad de Cartago. Muchos creyentes en Cristo fueron apresados, juzgados y ejecutados por su fe. Una de estos mártires fue una joven noble llamada Vibia Perpetua, que en sus escritos registró gran parte del proceso que culminó en su martirio, y así inspiró a las generaciones futuras con su valor.[1]

Perpetua se había entregado a Cristo en sus primeros años de juventud. Era una joven madre con un hijo aún bebé cuando fue capturada y apresada. Su familia le rogó que renunciara a su fe para escapar de una cruel muerte en el anfiteatro de los gladiadores y apeló a su corazón de madre, ya que dejaría a un bebé aún no destetado si moría. Pero cuando se presentó ante el procurador romano, Hilariano, Vibia osadamente se proclamó cristiana y con gozo aceptó la sentencia de ser arrojada a las bestias salvajes. Para ella, era uno de los honores más elevados ser elegida para participar de los sufrimientos de Cristo y morir como mártir por su Señor y Amo.

Días antes de su ejecución, el Señor visitó a Perpetua en sueños y visiones que le confirmaron que iba a sufrir por Cristo en su muerte. Por medio de estas visiones, el Señor la confortó asegurándole que con su muerte vencería al diablo y sería recibida en los gloriosos brazos del Padre. En una visión, vio la victoria en la muerte; el Señor la besó y le dio entrada por una puerta llamada La Puerta de la Vida. Al despertar, Perpetua dijo: "Entendí que debía luchar, no contra las bestias, sino contra el demonio; pero supe que la victoria era mía".[2]

El día de su muerte, Perpetua entró caminando en el anfiteatro con su amiga y compañera en el martirio, Felicitas, otra joven que acababa de dar a luz. *The Acts of Christian Martyrs* (Los hechos de los mártires cristianos) nos cuenta la historia de ese día:

> Perpetua caminaba con un rostro radiante y paso calmo, como la amada de Dios, como la esposa de Cristo, haciendo que todos los que fijaban su vista en ella bajaran los ojos ante su propia e intensa mirada. Con ella estaba también Felicitas, feliz de haber dado a luz sin inconvenientes para poder ahora luchar contra las bestias, yendo de un baño de sangre a otro, de la partera al gladiador, lista para lavarse tras el parto en un segundo bautismo.[3]

Varios hombres cristianos fueron muertos al ser expuestos a las voraces bestias salvajes. Les soltaron un jabalí, un leopardo y un oso, y murieron bastante rápido. Pero la valerosa muerte de Perpetua y Felicitas fue más prolongada y brutal.

> Pero para las jóvenes, el diablo había preparado una vaquillona. Era inusual ver este tipo de animales allí, pero la habían elegido para que fueran del mismo sexo que la bestia. Así que las desnudaron, las colocaron en redes y las llevaron a la arena. Aun la multitud quedó horrorizada al ver que una era apenas una jovencita y la otra una mujer recién salida del parto, con la leche aún goteando de sus pechos. Así que fueron llevadas adentro otra vez y las vistieron con túnicas sin cinto.

> Primero, la vaquillona volteó a Perpetua, que cayó de espaldas. Después, se incorporó y bajó la túnica –que estaba rasgada al costado– de manera que le cubriera los muslos, pensando más en su decencia que en su dolor. Después, pidió un broche para atar su cabello en desorden; porque no

era correcto que una mártir muriera con el cabello suelto, para que nadie pensara que estaba lamentándose cuando estaba viviendo su hora de mayor triunfo. Al ver que Felicitas había sido aplastada contra el suelo, se acercó a ella, le tendió su mano y la levantó. (…)

Entonces reunieron a los que habían sobrevivido en el lugar habitual para que les cortaran el cuello. Pero la multitud pidió que sus cuerpos fueran llevados al espacio abierto, para que sus ojos pudieran ser culpables testigos de la espada que atravesaría su carne. Así que los mártires se levantaron y fueron al lugar por sus propios medios, como la gente lo pedía, y besándose unos a otros sellaron el martirio con el habitual beso de la paz. Los demás tomaron la espada en silencio y sin moverse. (…) Pero Perpetua aún debía sufrir más dolor. Gritó al ser golpeada en el hueso; pero después, tomó la mano temblorosa del joven gladiador y la guió hacia su cuello. Fue como si una mujer tan grande, a quien tanto temía el espíritu impuro, no pudiera ser despachada a menos que ella misma estuviera dispuesta.[4]

Perpetua fue una mujer que marcó una diferencia en su época, ya que muchos que fueron testigos de su muerte se sintieron inspirados por su fe y su fortaleza en Cristo. Cuando leemos sobre el valor y el gozo con que enfrentó la muerte, comprendemos que el mismo Dios que la hizo triunfar en medio de su prueba nos sostendrá y nos dará valor para vencer en cualquier circunstancia que ahora nosotros enfrentemos.

Mientras llama a las mujeres para defender la causa de Cristo, Dios las unge hoy con ese mismo espíritu de fe y valentía. La mayoría de ellas no serán llamadas a morir la cruel muerte de un mártir; pero todas deben estar dispuestas a morir al yo y a la carne. Mientras las Déboras se levantan en todas las naciones de la

Tierra, Dios busca a aquellas que sean ejemplos de confianza en Cristo, coraje en la batalla y valor para ganar la victoria para el Reino de Dios. ¿Está usted dispuesta a responder al llamado para ser una Débora? ¿Está dispuesta a ser una mujer que marque una diferencia?

Mujeres que marcan una diferencia por medio de su visión

Nancy Alcorn

Entonces oí la voz del Señor que decía: ¿A quién enviaré? ¿Quién irá por nosotros? Y respondí: Aquí estoy. ¡Envíame a mí! (Isaías 6:8).

A poco de recibir a Cristo, después de mi último año de escuela secundaria, una de las primeras cosas que dije fue: "No me pidan que ore en voz alta; jamás me pidan que hable delante de un grupo y nunca me pidan que dé mi testimonio, porque esto va a ser algo privado para mí". Para mí era impensable ponerme de pie para hablar de Dios en público…, pero Él tenía otros planes.

Durante mis estudios universitarios y después de graduada, trabajé para el estado de Tennessee. Trabajando en un correccional para jovencitas que habían delinquido y luego para el Departamento de Servicios Humanos en la investigación de abusos infantiles, todos los días estaba en contacto con vidas quebrantadas que me conmovían profundamente. Aunque esos ocho años de trabajar para el estado fueron una experiencia invaluable, fueron también extremadamente frustrantes para mí. Lo único que me quedó muy en claro durante este tiempo fue que Dios no ha ungido al gobierno para sanar corazones rotos y liberar a los cautivos, pero sí ha llamado a su pueblo a hacerlo (ver Isaías 61:1). Ni el gobierno, ni cualquier otro programa secular pueden, jamás, producir el cambio duradero que estas jóvenes necesitan, porque solo por medio de Jesucristo ellas podrán recibir un nuevo corazón y un nuevo espíritu.

Mientras trabajaba para el estado, durante muchas horas colaboré voluntariamente con el centro local de Teen Challenge trabajando con chicas con problemas. Iba a trabajar para el gobierno durante el día, sin tener la libertad de hablar de Aquel que —yo sabía— podía cambiar las vidas. Pero durante las horas en que no trabajaba, podía servir como voluntaria en Teen Challenge con toda la libertad de hablar de Cristo con las jovencitas. Fue allí que comencé a ver a jóvenes que eran liberadas de adicciones por el poder de Cristo. En el ámbito estatal, los expertos consideraban la adicción como una enfermedad y decían que no se podía ser libre de ella. Pero con la libertad de hablar de la verdad de La Palabra de Dios en Teen Challenge, un ministerio cristiano, comencé a ver jovencitas que eran liberadas de esas adicciones.

Después de un tiempo, Teen Challenge me ofreció un empleo de tiempo completo, y fui nombrada Directora de Mujeres para el primer hogar de jovencitas donde trabajé durante dos años. En este tiempo de trabajar con jóvenes con adicciones, recibí una revelación más profunda de que Cristo era la respuesta a todos los problemas, no solo a las adicciones. Comencé a sentir una profunda compasión hacia las jóvenes que sufrían de desórdenes de alimentación, embarazos no planeados, abuso sexual, tendencias suicidas y depresión. Lo que Dios me mostraba era que el nombre de Jesús está por encima de todo nombre, y que Cristo puede hacernos libres de todo y hacernos nuevos; entonces, ¿por qué solo tratar con jovencitas adictas? Realmente llegué a sentir pasión por llevar el amor incondicional y el perdón de Jesucristo a las jóvenes mujeres que sufrían.

En enero de 1983, Dios me indicó que me mudara a Monroe, Louisiana, para establecer el programa de Mercy Ministries. La visión de este programa era establecer un hogar cristiano para jovencitas de trece a veintiocho años con toda clase de problemas. Dios me indicó que, si yo hacía tres cosas específicas, Él siempre se ocuparía de que nuestras necesidades fueran satisfechas: 1) aceptar a las jovencitas sin cobrar nada, de modo que nadie pensara que estábamos tratando de ganar dinero con sus problemas; 2) diezmar al menos el diez por ciento de todo el dinero que llegara, dándolo a otras organizaciones y ministerios cristianos; y 3) no aceptar fondos estatales o federales, o ningún otro subsidio que significara perder la libertad de hablar de Jesucristo. Desde 1983, hemos sido fieles a estos tres principios, y Dios ha cumplido su palabra, y ha suplido fielmente cada necesidad, tal como lo prometió.

Mercy Ministries comenzó con un edificio pequeño, y después de ampliarlo dos veces, empezamos a sentir la necesidad de tener otro hogar donde alojar a más madres solteras. En 1987, dimos un paso de fe, creyendo que Dios nos permitiría construir este hogar sin endeudarnos. Después de varios meses de construcción, el contratista me dijo que necesitaríamos otros ciento cincuenta mil dólares para completar el proyecto. En este momento, decidimos sembrar nuestros últimos quince mil dólares en el fondo de construcción como semilla para lo que necesitábamos.

Unas semanas después, Dios organizó una cita divina en un avión que resultó ser un punto de inflexión. Yo acababa de predicar en una conferencia sobre evangelismo de una semana de duración en Las Vegas y estaba agotada. El último hombre que abordó el avión se sentó junto a mí y comenzó una conversación preguntándome cuánto dinero había perdido jugando en mi viaje a Las Vegas. Le expliqué que el motivo por el que había ido a Las Vegas era mi compromiso con Cristo. El hombre se sorprendió tanto de que alguien fuera a Las Vegas y no estuviera de juerga y jugando todo el tiempo que me preguntó cómo me ganaba la vida. Entonces le conté el trabajo que hacíamos en Mercy Ministries.

El hombre, entonces, me contó su historia. Era hijo de una adolescente que había sido violada salvajemente, y él era resultado de esa violación. Gracias a la ayuda de algunas personas, ella eligió la vida y, después del parto, lo dio en adopción cuando tenía cinco días de vida. Este hombre estaba seguro de que si su madre no hubiera tenido un lugar donde ir, como Mercy Ministries, él habría sido abortado. Su madre adoptiva, a quien amaba profundamente, había fallecido hacía poco y le había dejado varios millones de dólares. Mientras yo escuchaba atentamente, me contó que estaba buscando algo para hacer en memoria de su madre adoptiva. Me preguntó cuánto dinero necesitábamos para completar el edificio. Cuando le dije que necesitábamos ciento cincuenta mil dólares, simplemente, me respondió: "Ya los tienes".

Dios nos proveyó entonces, y ha continuado supliendo todas nuestras necesidades a lo largo de los años. Él es fiel a su Palabra, y cuando *trabajamos para tocar a las personas con el amor incondicional de Cristo, entonces, Jehová Jireh, nuestro proveedor, se mete justo en medio de lo que estamos haciendo para asegurarse de que nada nos falte.*

Mientras escribo estas palabras, Mercy Ministries tiene varias sedes en los Estados Unidos y otras seis en diferentes países. Tenemos planes para abrir muchas más tanto en los Estados Unidos. como en el exterior. Mercy Ministries es un testamento de lo que Dios puede lograr cuando obedecemos su voluntad. Nunca imaginé que Él me usaría para establecer una visión de esperanza que llegara a tanta gente. Cuando usted enfrente el temor o la falta, la animo a obedecer lo que Dios ha puesto en su corazón para hacer y seguirlo completamente, mientras da los pasos de fe que la llevarán a cumplir sus sueños. Suceden cosas sorprendentes, y vemos vidas cambiadas, cuando estamos dispuestos a buscar su unción sobre nuestra vida y le decimos: "Señor, aquí estoy, ¡envíame a mí!".

Nancy Alcorn es presidenta y fundadora de Mercy Ministries, un ministerio que transforma a jovencitas quebrantadas y con problemas en todo el mundo. Nancy es escritora y conferencista en diversos países. Vive en Nashville, Tennessee, donde también se encuentra la sede nacional de Mercy Ministries.

Notas:

1.Terry Matz, *"Perpetua and Felicity"* (Perpetua y Felicitas), *Catholic Online Saints*, 7 de marzo de 1996, www.catholic.org/saints/perp.htm.

2. Michal Ann Goll, *Women on the Front Lines* (Mujeres en la línea de fuego), Destiny Image Publishers, Inc., Shippensburg, 1999, p. 53.

3. Franklyn Balasundaram, *Martyrs in the History of Christianity: Vibia Perpetua and Felicitas* (Mártires en la historia del cristianismo: Vibia Perpetua y Felicitas), Indian Society for Promoting Christian Knowledge, Nueva Delhi, 1997, www. religion-online.org/showchapter.asp?title=1570&C=1459.

4. Balasundaram, *Martyrs in the History of Christianity: Vibia Perpetua and Felicitas.*

CAPÍTULO 2

El llamado profético de Dios para las mujeres

A los trece años, en la pequeña ciudad de New Lisbon, Ohio (EE. UU.), Maria Etter avanzó por el pasillo de la iglesia para entregar su corazón al Señor. A pesar de las grandes dificultades de ser criada en un hogar con un padre alcohólico, Maria amaba profundamente al Señor y sabía, desde su adolescencia, que Él la llamaba a servirlo en el ministerio. Pero tras los golpes que la vida le dio, uno tras otro, su sueño de cumplir el llamado al ministerio terminó muriendo.

Se había casado con John Woodworth, y para la edad de treinta y cinco años ya había enterrado a cinco de sus seis hijos. Ahora, estaba enferma ella también, y se esforzaba por cuidar a su esposo, que sufría una alteración mental. Fue en este momento que Dios comenzó a recordarle el llamado que tenía para su vida.[1]

Había muchas razones por las que seguir el llamado al ministerio parecía algo tan distante para Maria en 1880. Primero, su esposo le había prohibido predicar. Además, no tenía educación, ni formal ni teológica,[2] y la aterraba hablar en público. También, la iglesia a la que pertenecía no creía que las mujeres debieran hablar en la congregación. Pero Maria continuaba oyendo el llamado del Señor sobre su vida, que la visitaba en visiones con frecuencia y le confirmaba que había sido llamada a predicar. Jesús llegaba en visiones y le decía: "Ve, y yo iré contigo".[3]

Para obedecer lo que Dios le estaba diciendo tan claramente, Maria reunió a algunos miembros de su familia y comenzó a hablarles de La Palabra de Dios. Repentinamente, la presencia de Dios cayó en el cuarto e hizo que varios comenzaran a llorar y cayeran al suelo, y muchos entregaron su corazón a Jesús en esa primera reunión. Pronto se corrió la voz por toda la comunidad, y cada reunión era más concurrida y más llena de la unción del Espíritu Santo que la anterior. Maria rara vez sabía de qué iba a hablar hasta que subía al púlpito, pero Dios, fielmente, siempre llenaba su boca.

Mientras ella predicaba, Dios confirmaba su Palabra con muchas señales inusuales. Multitud de personas fueron sanadas de aflicciones físicas en sus reuniones. Otras caían en trances, tenían visiones, temblaban y rodaban por el suelo cuando el poder de Dios se derramaba. Muchos eran librados de demonios. Se dice que otros hablaban en idiomas extraños y hacían sonidos ininteligibles que, según se entendió luego, serían manifestaciones tempranas del bautismo en el Espíritu Santo. Pero estas reuniones no estaban libres de controversia. Los médicos asistían para tratar de desacreditar las sanidades que se producían. Otros pagaban a personas para que causaran alboroto en las reuniones, y otros predicadores se ponían de pie mientras Maria predicaba para reprenderla y corregirla. Maria permaneció humilde y sometida a Dios, y el poder del Señor aumentaba aun más en las reuniones.

Aunque Maria había respondido el llamado profético de Dios, su vida solía estar llena de dolor y pena, y el tiempo que pasaba en el ministerio, aunque era gloriosamente efectivo, también traía sus dolores. Sin embargo obedecía a Dios y le permitía que la usara como Él quisiera. Como resultado, a la edad de cuarenta años, Maria estaba en la vanguardia del Movimiento Pentecostal de Dios. Miles y miles de personas fueron salvas y sanas, y el poder sobrenatural y milagroso de Dios se demostró a toda una generación. Así, ella preparó el camino para otras mujeres que también sintieron el llamado de Dios sobre sus vidas: mujeres como Aimee Semple McPherson, Katherine Kuhlman y otras.

Vivimos en una época en que Dios lanza este mismo llamado por toda la Tierra, para reunir un ejército de mujeres que están dispuestas a escuchar su voz y obedecer su Palabra. Este es el tiempo de que las mujeres de todo lugar se preparen para ocupar su lugar en el ejército de Dios y convertirse en una gran fuerza, una compañía lista para emprender los negocios del Rey de reyes. Las mujeres están tomando el lugar que Dios les ha dado en las estructuras de liderazgo y en los púlpitos. También toman su lugar en el mundo del comercio, estableciendo negocios del Reino e influyendo sobre muchas vidas. Toman su lugar en los gobiernos y hacen oír su voz para establecer leyes justas en las naciones de la Tierra. ¡Es la hora de que brillen las mujeres de Dios!

Salir de la esclavitud

Un nuevo día ha llegado para las mujeres en la Iglesia tanto como en la sociedad. Dios hace que se manifieste una mayor comprensión del destino, la identidad y el propósito de las mujeres en toda la Tierra. Él hace brillar su luz de revelación en los rincones oscuros de las interpretaciones religiosas erróneas y da a las mujeres libertad y plena expresión del Cristo que llevan dentro.

¿Por qué es tan crucial que las mujeres descubran quiénes han sido creadas para ser? Para ser embajadoras de la libertad de Dios a un mundo que sufre, debemos primero llegar a nuestra propia libertad. Vivimos en una época en que, en muchos países, las mujeres aún son gravemente oprimidas y abusadas. En muchas culturas, el abuso doméstico prolifera, y el porcentaje de mujeres que son golpeadas todos los días es elevado. Aun en los Estados Unidos, las estadísticas afirman que una mujer es golpeada cada nueve segundos, y hay entre tres y cuatro millones de mujeres que son golpeadas salvajemente cada año. En el campo laboral, las mujeres cubren el 67% de las horas trabajadas, pero reciben solo el 10% de los ingresos. Las mujeres poseen menos del 1% de las propiedades del mundo. En promedio, las mujeres trabajan entre 12 y 16 horas por día, realizando el 70% del trabajo, en la mayoría de las culturas. Además, las mujeres son el único sostén en un tercio de los hogares actuales.

Todas estas estadísticas provienen de una mentalidad arcaica en que las mujeres son tratadas en los ámbitos culturales y religiosos como ciudadanas de segunda clase, solo por ser del sexo femenino. En mis primeros años de ministerio, alguien me dijo: "Dios usará a una mujer solo si no puede encontrar un hombre que haga el trabajo". Pero no creo que yo ni ninguna otra mujer seamos la "segunda opción" de Dios, el plan contingente debido a la desobediencia de algún hombre. Creo que fui llamada desde el vientre de mi madre para cumplir un plan y un propósito específicos en la Tierra. Pero, lamentablemente, gran parte de la Iglesia ha creído esta mentira en el pasado, a causa de la mala interpretación de pasajes bíblicos y tradiciones religiosas.

Un pasaje de estos, que ha sido mal interpretado en traducciones antiguas de La Biblia, pero ahora ha salido a la luz, es el verdadero significado de Salmo 68:11. La Biblia, Nueva Versión Internacional lo traduce así: "*El Señor ha emitido la palabra, y millares de mensajeras la proclaman*". Una interpretación más profunda y exacta de este versículo en La Biblia Amplificada destaca aun más el ministerio de las mujeres en la publicación de las buenas nuevas: "*El Señor da la palabra de poder; **las mujeres que escuchan y publican la noticia son un gran ejército** (un ejército listo para la guerra)*" (traducción libre).

Debemos liberarnos de las ataduras de las tradiciones religiosas y las mentalidades erradas para acceder al plan y el propósito de Dios. Debemos aprender a escuchar su voz por encima de todas las otras voces y a comprender los verdaderos principios de su Palabra para poder estar libres para responder el llamado con seguridad y valentía, y ser osadas en todo lo que Él nos ha llamado a hacer.

Débora y el ministerio profético

Gobernaba en aquel tiempo a Israel una mujer, Débora, profetisa, mujer de Lapidot (Jueces 4:4).

Así como Débora era llamada profetisa, cualquier mujer puede participar de ese mismo espíritu y unción que ella poseía, sea llamada específicamente profetisa o no. Aunque Dios trataba con un solo profeta o una profetisa en diversos lugares del Antiguo Testamento para que fuera su vocero o vocera ante la nación o generación, hoy Dios llama a la nueva raza de su pueblo a escuchar su voz y convertirse en todo un ejército de personas proféticas que tengan dones aguzados de revelación y visión.

En Números 11:29, Moisés expresa: *"... ¡Cómo quisiera que todo el pueblo del Señor profetizara, y que el Señor pusiera su Espíritu en todos ellos!"*. En el Nuevo Testamento, Pablo nos alienta en su carta a la iglesia de Corinto: *"... ambicionen los dones espirituales (...) el que profetiza edifica a la iglesia. (...) Así todos pueden profetizar por turno (...) ambicionen el don de profetizar..."* (1 Corintios 14:1, 4, 31, 39).

Para comprender mejor el ejemplo que nos ha dejado Débora, veamos este primer aspecto de su vida: su llamado como profetisa, y lo que esto significa para las mujeres que desean practicar esta unción.

El ministerio de una profetisa

El ministerio de una profetisa es más que simplemente tener la capacidad de dar a otra persona una "palabra del Señor" o dar una profecía congregacional. Representa más que lo que hacemos; comprende, más bien, quiénes somos llamadas a ser en Cristo.

El término *profetisa* es la forma femenina de la palabra *profeta*. Débora es, en realidad, solo una de varias mujeres que son llamadas "profetisas" en La Biblia.

Miriam, la hermana de Moisés, fue llamada profetisa cuando guió al pueblo de Dios en una canción que declaraba la victoria de Israel sobre Faraón y su ejército.

*Entonces Miriam **la profetisa**, hermana de Aarón, tomó una pandereta, y mientras todas las mujeres la seguían danzando y tocando panderetas"* (Éxodo 15:20, énfasis agregado).

Ana, aunque nunca se la llama profetisa, profetizó en 1 Samuel 2:10, prediciendo la fundación y el establecimiento de la dinastía de David que iba a venir. La profetisa Hulda profetizó por medio de un representante al rey Josías la destrucción de Jerusalén. Le dijo que, dado que él había actuado rectamente delante de Dios, la destrucción no se produciría sino después de su muerte. El ministerio de Hulda a este gran rey lo inspiró a producir un gran avivamiento nacional y a restaurar la verdadera adoración en la tierra de Israel (ver 2 Crónicas 34:22-33, 2 Reyes 22:14-20).

La esposa de Isaías es mencionada como profetisa (ver Isaías 8:3), así como Ana en el Nuevo Testamento, la que reconoció al Niño Jesús como el Redentor de Israel. Ella fue la primera persona en proclamar y predicar públicamente a Cristo después de su nacimiento (ver Lucas 2:36-38).

Un hombre llamado Felipe tenía cinco hijas vírgenes que eran conocidas porque profetizaban (ver Hechos 21:9).

Como profetizó Joel, en la Iglesia de los últimos días, las mujeres compartirán los ministerios vocales y reveladores del Espíritu Santo. Pedro citó esta profecía en el día de Pentecostés, indicando que el Espíritu Santo realmente había sido derramado y que se producirían visiones, sueños y profecías.

Sucederá que en los últimos días —dice Dios—, derramaré mi Espíritu sobre todo el género humano. **Los hijos y las hijas** *de ustedes profetizarán, tendrán visiones los jóvenes y sueños los ancianos. En esos días derramaré mi Espíritu aun sobre mis siervos y* **mis siervas, y** *profetizarán* (Hechos 2:17-18, énfasis agregado).

Este pasaje anima a aquellos sobre quienes ha caído el Espíritu Santo, declarando que no importa si son jóvenes o viejos, hombres o mujeres, ricos o pobres; cuando el Espíritu Santo se manifieste, no hará acepción de personas. Las mujeres participarán de todo lo que el Espíritu Santo dé a los creyentes.

*Ya no hay judío ni griego, esclavo ni libre, **hombre ni mujer**, sino que todos ustedes son uno solo en Cristo Jesús* (Gálatas 3:28, énfasis agregado).

En sus epístolas, el apóstol Pablo remarca este punto declarando que nos convertimos en una nueva creación cuando nos revestimos de Cristo Jesús. Todos nos convertimos en parte del Cuerpo de Cristo, en el que cualquier distinción desaparece entre judíos y griegos, esclavos y libres, hombres y mujeres. Dios no mira el género de la persona al determinar el ministerio que le corresponde como miembro del Cuerpo de Cristo. (Ver 2 Corintios 5:17).

La misión del ministerio profético

Las palabras que Débora hablaba como profeta en su tierra brotaban de su deseo de ver libre al pueblo del Señor. La misión del ministerio profético es vasta y abarca varios aspectos espirituales. Los profetas son quienes han sido llamados por Dios a escuchar su voz y hablar sus mensajes y verdades a una nación, generación, grupo o persona específica. Pero diferentes profetas pueden tener expresiones individuales de cómo ese llamado se cumplirá, o específicamente, de cómo se dirigirá su don.

Preparar el camino por medio de la revelación

Al ver el ministerio de Isaías, encontramos que su misión particular como profeta –que también puede representar la misión de un ministro profético– era:

Preparen en el desierto un camino para el SEÑOR; enderecen en la estepa un sendero para nuestro Dios. Que se levanten todos los valles, y se allanen todos los montes y colinas; que el terreno escabroso se nivele y se alisen las quebradas (Isaías 40:3-4).

O, como lo expresa el libro de Lucas:

... para reconciliar a los padres con los hijos y guiar a los desobedientes a la sabiduría de los justos. De este modo preparará un pueblo bien dispuesto para recibir al Señor (Lucas 1:17).

Los profetas han recibido autoridad para ser voceros de Dios y proclamar lo que Él está haciendo o preparándose para hacer en la Tierra. Amós 3:7 dice:

*En verdad, nada hace el SEÑOR omnipotente sin antes revelar sus designios a sus siervos **los profetas*** (énfasis agregado).

Y una vez más, en Efesios 3:5, La Biblia nos dice:

*Ese misterio, que en otras generaciones no se les dio a conocer a los seres humanos, ahora se les ha revelado por el Espíritu a **los santos apóstoles y profetas de Dios*** (énfasis agregado).

Mientras Dios comienza a producir la culminación de los tiempos y a revelar sus divinas estrategias y propósitos para su ejército de vencedores en los últimos días, se levantan profetas que declaran los planes de Dios. Las personas son preparadas y equipadas, y maduran por la voz del Señor que se publica a través de la voz de sus profetas.

Batallar y construir

Otro ejemplo que caracteriza la función de los ministros proféticos se encuentra en la vida de Jeremías. Elegido desde el vientre de su madre para cumplir este ministerio, encontramos el detalle de lo que implicaría su ministerio en Jeremías 1:10:

*Mira, hoy te doy autoridad sobre naciones y reinos, «**para arrancar y derribar, para destruir y demoler, para construir y plantar**»* (énfasis agregado).

Dios le dijo a Jeremías que él había sido ungido para batallar y para construir. Iba a batallar arrancando, destruyendo, demoliendo y derribando. Después, podría construir y plantar, estableciendo así los propósitos de Dios. A veces, la palabra profética es como un arado que penetra en la tierra del corazón humano, de una iglesia o aun de un territorio geográfico. Este arado arranca las semillas de malas hierbas que impiden que se produzca la cosecha. Destruye las fortalezas que atan la libertad, la salvación, las familias, la salud y la riqueza. Demuele las estructuras demoníacas y los sistemas humanos que perpetúan la cautividad y derriba los altares de idolatría e iniquidad. Cuando este trabajo está terminado, puede continuarse con el proceso de construcción, y la tierra está lista para recibir semillas para dar la cosecha.

Cada ministro profético puede tener una misión específica para cumplir, pero muchas de las cualidades y los atributos serán los mismos, a causa de la unción que viene con el llamado de profeta.

Por lo tanto, podemos estudiar los llamados de hombres como Isaías y Jeremías para comprender que la misión profética de la Iglesia hoy es derribar toda fortaleza, ya sea en la mente del hombre o en el ámbito espiritual; y construir, plantar y establecer el Reino de Dios. El propósito divino para el ministerio de la Iglesia es preparar el camino y preparar a un pueblo para la segunda venida de Jesucristo.

Nuestro enfoque, como profetas, o como mujeres de visión llamadas a funcionar en esta Iglesia de los últimos días, debe ser el mismo: derribar toda falsa creencia y toda fortaleza demoníaca, y echar mano de los propósitos y las promesas de Dios, al tiempo que cooperamos con Él para que se hagan realidad en la Tierra. Con mentes purificadas, podremos descargar la nueva visión del cielo y así producir un impacto del Reino de Dios en todos los que nos crucemos.

La voz del Señor da poder

La profecía es una herramienta potente en manos de un santo bien entrenado. Cuando profetizamos, las cosas cambian en los cielos y las cosas se sacuden en la Tierra. El Salmo 29 nos cuenta los efectos de la voz de Dios:

La voz del Señor está sobre las aguas; resuena el trueno del Dios de la gloria; el Señor está sobre las aguas impetuosas. La voz del Señor resuena potente; la voz del Señor resuena majestuosa. La voz del Señor desgaja los cedros, desgaja el Señor los cedros del Líbano (...) La voz del Señor lanza ráfagas de fuego; la voz del Señor sacude al desierto; el Señor sacude al desierto de Cades. La voz del Señor retuerce los robles y deja desnudos los bosques; en su templo todos gritan: «¡Gloria!» (Salmo 29:3-5, 7-9).

¡Cuando profetizamos los propósitos de Dios en la Tierra, suceden cosas! Se libera poder, y comienzan a cambiar las cosas. Como mujeres que desean marcar una diferencia, debemos aprender a hablar la voz de Dios contra las fuerzas de oscuridad y reclamar las promesas de La Palabra cuando enfrentamos lo imposible. Cuando creemos, nada es imposible para nosotras. Ningún demonio puede hacernos frente. Isaías 30:31 dice: *"La voz del SEÑOR quebrantará a Asiria..."*. En otras palabras, cuando profetizamos La Palabra de Dios o publicamos su voz, todos los enemigos son derribados y completamente vencidos.

Algunas veces, en un culto de la iglesia, cuando parece haber una atmósfera pesada sobre la gente, empleo este principio. Profetizo contra la opresión, la depresión o el temor. Declaro La Palabra de Dios contra todas las tácticas del enemigo. Decreto libertad sobre el pueblo, porque "con la voz de Jehová será quebrantada Asiria" (es decir, el enemigo). La profecía manifiesta una unción para la liberación, y las personas, entonces, tienen acceso a su libertad.

Profetizar a los huesos secos

En Ezequiel 37, el Señor llevó al profeta a un valle lleno de huesos secos. Los huesos estaban totalmente secos. *Seco* significa "estéril, improductivo, incapaz de reproducirse". El Señor, entonces, preguntó al profeta si esos huesos podrían vivir. Ezequiel respondió lo que probablemente hubiéramos respondido usted o yo: "Oh, Señor, tú lo sabes". Entonces, Dios le indicó que profetizara a los huesos secos. Cuando lo hizo, la vida entró en esos huesos secos y muertos.

Dios llama a su pueblo a ser como Ezequiel. Debemos reconocer los "huesos secos" que hay en nuestras vidas. Estos huesos son las promesas de Dios que no hemos visto cumplirse. Son la estructura de nuestro destino que no se ha cumplido. Son los esqueletos de las religiones muertas que han dejado de dar vida para dar muerte. El espíritu de los "huesos secos" se ha apoderado de regiones y naciones donde el cristianismo floreció alguna vez, pero ahora solo es una forma y un ritual. Debemos mirar a estos huesos secos con los ojos de la fe, comenzar a profetizar sobre ellos y ordenarles que se reúnan en un multitudinario ejército. ¡Es hora de profetizar a los huesos secos!

Sea profética... no patética

Como profeta, así como pastora de una iglesia profética junto con mi esposo Tom, he tenido oportunidad de ver muchas cosas que se fueron logrando a medida que Dios usaba a hombres y mujeres como instrumentos de su ministerio profético. He visto palabras proféticas para individuos que han revelado y roto maldiciones y ataduras, han llevado sanidad física o emocional, o han dado una nueva visión a corazones que no tenían esperanza ni ánimo por las adversidades de la vida. He visto a Dios usar a su pueblo para discernir proféticamente fortalezas sobre iglesias o ciudades, o para discernir una estrategia de oración que produciría un quiebre en tiempos de obstáculos, guerra espiritual o gran falta. La palabra profética ha llevado vida en incontables ocasiones, circunstancias y situaciones, haciendo que las personas pudieran llegar a apropiarse de los destinos que Dios había ordenado para ellas.

Pero, en algunas ocasiones, ha habido personas ansiosas de ser usadas por Dios, pero no demasiado maduras espiritualmente, que se aventuraron basadas en presunciones y resultaron más patéticas que proféticas. Estas personas quizá no sean "falsos profetas y profetisas", pero no dan una representación real de lo que Dios dice verdaderamente. La mayoría tiene buena intención, pero a causa de su orgullo, se ubican en el ministerio profético en el lugar que no corresponde o motivados por intenciones no santificadas.

No hablo de personas que cometen errores en el proceso de aprender a moverse y fluir bajo la dirección del Espíritu Santo. A veces, como humanos que somos, expresamos mal o citamos mal algo que estamos ministrando. En cierta ocasión, estaba dando una palabra profética a la congregación sobre una unción para sanidad del dolor, que sentía que Dios liberaba sobre su pueblo ese día. Mientras profetizaba, les dije a los que tenían algún dolor en su cuerpo que pasaran al frente para orar por ellos. Pero, mientras estas personas se acercaban, declaré: "Dios dice: ¡Por tu obediencia al salir y apropiarte de esta unción para ser libre de tu dolor, Dios va liberar sobre ti *una nueva unción de dolor*!". Claro, los que estaban acercándose al altar se quedaron helados. Naturalmente, no era eso lo que yo quería decir. Quería decir "una nueva unción de sanidad"…, ¡pero me salió distinto!

Otra vez, escuché a un muy ungido hombre de Dios orando por una mujer que tenía un tumor cerebral imposible de operar. Este hombre dijo: "Señor, maldigo esta cabeza y le ordeno que se corte y muera!". Naturalmente, lo que él deseaba maldecir era el tumor, pero no le salió la palabra correcta.

En otra ocasión, en uno de nuestros cultos, un hombre estaba predicando proféticamente, declarando lo que veía: "…Y como los veinticuatro ancianos estaban castrados delante del trono…". ¡Ay! Claro, lo que él quería decir era "postrados", no "castrados", pero una vez más, le salió otra palabra.

Debemos estar preparados para enfrentar los errores, arrepentirnos cuando los cometemos y ser humildes y sumisos en el proceso.

En muchos de estos casos, la revelación era correcta, pero el vaso humano que daba la palabra no era perfecto. Tengamos cuidado de no convertirnos en "espeluznantes espirituales" o "hiperproféticos" y reconozcamos que todos somos humanos y, de vez en cuando, cometemos errores. No obstante, si mantenemos nuestro corazón en la relación correcta con Dios y con los hombres, la unción del Espíritu Santo continuará fluyendo en nuestra vida y a través de ella.

El protocolo profético adecuado

Como mujeres de visión, debemos estar dispuestas a aguzar continuamente nuestro filo profético, pero también debemos seguir algunas pautas de protocolo profético adecuado. Es importante que tanto los hombres como las mujeres de Dios sean humildes, se sujeten a quienes tienen autoridad espiritual sobre ellos y sepan recibir las enseñanzas sobre lo que dicen y hacen. Si deseamos ministrar y ser usados para dar mensajes proféticos a personas, iglesias y ciudades o aun naciones, primero debemos aprender a escuchar la voz del Señor de rodillas en intercesión, y orar por sus propósitos antes de decirlos.

Nunca es correcto usar una "palabra profética" para manipular una situación de manera que responda a nuestros propios intereses. He visto a algunas personas faltas de integridad ministrar a otra "profetizándole" que debe darle dinero, invitarla a su iglesia o aun casarse con ella. Aunque este comportamiento es horrible, no debemos "meter todo en la misma bolsa". Debemos diferenciar entre lo que realmente es la voz de Dios y lo que es nuestra propia voluntad carnal. Debemos someternos constantemente a Dios y a sus propósitos, en cada situación, especialmente si creemos que decimos lo que Él tiene en su corazón y cuáles son sus propósitos para una persona.

Como pastores de una iglesia profética, nosotros alentamos a las personas a escuchar lo que Dios quiere decirles con frecuencia; pero no permitimos que vayan profetizándose unos a otros todo el tiempo. Tenemos pautas muy estrictas para mantener la integridad de la Palabra del Señor.

Pedimos a la gente de nuestra iglesia que no ministre "en el estacionamiento", es decir, que no pronuncie palabras proféticas fuera del ambiente en que hay supervisión espiritual. También pedimos que las palabras sean grabadas (en casete o CD, o por escrito) para consulta futura. Esto protege a la persona que da la palabra, de manera que no se tergiverse lo que ha dicho, y a la que la recibe, para que pueda orar y relatar correctamente lo que ha oído.

También es buena idea entregar una copia de cualquier ministración profética que usted reciba a quienes son sus líderes espirituales, de modo que puedan ayudar a interpretar la profecía. Algunas veces, las personas escuchan solo una parte de lo que Dios quiere decirles. Otras, solo escuchan lo que quieren escuchar. Con frecuencia, es sabio permitir a otras personas que nos conocen y cuidan nuestra alma que hablen a nuestra vida.

También hemos descubierto que es valioso reforzar algunos principios básicos sobre el cumplimiento de la profecía. Los animamos a mezclar la palabra con fe para ver el cumplimiento del destino. También les indicamos que Dios tiene un tiempo para que su palabra se cumpla (que, muchas veces, no se corresponde con nuestros tiempos). Finalmente, les enseñamos que la profecía es condicional y está basada en nuestra respuesta de obediencia a todo lo que Dios dice.

Las Déboras sabrán cómo controlar y liberar el poder de la voz de Dios en las situaciones cotidianas, así como en las situaciones que pueden cambiar una nación. Las mujeres profetas de Dios profetizarán a los huesos secos en sus hogares, sus comunidades y sus naciones, y se atreverán a ser mujeres que marcan una diferencia.

Así la palabra del Señor crecía y se difundía con poder arrollador (Hechos 19:20).

Notas:

1. Marilyn Hickey, *Famous Christians in History: Maria B. Woodworth-Etter* (Cristianos famosos en la historia: Maria B. Woodworth Etter), Marilyn Hickey en línea: www.mhmin.org/FC/fc-0496Maria%ZOWE.htm.

2. Hickey, *Famous Christians in History: Maria B. Woodworth-Etter*.

3. Hickey, *Famous Christians in History: Maria B. Woodworth-Etter*.

4. The Riley Center: *About Domestic Abuse, Statistics* (Estadísticas del abuso doméstico), www.rileycenter.org/domestic-violence-statistics.html.

Capítulo 3

Las mujeres en el ministerio

Tuve tres hermanos, y cuando era niña, competía mucho con ellos. Muchos de mis amigos eran varones, y yo era lo que algunos llamarían una "marimacho". También era gimnasta, así que era muy fuerte y participaba de muchos de los deportes que ellos practicaban. ¡Mi mamá decía, bromeando, que nunca tendría novio si no dejaba de ganarles en las pulseadas a todos los amigos de mis hermanos!

Mi mamá fue una gran inspiración para mí en mi niñez y juventud. Tenía una educación superior. Había estudiado y era graduada universitaria en Ciencias, con especialidad en Química. Había estudiado en una época en que no era muy popular que una mujer se destacara en el ámbito científico y, con frecuencia, era la única mujer en las clases de la universidad. En esa época, ella debió enfrentar allí un prejuicio de género que la mayoría de las mujeres, en la actualidad, ni siquiera pueden imaginar.

Cuando yo era niña, ella me decía: "Jane, nunca dejes que alguien te diga que no puedes hacer algo o ser algo simplemente porque naciste niña. Si quieres ser presidente de los Estados Unidos, no permitas que el hecho de ser una mujer te detenga". Que quede registrado que no deseo ser presidente; pero estas palabras de aliento construyeron en mi corazón un principio desde que era niña: el principio de que yo podría lograr cualquier cosa que deseara sin sentirme limitada por el hecho de ser una mujer.

Lamentablemente, la primera vez que alguien me dijo que no podía hacer algo o ser algo por ser mujer fue después que fui salva y comencé a asistir a la iglesia. Triste testimonio sobre la libertad por la que Cristo murió para que tuviéramos. Después que el Señor me habló de mi llamado a una vida de ministerio, le conté esta increíble experiencia a mi pastor (un hombre muy bueno que lideraba una congregación muy tradicional). Él, con la mayor suavidad posible, me dio la noticia de que yo no podía haber oído el llamado de Dios: "Jane, las mujeres no predican. Por supuesto, puedes ser maestra de Escuela Dominical o casarte con un pastor, pero no puedes predicar, porque eres mujer".

Desde hace muchos años, cuando se trata el tema de las mujeres en el ministerio, se utilizan algunos pasajes para descalificarlas del servicio en la iglesia por su género. Los siguientes son algunos de ellos:

> ... *guarden las mujeres silencio en la iglesia...* (1 Corintios 14:34).

> *La mujer debe aprender con serenidad**, *con toda sumisión. No permito que la mujer enseñe al hombre y ejerza autoridad sobre él; debe mantenerse ecuánime* (1 Timoteo 2:11-12).

Muchos han utilizado estos versículos para acusar a Pablo de tener prejuicios en contra de las mujeres. Pero un pasaje interpreta a otro, y debemos ponerlos en contexto con el resto de lo que ha sido escrito. Estudiaremos los pasajes difíciles en un capítulo posterior para comprender que la interpretación de gran parte de los versículos que han sido citados para hacer callar a las mujeres no responde a la intención original de su autor terrenal ni del celestial. Por el contrario, en todos los escritos de Pablo, vemos a muchas mujeres que eran firmes colaboradoras de él en el ministerio.

Febe era diaconisa de Cencreas, y en ella Pablo confió para entregar la Epístola a los Romanos. El apóstol dice que "ha ayudado

---

* N. de la T.: O "en silencio". Ver nota al pie del último pasaje en La Santa Biblia, Nueva Versión Internacional.

a muchos", utilizando la palabra griega *prostatis*, que significa "estar antes (en rango) o presidir". En otras palabras, la persona que preside o es anciana. (Ver Romanos 16:1-2).

Lidia era una influyente mujer de negocios que fue la primera convertida de Pablo en Filipos. Abrió su hogar como centro de ministerio para Pablo, mientras él visitaba la región, y colaboró con él en la extensión del evangelio. (Ver Hechos 16:12-15, 40).

Priscila trabajaba junto con su esposo Aquila como equipo ministerial. Ellos instruyeron a Apolos en el evangelio y pastoreaban una iglesia en su casa. Algunos creen que el hecho de que Pablo mencionara el nombre de Priscila primero significa que ella era el miembro más prominente del equipo. (Ver Romanos 16:3; 1 Corintios 16:19).

Junia (o Junías) y **Andrónico** eran otro equipo de esposo y esposa que Pablo llama "destacados entre los apóstoles" (ver Romanos 16:7).[1] Dios no solo levanta mujeres profetas para servir al Cuerpo de Cristo, sino también les da el manto de autoridad y unción de apóstoles.

Cloé pastoreaba una iglesia en su casa, y Pablo era su supervisor. (Ver 1 Corintios 1:11). María, Trifena, Trifosa, Evodia y Síntique eran colaboradoras de Pablo en la obra del ministerio. (Ver Romanos 16:6, 12; Filipenses 4:1-3).

Cuando Pablo escribe sobre el oficio de obispo, presenta ciertos requisitos para quienes pueden servir en tal rol, y comienza diciendo:

> … si **alguno** desea ser obispo… (1 Timoteo 3:1, énfasis agregado).

La palabra que se traduce *alguno* es *tis*, en griego, que significa "cualquiera".[2] Pablo no utilizó la palabra griega para hombre, *aner*, con la cual se hubiera terminado cualquier debate relativo a la capacidad de una mujer para servir como obispo o supervisora. Lo que dijo fue: "**Cualquiera** que desee ser obispo…".

Por tanto, vemos que Pablo no practicaba restringir a las mujeres de servir en el ministerio. ¿Por qué, entonces, ha habido tantas restricciones sobre las mujeres para impedirles actuar como miembros plenos en el servicio de Cristo? Gran parte de esta limitación se debe a la incorrecta aplicación de pasajes bíblicos y a ciertos patrones de pensamiento que nos han hecho resistirnos a los cambios.

Seth Cook Rees, presidente de la Iglesia Peregrina de la Santidad (*Pilgrim Holiness Church*), dijo en 1897:

Ninguna iglesia que conozca al Espíritu Santo objetará el público ministerio de las mujeres. Sabemos de docenas de mujeres que pueden predicar el evangelio con una claridad, un poder y una eficacia rara vez igualados por los hombres. Hermanas, permitid que el Espíritu Santo os llene, llame y unja para predicar el glorioso evangelio de nuestro Señor.[3]

Jesús liberó a las mujeres

En el principio, Dios creó al hombre y a la mujer para que trabajaran juntos en su mandato de dominar la Tierra. Lamentablemente, el pecado y la tentación entraron en escena, y Eva fue engañada para tomar la fruta prohibida. Adán también tomó de la fruta, pero La Biblia no da indicación de que él fuera engañado. Esta transacción tuvo como resultado la caída de la humanidad y la expulsión del huerto del Edén, donde Adán y Eva habían vivido en presencia del Señor continuamente.

Los resultados de la caída fueron devastadores, tanto para la humanidad como para la Tierra. Toda la creación comenzó a gemir en dolores de parto por un día de liberación. Las mujeres, en particular, sintieron los efectos de la maldición y la caída. Dieron a luz a sus hijos con dolor y vivieron, siglo tras siglo, en culturas donde eran valoradas poco más que como ganado.

Pero cuando Jesús vivió en la Tierra, comenzó a destruir la esclavitud a la que estaban sujetas las mujeres. Comenzó a restaurar a las mujeres a su lugar de gobierno y dominio con Dios sobre la Tierra y reafirmó que ellas eran seres espirituales con acceso directo a Dios por sí mismas. Veamos algunas mujeres con las que Jesús interactuó y las lecciones que podemos aprender con los actos del Señor hacia ellas.

1. *La virgen María.* Dios no pidió permiso al padre de María —ni siquiera le informó— antes que el Espíritu Santo la cubriera con su sombra y la hiciera concebir al Hijo de Dios. Tampoco consultó primero a su prometido. No trató con hombres antes de permitir que el Espíritu Santo viniera sobre ella. Le habló directamente a María por medio del ángel Gabriel.

2. Dios permitió que Jesús fuera proclamado Redentor de los judíos por una mujer, *la profetisa Ana.* (Ver Lucas 2).

3. Jesús se reveló a sí mismo como el Mesías a una *mujer samaritana* antes de revelarse a cualquiera de sus discípulos. En Juan 4, cuando Jesús habló de teología con la mujer junto al pozo, quebrantó dos reglas culturales. Habló a una samaritana —rompió el código racista— y habló a una mujer —rompió el prejuicio de género—. Por medio de una palabra de ciencia sobre su vida, la mujer reconoció quién era verdaderamente Jesús. Después fue y evangelizó a una ciudad. ¡Jesús le dio un ministerio a esta mujer!

4. Jesús aprobaba que *las mujeres aprendieran cosas espirituales.* En Lucas 10:38-42, encontramos la historia de María y Marta. Marta estaba ocupada corriendo por todos lados atendiendo la casa y sirviendo comida, mientras María se sentaba a los pies de Jesús. Cuando Marta se quejó, Jesús le explicó que María había elegido la mejor parte. Todos hemos escuchado mensajes basados en este pasaje sobre que es mejor sentarse a los pies del Maestro

que estar corriendo de un lado a otro sirviendo; pero Jesús no se limitó a decir que le encanta que estemos a sus pies, sino hizo una declaración de carácter social. Dijo que aprobaba el deseo de María de aprender en un tiempo en que les estaba prohibido a las mujeres aprender cosas espirituales. Así reafirmó que María era, primero, un ser espiritual, con corazón que buscaba a Dios, y, en segundo lugar, un ser que servía a otras personas. Esta fue una declaración radical en el ambiente religioso de esa época. De hecho, el rabí Eliezer, un maestro del siglo I, dijo: "Sería mejor quemar las palabras de la Torá que confiarlas a una mujer (...) Quien enseña a su hija es como quien le enseña obscenidades".[4]

5. Jesús recibió *ayuda económica de mujeres.* En Lucas 8:2-3, María Magdalena, Juana y Susana son llamadas por su nombre, porque apoyaban económicamente el ministerio de Jesús. Las mujeres fueron creadas para ser prósperas económicamente de manera de poder ayudar a la tarea de extender el mensaje de la buena nueva. Observemos que había mujeres en el entorno de Jesús, que también eran sus discípulas.

6. Dios eligió a una *mujer* para ser *la primera en proclamar la resurrección de Jesús.* Esto es importante en una época en que el testimonio era considerado no confiable solo por el hecho de provenir de labios de una mujer. Jesús decidió permitir que su resurrección fuera proclamada primero por mujeres, validando así el hecho de que ellas también pueden hablar la verdad.[5]

7. *Las mujeres estuvieron presentes en el nacimiento de la iglesia en el día de Pentecostés y participaron del derramamiento del Espíritu Santo.* (Ver Hechos 1 y 2).

8. En cuanto a la mujer atrapada en el acto del adulterio, Jesús confrontó la doble moralidad de esa época. ¿Dónde estaba el hombre?

9. Jesús se identificó con *las mujeres cuando se rebajó a lavar los pies de sus discípulos*, una tarea considerada propia de mujeres o esclavos.

   Las mujeres fueron pioneras en emprendimientos y descubrimientos espirituales. Fueron las últimas en despedirse de la cruz y las primeras en llegar a la tumba; las primeras en proclamar la resurrección; asistieron a la primera reunión de oración en el aposento alto; las primeras en recibir a Pablo y a Silas en Europa; esto incluye a la primera convertida de esa región, Lidia, que apoyó económicamente a Pablo y tuvo una iglesia en su casa.

Estos son algunos ejemplos de cómo Jesús interactuó con las mujeres tanto con los hombres para restaurar completamente nuestra capacidad de relacionarnos directamente con el Señor del universo. Esto es fundamental para escuchar su voz y comprender sus estrategias para el cambio que Él anhela impartir a quienes tienen oídos para oír.

Notas:

1. Kelly Varner, *The Three Prejudices* (Los tres prejuicios), Destiny Image Publishers Inc., Shippensburg, 1997, pp. 61-63.

2. Varner, *The Three Prejudices*, p. 63.

3. Seth Cook Rees, *The Ideal Pentecostal Church* (La iglesia pentecostal ideal), Knapp, Cincinatti, 1897, citado por J. Lee Grady en *Diez mentiras que la iglesia les dice a las mujeres*, Casa Creación, Lake Mary, 2000, p. 1.

4. Mishná, Sota, citado por Frank Daniel, *The Role of Women in the Church* (El rol de las mujeres en la iglesia), 1999. www.frikteck.com/rel/women.htm.

5. Baba Kamma, citado por Let Us Reason Ministries, *Women in the Church* (Mujeres en la iglesia), www.letusreason.org/Pent45.htm.

Capítulo 4

Mujeres de visión

La palabra *visión* tiene que ver con nuestra capacidad de ver. Algunas veces se refiere a las cosas que se ven con el ojo natural y que existen en el ámbito natural. Pero, espiritualmente hablando, la visión hace referencia a ver con nuestros ojos espirituales cosas que están en el ámbito del espíritu.

Algunas veces, la visión espiritual se refiere a la capacidad de ver cosas proféticamente, es decir, cosas que aún no han sucedido. En otros casos, la visión espiritual hace referencia a una claridad de nuestro entendimiento natural como resultado de comprender lo que está ocurriendo en el ámbito espiritual en ese momento.

La visión produce cambios

"Tener visión" también significa la capacidad de captar lo que Dios piensa y desea para una situación dada, o aun para la vida propia, que nos ayuda a concentrarnos y establecer prioridades claras a lo largo de la vida. La visión penetra las nubes de tinieblas, confusión y temor, y libera la luz de la revelación que ilumina el camino que lleva a nuestro destino. ¡La visión produce cambios!

La visión permite a las personas ver "el cuadro completo" en lugar de quedarse atascadas concentrándose en algo que parece importante y vital en un determinado momento pero que, en realidad, considerando la vida en su totalidad, es solo trivial. Podemos pensar en la visión como un rompecabezas que se arroja sobre la mesa. Cada pieza es vital para completarlo, pero por sí sola, no dice nada. Nuestros sueños, planes, metas y deseos, combinados con las palabras personales que Dios nos ha hablado, así como los dones y las capacidades naturales y espirituales que Él ha depositado en nosotros, son las piezas del rompecabezas. Pero solo cuando nos rendimos al señorío de Jesucristo y su divino propósito y llamado para nuestra vida, esas piezas pueden organizarse para armar el cuadro completo de la visión y el destino a los que Dios nos ha llamado.

Proverbios 29:18 nos dice: *"Donde no hay visión, el pueblo se extravía..."*. Otra traducción nos advierte: *"Sin profecía el pueblo se desenfrena"* (RVR 1960). Si estábamos buscando una imagen de nuestra sociedad actual, ¡esta es! Esta generación se enfrenta con el sistema de creencias que afirma que no hay verdades ni pautas absolutas. Vivimos en una época en que todo hombre hace lo que le parece bien a sí mismo, sin tener en cuenta las leyes de Dios ni sus propósitos y planes para su vida. Muchas personas sienten que sus vidas tienen escaso o ningún valor. En pocas palabras, ¡les falta una visión divina!

La visión para esta generación

No es de extrañarse que esta generación se sienta de esta manera. Nuestros hijos aprenden que existimos meramente como resultado de un accidente cósmico ocurrido hace millones de años, que de alguna manera, produjo la vida. Esta forma microscópica de vida, por alguna razón, accidentalmente, evolucionó con el tiempo y produjo los peces, las aves, los animales y finalmente, los seres humanos.

El carácter precioso de la vida parece ser tratado con escaso respeto, si consideramos la multitud de crímenes violentos, el abuso y los abortos que se cometen en nuestra sociedad. Con esta visión de dónde venimos y la constante desvalorización de la vida que nos martillan en el cerebro, no es de extrañarse que nos cueste captar el hecho de que fuimos creados a la imagen y semejanza de Dios para cumplir sus divinos propósitos en la Tierra. Fuimos creados para tener dominio, para gobernar y reinar con nuestro Creador, como herederos juntamente con Cristo.

Es imperativo que nos levantemos como mujeres de visión y comencemos a hablar palabras de vida a esta generación que parece vagar sin sentido. Al darles visión y un sentido de destino y propósito, confrontaremos la desesperanza, el desaliento y el temor. ¡Los llevaremos de un lugar de muerte a un lugar de florecimiento, de un lugar de muerte a la vida!

Pero primero, debemos apropiarnos de la visión de Dios para nuestra propia vida y comprender la parte importante que cada una de nosotras tiene que cumplir en el plan de Dios. Es hora de que comprendamos que, como mujeres, no somos ciudadanas de segunda clase en el Reino de Dios, sino que tenemos una responsabilidad vital por cumplir.

Será necesario que nos convirtamos en mujeres como Débora, que pudo levantarse por encima de la opresión, la desesperanza, el prejuicio y la oscuridad de su época para dar liberación, visión, vida y luz a su generación.

Visión para la verdadera identidad

Mientras veía un programa sobre las mujeres en el Oriente Medio actual, me entristeció ver a estas mujeres vestidas con sus *burkas* negras, la vestimenta adoptada por la cultura de muchos países islámicos. Las *burkas* cubren por completo a la mujer de cabeza a los pies, dejando solo una pequeña rendija para sus ojos que les permite ver, y de esa manera les quita toda expresión de belleza o identidad. Excepto por los ojos, se conoce muy poco de esas mujeres, porque su cuerpo –y me pregunto si también su alma– se encuentra oculto en el secreto.

Mientras pensaba en esto, en relación con las mujeres cristianas en la iglesia, me di cuenta de que muchas visten "*burkas*" espirituales y tienen su identidad enmascarada, motivadas por conceptos errados de tradiciones espirituales. Por consiguiente, las mujeres viven con un sentido general de falsa identidad, ancladas en la vergüenza, el temor y la esclavitud espiritual. Para poder quitarnos esta *burka*, las mujeres debemos exponernos a la luz y la libertad de La Palabra de Dios para poder ser quienes Él nos diseñó para que fuéramos.

Para acceder a todo lo que Dios tiene propuesto para las mujeres en el siglo XXI, debemos volver a la creación para comprender el orden y la intención original del Padre. Este entendimiento contradecirá algunos conceptos promovidos por la religión que han limitado a las mujeres en su funcionamiento en la iglesia y en la Tierra.

Creadas a imagen y semejanza de Dios

Entonces dijo Dios: Hagamos al hombre a nuestra imagen, conforme a nuestra semejanza; y señoree en los peces del mar, en las aves de los cielos, en las bestias, en toda la tierra, y en todo animal que se arrastra sobre la tierra. Y creó Dios al hombre a su imagen, a imagen de Dios lo creó; varón y hembra los creó. Y los bendijo Dios, y les dijo: Fructificad y multiplicaos; llenad la tierra, y sojuzgadla, y señoread en los peces del mar, en las aves de los cielos, y en todas las bestias que se mueven sobre la tierra (Génesis 1:26-28, RVR 1960).

Al mirar este conocido pasaje bíblico, encontramos que, primero, Dios dijo: "Hagamos al ser humano a **nuestra** imagen". Aun aquí, en Génesis, capítulo 1, vemos a Dios revelando su naturaleza trina, como Dios el Padre, el Verbo y el Espíritu Santo. Juan 1:1-3 dice: *"En el principio ya existía el Verbo, y el Verbo estaba con Dios, y el Verbo era Dios. Él estaba con Dios en el principio. Por medio de él todas las cosas fueron creadas; sin él, nada de lo creado llegó a existir"*. Esta multifacética naturaleza de Dios se reproduciría en la nueva creación que estaba por formar.

Dios continuó diciendo que iba a hacer al "hombre" a su imagen y semejanza Esta palabra *hombre* es, en hebreo, *adam*,[1] que significa "un ser humano, la especie, la humanidad". Así que podríamos leer este pasaje diciendo: "Y Dios dijo: Hagamos a la humanidad a nuestra imagen (…) y señoreen…". Es obvio que Dios no estaba refiriéndose solo al macho de la especie, sino a toda la raza humana.

Esta palabra también se utiliza en Génesis en referencia a Adán, el primer hombre, pero encontramos que, en Génesis 2:23, cuando Dios separa a la mujer del hombre, se utiliza una palabra hebrea diferente. En este caso, la palabra es *iysh*,[2] que indica "un hombre como individuo, una persona de sexo masculino".

¿Qué significa todo esto? Cuando Dios creó al primer ser humano, tomó el polvo de la tierra y formó a "adam", un ser humano. Este ser fue creado como reflejo directo de su Creador, una réplica de todo lo que Él es. Todo lo que está en su naturaleza y carácter fue formado en ese ser original. Era un ser singular, pero Dios se refirió a su creación de la humanidad como "ellos". "Señoreen…".

"Y creó Dios al hombre a su imagen, a imagen de Dios lo creó; varón y hembra los creó". Entonces, originalmente, ¿creó Dios a "él" o a "ellos"? Para responder esta pregunta, debemos retornar a un concepto básico de la naturaleza trina de Dios. Dios es un Dios con tres expresiones diferentes, separadas y únicas. No servimos a tres dioses: Padre, Hijo y Espíritu Santo; entonces, ¿cómo tres pueden ser Uno? Es un misterio para nuestro entendimiento humano, pero un misterio que toda La Biblia apoya en su integridad. Por lo tanto, vemos que este único ser que era la humanidad, "él", a quien Dios creó originalmente, era "ellos". Dios puso una expresión tanto masculina como femenina en ese único ser original. Juntos, formaban la plenitud de la imagen, la naturaleza y el carácter de Dios.

Más tarde, Dios declaró que no era bueno que el hombre estuviera solo, solitario, aislado, autosuficiente, sino que haría una ayuda idónea para Adán. Esta expresión, "ayuda idónea" (*neged*) significa "alguien que ayuda, rodea y protege; contraparte, opuesto, otro punto de vista".[3] Cuando Dios creó a la mujer, no tomó otro montón de tierra. No la creó con la palabra, como hizo con los animales. En cambio, hizo que Adán cayera en un profundo sueño y separó a la mujer del hombre. En espíritu, ella ya existía, creada en el mismo momento que su contraparte masculina. Con la costilla del costado del hombre, Dios le dio un cuerpo, y nacieron las distinciones entre hombre y mujer. Ambos fueron creados a imagen de Dios, y juntos revelaban la plenitud de su carácter, naturaleza y semejanza.

Creados para dominar

> *... y los bendijo con estas palabras: «Sean fructíferos y multiplíquense; llenen la tierra y sométanla; dominen a los peces del mar y a las aves del cielo, y a todos los reptiles que se arrastran por el suelo»* (Génesis 1:28).

Si Dios dio este mandato a macho y hembra, sabía que serían necesarios ambos para que se cumpliera. Ser fructíferos y multiplicarse –reproducirse– era algo que podía suceder únicamente si trabajaban juntos. Él no nos creó para propagar nuestra especie sin necesidad de otro; tampoco tenía intención de que el resto de este mandato fuera cumplido solo por una parte del equipo. La intención de Dios era que hombre y mujer trabajaran juntos para dominar la Tierra.

Dominio se define como "el poder o derecho de gobernar y controlar; tener autoridad soberana; gobierno, control, dominación".[4] En su infinita sabiduría, Dios vio que esto se lograría solo si trabajaban juntos. No debemos enredarnos en una lucha por el dominio el uno sobre el otro, sino más bien, ejercer nuestro dominio sobre la Tierra. Fuimos creados para hacerlo. Fuimos creados con atributos divinos. Fuimos creados para tener propósito, para ser productivos, prósperos y poderosos.

Para comprender el propósito divino al crear al hombre y a la mujer, vemos que el hombre fue creado a la imagen de Dios tal como era. Vemos que la mujer no es una ciudadana espiritual de segunda por haber sido creada en segundo lugar. A ella se le dio el mismo mandato que al hombre: fructificar, multiplicarse, someter y dominar. La mujer fue creada para ser lo opuesto del hombre, su contraparte, su compañera para el propósito de ayudarlo, rodearlo y protegerlo. A veces, esta protección se da cuando ella es "*neged*", con un punto de vista opuesto. Pero la meta es que ambos trabajen juntos y así reflejen al mundo la imagen y naturaleza de su Creador.

¡Todos caen!

Por supuesto, sabemos que este maravilloso plan de dominio y comunión con Dios se arruinó cuando Adán y Eva cayeron en pecado en el huerto. Dice la historia que Satanás fue a tentar a Eva para que comiera del fruto del árbol del conocimiento del bien y del mal, que había sido prohibido por Dios. Llegó, literalmente, con el truco más viejo del mundo, cuando hizo que Eva cuestionara las directivas de Dios diciéndole: "¿Realmente ha dicho Dios…?". Las tácticas de Satanás no han cambiado en la actualidad cuando se trata de personas de Dios que están llenas de celo y pasión por sus propósitos. Si puede hacer que cuestionemos La Palabra, comenzaremos a responder a su plan en lugar de responder al de Dios.

Después de plantear la pregunta de qué les había dicho Dios a Adán y Eva, Satanás fue un paso más allá. Le dijo a Eva que Dios le estaba ocultando algo. Le dijo que Él sabía que cuando ellos comieran del fruto del árbol, serían "como Dios", como si, por alguna razón, eso amenazara el lugar de Dios en el universo. Lo que Eva olvidó fue que ellos ya eran como Dios, creados a su imagen y semejanza. En otras palabras, ¡Satanás le robó su identidad! Por esto las mujeres de todo el mundo sufren una crisis de identidad aún hoy. Todo se remonta al huerto.

La historia continúa: así, engañada, Eva tomó la fruta del árbol prohibido y luego corrió a ver a su esposo y le dio para que comiera. La Biblia nos dice que Eva fue engañada, pero Adán entró voluntariamente en pecado. Juntos, Adán y Eva se encontraron separados de Dios y trajeron una maldición de muerte sobre toda la humanidad.

Jesús: el último Adán

La Biblia nos dice que Jesús fue inmolado desde la fundación del mundo. (Ver Apocalipsis 13:8). Esto significa que Dios sabía que el hombre iba a pecar y que Él, en su infinita sabiduría y conocimiento, tenía un plan preparado para redimir a la humanidad de su caída. Después de miles de años de tratar con la humanidad caída, Dios envió a su Hijo, Jesús, a redimirnos de la maldición de la separación y la muerte que vinieron con la caída. La Biblia llama a Jesús "el último Adán", comparándolo con el primer hombre, Adán, que desobedeció y llevó cautiva a la humanidad.

Así está escrito: «El primer hombre, Adán, se convirtió en un ser viviente»; el último Adán, en el Espíritu que da vida. No vino primero lo espiritual sino lo natural, y después lo espiritual. El primer hombre era del polvo de la tierra; el segundo hombre, del cielo. Como es aquel hombre terrenal, así son también los de la tierra; y como es el celestial, así son también los del cielo. Y así como hemos llevado la imagen de aquel hombre terrenal, llevaremos también la imagen del celestial (1 Corintios 15:45-49).

Por medio de un solo hombre el pecado entró en el mundo, y por medio del pecado entró la muerte; fue así como la muerte pasó a toda la humanidad, porque todos pecaron. (…) Porque así como por la desobediencia de uno solo muchos fueron constituidos pecadores, también por la obediencia de uno solo muchos serán constituidos justos (Romanos 5:12, 19).

De hecho, ya que la muerte vino por medio de un hombre, también por medio de un hombre viene la resurrección de los muertos. Pues así como en Adán todos mueren, también en Cristo todos volverán a vivir (1 Corintios 15:21-22).

¿Último Adán, última Eva?

Hubo un primer Adán, así como una primera Eva, que fallaron. Jesús vino como el "último Adán" para arreglar todo lo que el primer Adán había arruinado. Así que, si hubo un último Adán que arregló las cosas, ¿no sería lógico que hubiera una última Eva que también arregle las cosas?

Creo que la "última Eva" es la Iglesia de los últimos tiempos, que se está levantando en victoria. Así como la primera Eva fue tomada del costado del primer Adán para colaborar con él en tomar el dominio, la última Eva fue tomada del costado atravesado de Cristo cuando su sangre se derramó, mientras Él estaba en la cruz. Somos llamados a colaborar con Él y a cumplir nuestro mandato original de dominar toda la Tierra.

Después de la caída, Dios lanzó un decreto a la serpiente:

Pondré enemistad entre tú y la mujer, y entre tu simiente y la de ella; su simiente te aplastará la cabeza, pero tú le morderás el talón (Génesis 3:15).

La mujer y su simiente aplastarán la cabeza de la serpiente. Esta es una referencia a Cristo, que iba a venir a restaurar todo lo que la serpiente había robado a la humanidad. También hace referencia a la simiente que hay dentro de la mujer: lo que ella hace derrotará a Satanás y todos sus planes. La simiente de la mujer tiene poder de destruir fortalezas demoníacas y liberar a los cautivos.

En su libro *Las mujeres, armas secretas de Dios*, Edgardo Silvoso nos dice cuán importante es que las mujeres comprendamos la amenaza que representamos para el reino de las tinieblas. Silvoso escribe:

Las mujeres deben descubrir esta verdad. El diablo sabe que Dios no miente; lo que Dios promete siempre se hace realidad. Por eso Satanás ha pasado siglos quitándoles importancia a las mujeres y tejiendo una red de mentiras para crear una enorme maraña de opresión con el fin de mantenerlas sometidas. Él sabe que cuando las mujeres descubran quiénes son en realidad, su reinado del mal terminará abruptamente. No puede permitir que las mujeres anden erguidas. Necesita, desesperadamente, hacerles bajar la cabeza.[5]

Al diablo lo aterra el día en que las mujeres recuperen la identidad que les fue robada y se den cuenta de que fueron creadas a la imagen de Dios para dominar. Mientras las mujeres se convierten en miembros plenamente participantes del Cuerpo de Cristo, el diablo tiembla de temor al ver a la Iglesia, la segunda Eva, levantarse hacia su llamado y su destino. Por eso, ha trabajado durante miles de años para oprimir a las mujeres, manteniéndolas ocultas en una identidad falsa y en la vergüenza.

Superemos la confusión religiosa

Debido a esta "*burka*" de la falsa identidad, sin entender en quién las formó Dios para que fueran, las mujeres han tenido que soportar gran oposición, no solo de la sociedad y sus dictados culturales, sino también dentro de la Iglesia. Florence Nightingale dijo: "Yo le hubiera dado a la iglesia mi cabeza, mis manos y mi corazón, pero no los quiso".[6]

Jesús vino a restaurar a las mujeres al funcionamiento en su Reino. En este tiempo del Espíritu tan importante, Dios una vez más les hace lugar a las mujeres dentro de la Iglesia y las lleva a dar su todo para Él. Lamentablemente, no siempre fue así. Si miramos atrás en la historia de la Iglesia, veremos las mentalidades, los conceptos y las actitudes de algunos padres de la Iglesia que retornaron a las mujeres a su lugar de inmovilidad y disfunción en la congregación. Comprender la perspectiva de estos hombres puede arrojar cierta luz sobre algunas cosas que aún debemos enfrentar hoy. Estas perspectivas son opiniones de hombres, y no –de ninguna forma– derivadas de La Biblia, de la que debemos vivir y según la cual debemos moldear nuestra perspectiva.

Escritos apócrifos. Eclesiástico 25:19, 24. "Cualquier maldad es poca, comparada con la de la mujer (…) Por una mujer comenzó el pecado, y por ella todos morimos".

Tertuliano (160-225): "¿No sabéis que cada una de vosotras es una Eva? (…) Sois puerta del diablo; sois las que rompieron el sello del árbol prohibido; sois las primeras desertoras de la ley divina (…) destruisteis tan fácilmente la imagen de Dios, el hombre. Por causa de vuestra culpa (…) aun el Hijo de Dios tuvo que morir".[7] **Clemente (150-215):** "El hombre es más fuerte y puro, dado que no está castrado y tiene barba. Las mujeres son débiles, pasivas, castradas e inmaduras".[8] **Orígenes (185-254):** "No es apropiado que una mujer hable en público, por admirable o santo que pueda ser lo que ella diga, meramente porque proviene de labios femeninos".[9] **Ambrosio (340-397):** "Deberían andar en harapos y lamentándose por todos los males que han venido al mundo a través de ellas".[10] **San Agustín de Hipona (354-430):** "¿Cuál es la diferencia si es una esposa o una madre? Es aún de Eva la tentadora de quien debemos tener cuidado en toda mujer (…) No veo de qué utilidad puede ser la mujer al hombre, si excluimos la función de tener hijos".[11] **Jerónimo (monje del siglo IV):** "Mientras la mujer sea para los nacimientos y los hijos, es diferente del hombre como el cuerpo es del alma. Pero si desea servir a Cristo más que al mundo, entonces, dejará de ser una mujer y será llamada hombre".[12] **Salimbene, monje franciscano del siglo XIII (1221-1288):** "La mujer fue mala desde el principio, portal de muerte, discípula de la serpiente, cómplice del diablo, fuente de engaño, una mala estrella para las labores piadosas, óxido que corrompe a los santos (…) Sí, la mujer es la cabeza del pecado, un arma del diablo, la expulsión del paraíso, la madre de la culpa, la corrupción de la ley antigua".[13] **Calvino (1556):** "La mujer fue creada después para ser una especie de apéndice del hombre, con la expresa intención de que estuviera lista para obedecerlo; por lo tanto (…) Dios no creó dos cabezas de igual importancia, sino agregó al hombre una ayuda idónea inferior".[14] **Martín Lutero:** "Los hombres tienen hombros anchos y caderas estrechas y, por lo tanto, poseen inteligencia. Las mujeres tienen hombros estrechos y caderas anchas. Las mujeres deben quedarse en casa; la forma en que fueron creadas así lo indica, ya que tienen caderas anchas y una base amplia para sentarse, llevar la casa y criar hijos". También dijo: "Si las mujeres se cansan y mueren al dar a luz, no hay daño en eso; que mueran, siempre que den a luz; para eso fueron hechas".

Al ver algunos de los prejuicios y conceptos que estos hombres de fe sostuvieron, nos damos cuenta de que Dios ya ha hecho una obra monumental al liberar a las mujeres de tal esclavitud. No obstante, debemos sacudirnos hasta la última cadena de las filosofías y los conceptos que nos esclavizan y nos impiden cumplir nuestro destino dentro del Cuerpo de Cristo.

Debemos apropiarnos de la imagen de nuestro destino designado por Dios y no permitir que un concepto inferior, débil, egoísta, correspondiente a nuestro limitado entendimiento como humanos lo remplace. ¡Debemos ser mujeres de visión!

Mujeres que marcan una diferencia por medio de su voz profética

DRA. BONNIE CHAVDA

Los antiguos sabios judíos llamaban al espíritu de profecía bat kol, "la voz de la hija". En numerosas historias bíblicas, la voz y las instrucciones de una mujer juegan un rol fundamental en el destino de quienes la rodean. Los judíos tienen un dicho: "Dios dio diez medidas de habla a la humanidad... ¡y las mujeres recibieron nueve de ellas!".

Además de la voz profética, había un testimonio que la acompañaba y que era señal de la autoridad apostólica de Dios sobre sus antiguos canales. Ese testimonio era el poder de llamar a las fuerzas elementales a sujetarse a la voluntad divina por medio de milagros, señales y prodigios. Tal fue el testimonio de Moisés ante Faraón. El cayado con que Moisés realizó sus milagros se comió a los de los brujos, en testimonio de la palabra profética que él había dado. Jesús vino como el apóstol de nuestra fe, el Mensajero final, declarando que, aunque rechazaran sus palabras, los milagros que Él realizaba eran testimonio de su poder del Reino. Tal fue el ministerio de Débora en tiempos de guerra. Las estrellas y los ángeles del cielo se movieron junto con las aguas y los ejércitos de la Tierra para cumplir el deseo de Dios, mientras ella cumplía su destino profético en una generación.

Por diseño y equipamiento, las mujeres somos comunicadoras. La singular combinación de intuición y comunicación las hizo especialmente poderosas como maestras, negociadoras, representantes, criadoras y líderes. Tales vasos, llenos y ungidos por el Espíritu Santo, ya no son guardados como armas "secretas". Lo que Eva perdió en el árbol del Edén fue restaurado en el Árbol del Calvario, y dotado de poder en el día de Pentecostés. Esta es una verdad cuyo tiempo se ha cumplido.

Mahesh y yo somos testigos del hecho de que vivimos en una nueva era en lo relativo al destino y el poder de las mujeres que conocen a su Dios. El sonido de una voz femenina, su poder, su sabiduría y su influencia, con señales que la siguen, se encuentran en todo el mundo. Esto es obra de Dios y es maravilloso a nuestros ojos. No podemos negar la importancia de que Jesús comisionara a las mujeres que le ministraron como primeras testigos de su resurrección. A partir de ese momento, toda la creación comenzó a temblar, ansiosa bajo la presión de liberarse de la atadura del pecado y la muerte. Cada día que pasa, la imagen y la forma de la Esposa que Él está moldeando para tomar su manto emerge de las sombras para tomar su lugar en nombre de Jesús. Es significativo que, como en todo movimiento del Espíritu en la historia, este ejército que surge incluye a muchas mujeres entre sus primeras filas.

Dios está restaurando la voz y la presencia de sus hijas en los cinco ministerios de la Iglesia. En la Iglesia primitiva, era común que las mujeres fueran líderes de iglesias, ya que los creyentes se reunían en hogares. Aun en el nacimiento de su Hijo, Dios dependió de una mujer. La paternidad de Dios da seguridad, identidad, visión y poder a su familia, y como es en lo natural, así es en lo espiritual. Es claro que no hay paternidad posible sin que una mujer esté íntimamente involucrada. Jesús dijo a sus discípulos: "Como mi Padre me envió, así los envío yo". La misión, incluyendo la unción para señales y prodigios a la manera de las obras mayores que Él profetizó, requerirá de la plena participación de hombres y mujeres como colaboradores, cada uno contribuyendo con sus características singulares a la misión.

Para que Dios se revele plenamente como Padre en la Iglesia, y para que sus hijos sean llamados y moldeados, la influencia de mujeres piadosas es vital. Nos encontramos viviendo en un tiempo como el de Débora y los jueces de Israel. Las naciones languidecen por falta de conocimiento del Dios verdadero. Al mismo tiempo, los dolores de parto de su regreso se manifiestan en la guerra en el ámbito natural tanto como en el espiritual. Crucial, para esta generación y la siguiente, serán los ministros de este gran evangelio del Reino en poder para sanar y liberar frente a las falsas filosofías y a la inundación demoníaca que brota de la boca de la serpiente. Pero Dios está derramando su Espíritu.

Alentamos a los líderes de todo lugar a capacitar a las mujeres como pastoras, maestras, evangelistas, profetas y apóstoles. Mahesh y yo fundamos y pastoreamos nuestra iglesia juntos. Nuestro liderazgo conjunto tiende a reproducirse. La combinación singular de hombre y mujer en colaboración equilibrada, ya sean solteros o casados, y comprometidos con los propósitos y la voluntad de Dios es imparable. Fidelidad, lealtad, condiciones y fervor −no el género de una persona− son las cualidades que definen a nuestros "poderosos valientes". La autoridad, en el Reino de Dios, comenzando por obrar milagros, es delegada desde el trono. Por tanto, todo aquel que se coloque bajo esa autoridad hará las obras de Jesús.

Este equipamiento requiere que seamos emisarios de la rhema profética de Dios. Es tiempo para actuar, permaneciendo firmes sobre su revelación escrita y la promesa de su Palabra. Mientras capacitamos a los líderes para que lleven a esta generación a la posesión total de la promesa de Dios, llamaremos, enseñaremos, moldearemos, exhortaremos e impartiremos en plenitud a las mujeres. Débora sigue siendo el prototipo de la "mujer total" que este tiempo requiere. En relación correcta con el cielo y con la Tierra, en Dios y en su comunidad, esta mujer sale del desierto apoyada en su Amado. Cuando Débora fue invitada al consejo de guerra de los comandantes de la nación, Dios la ungió con poder para iniciar la apertura en Israel.

"¿Quién es ésta, admirable como la aurora? ¡Es bella como la Luna, radiante como el Sol, majestuosa como las estrellas del cielo!". Estamos esperando que se levante. Esperamos escuchar su voz en esta hora.

La **Dra. Bonnie Chavda** y su esposo, el Dr. Mahesh Chavda, son fundadores y pastores de All Nations Church, y lideran un movimiento de oración mundial llamado Watch for the Lord. Bonnie trabaja con su esposo, evangelista internacional, en el trabajo misionero mundial desde 1980. Tiene una unción profética y es autora de numerosos libros. El ministerio de los Chavda cuenta con bases en Carolina del

Norte, África Central y el Reino Unido. Ambos realizan cruzadas evangelísticas y enseñan en seminarios de capacitación en todo el mundo. Tienen cuatro hijos adultos y viven en Charlotte, Carolina del Norte (EE. UU.)

Notas:

1. Biblesoft, *New Exhaustive Strong's Numbers and Concordance with Expanded Greek-Hebrew Dictionary* (Nueva Concordancia con Números de Strong con Diccionario Griego-Hebreo Ampliado), Biblesoft and International Bible Translators, Inc., Copyright © 1994, p. 120

2. *Strong's Concordance.*

3. *Strong's Concordance.*

4. *Webster's Encyclopedic Unabridged Dictionary of the English Language*, Value Publishing, Inc., 1997.

5. Edgardo Silvoso, *Las mujeres, armas secretas de Dios,* Ediciones Peniel, Buenos Aires.

6. Henry Ramaya, *Arise, Daughters of Zion, Arise* (Levantaos, hijas de Sion, levantaos), Firstfruits Sdn. Bhd, Malasia, 1991, p. 1.

7. Tertuliano, *On the Apparell of Women 1.1* (De las vestiduras de las mujeres), citado en *10 Lies the Church Tells Women* (Diez mentiras que la iglesia les dice a las mujeres) de J. Lee Grady, p. 118.

8. Varner, *The Three Prejudices* (Los tres prejuicios), Destiny Image Publishers Inc., Shippensburg, 1997, pp. 61-63.

9. Katherine Bushnell, *God's Word to Women* (La Palabra de Dios para las mujeres), Mossville, IL: God's Word to Women Publishers, 1983, p. 316.

10. Varner, *The Three Prejudices*, pp. 70-71.

11. Agustín, *Literal Commentary on Genesis IX.5* (Comentario literal sobre Génesis IX.5), citado en *10 Lies the Church Tells Women* (Diez mentiras que la iglesia les dice a las mujeres) de Grady, p. 18.

12. Vern Bullough, "Medieval Medical and Scientific Views on Women" (Puntos de vista médicos y científicos sobre la mujer en la Edad Media), Viator 4 (1973), citado en *10 Lies the Church Tells Women* (Diez mentiras que la iglesia les dice a las mujeres) de Grady, p. 118.

13. Salimbene, citado en *10 Lies the Church Tells Women* (Diez mentiras que la iglesia les dice a las mujeres) de Grady, p. 118.

14. Juan Calvino, *Commentary on the First and Second Epistles of Paul the Apostle to Timothy* (Comentario sobre la primera y segunda epístolas del apóstol Pablo a Timoteo) (1556: Oliver and Boyd, 1964), citado por Davis/Jonson en *Redefining the Role of Women in the Church* (Redefiniendo el rol de las mujeres en la iglesia), Santa Rosa Beach, FL: Christian International Publishers, 1997, p. 25.

CAPÍTULO 5

Interpretación de los pasajes difíciles

En mis primeros años como mujer en el ministerio, algunas veces recibí comentarios o ataques contra mí solo por el hecho de obedecer a Dios y salir a dar su Palabra. Uno pensaría que estos comentarios provendrían de hombres que se sentirían amenazados por una mujer que podía ministrar con unción…, pero en realidad, eran otras mujeres, casi siempre, las que me causaban problemas. Una mujer en particular daba vuelta la cara cada vez que yo me levantaba a predicar. No sé cómo lograba mantenerse en esa posición durante una hora entera, ¡pero estoy segura de que su reacción religiosa ante una mujer predicadora era la causante de sus calambres en el cuello!

Pero no siempre eran las mujeres las que se oponían a mi lugar en el ministerio. Cierta vez, a principios de mi ministerio, mi esposo y yo visitamos una iglesia donde ministramos juntos. Él dio el mensaje, y luego ambos comenzamos a ministrar proféticamente a la gente. Después del culto, un hombre vino y se ubicó frente a mí, mirándome muy enojado. Le pregunté si podía ayudarlo, y solo continuó mirándome fijamente. Así que le pregunté si había disfrutado el culto, y me dijo que sí, hasta el momento en que el Espíritu Santo fue contristado. Le pregunté cuándo había sido eso, y me contestó: "En el preciso instante en que usted abrió su boca".

Ya sea en un hombre o una mujer, un espíritu religioso siempre trata de detener el fluir del ministerio, y con frecuencia trata de encerrar las situaciones o las circunstancias en pequeñas y prolijas cajitas que respondan a su paradigma. Cuando sucede algo fuera de esa caja, le encanta citar el pasaje: *"Todo debe hacerse de una manera apropiada y con orden"* (1 Corintios 14:40). Obviamente, haciendo énfasis en la parte sobre la manera apropiada y el orden, y no en el "todo debe hacerse".

Como ya he dicho antes, con frecuencia, el rol del ministro profético es arrancar, destruir, derribar y luego construir y plantar. (Ver Jeremías 1:10). No es de extrañarse que nos sea difícil ser realmente mujeres que marquen una diferencia si estamos atadas por patrones religiosos muertos y pasajes mal traducidos. Por consiguiente, quizá sea beneficioso echar una mirada a algunos de los versículos más difíciles que suelen utilizarse para relegar a las mujeres a una condición de ciudadanas de segunda en el Cuerpo de Cristo.

Consideremos estas palabras de Catherine Booth, cofundadora, junto con su esposo William, del Ejército de Salvación:

¡Oh, si los ministros de la religión investigaran los registros originales de la Palabra de Dios para descubrir si las nociones generales de la sociedad no están equivocadas en este asunto, y si Dios realmente deseaba que las mujeres enterraran sus dones y talentos como lo hacen ahora![1]

De hecho, su esposo, William Booth, dijo: "¡Algunos de mis mejores hombres… son mujeres!". Gran parte del combustible que aviva la llama del espíritu religioso que desea tener atadas a las mujeres proviene de pasajes difíciles de entender que hablan de nosotras. Naturalmente, todo lo que hacemos debe estar basado en La Biblia y tener fundamento bíblico. Pero muchos de estos pasajes han sido mal traducidos y mal comprendidos. Por lo tanto, es hora de buscar claridad en estos asuntos para poder avanzar y no enredarnos nuevamente con estas ataduras.

Las normas de la correcta interpretación

Según Cindy Jacobs en *Mujeres de Propósito*, hay cuatro reglas para interpretar correctamente La Biblia, especialmente los pasajes difíciles que suelen causar controversias o parecen incongruentes con otros. Estas reglas son:

1. Determinar la intención del autor.
2. Determinar el contexto en el capítulo, el libro y el resto de La Biblia.
3. Determinar la situación histórica o cultural en el momento en que fue escrito el pasaje.
4. Interpretar pasajes poco claros a la luz de aquellos que son claros.[2]

Primera pregunta: ¿deben guardar silencio las mujeres?

... guarden las mujeres silencio en la iglesia, pues no les está permitido hablar. Que estén sumisas, como lo establece la ley. Si quieren saber algo, que se lo pregunten en casa a sus esposos; porque no está bien visto que una mujer hable en la iglesia (1 Corintios 14:34-35).

1. *Intención del autor.* ¿Acaso el autor desea que las mujeres no hablen en los cultos públicos de adoración? Si la intención del autor fuera que las mujeres no hablaran o que "guardaran silencio", esto significaría que no habría lugar para que una mujer enseñe en la Escuela Dominical ni cante en el coro. Este "silencio" no puede ser la intención del autor, porque, en otros pasajes de los escritos de Pablo, se enseña claramente a las mujeres sobre su oración y profecía pública, lo cual, obviamente, sería una violación de este "silencio". (Ver 1 Corintios 11:3, 5, 10). En el mismo libro de 1 Corintios, Pablo anima a los santos: *"... todos pueden profetizar por turno..."* (14:31). Cuando el apóstol dice "todos", ¿quiere decir

"todos" o solo los hombres? Si las mujeres debieran guardar silencio, no podrían participar del "todos pueden profetizar".[3] Por lo tanto, no puede tratarse de un silencio literal, como muchos han entendido.

2. *Contexto dentro del capítulo, el libro y el resto de La Biblia*. Al discutir la supuesta "sentencia de silencio" que pesa sobre las mujeres de la Iglesia primitiva, es importante ver el contexto en el Nuevo Testamento, para saber si en realidad, se esperaba que las mujeres no hablaran. En Hechos 2, se nos dice que después del derramamiento del Espíritu Santo, *"Los hijos y las hijas de ustedes profetizarán (…) En esos días derramaré mi Espíritu aun sobre mis siervos y mis siervas, y profetizarán"*. Las hijas de Felipe eran reconocidas como profetisas, por lo que, probablemente, profetizaban en un entorno de adoración pública. (Ver Hechos 21:9).

3. *La situación histórica o cultural en el momento en que fue escrito*. a) La palabra *hablar* en la frase *"no les está permitido hablar"* es una palabra que significa "levantar la voz continuamente en público". La misma palabra se utiliza antes, en el mismo capítulo, para referirse a quienes hablan en lenguas sin intérprete.[4] En 1 Corintios 14, Pablo habla del orden en la adoración pública, no de poner una "mordaza" a los santos, sean varones o mujeres. Habla de los que molestan hablando y pide que las mujeres no interrumpan las reuniones con preguntas constantes, sino que aprendan en silencio y pregunten a sus esposos en casa para no interrumpir la reunión de todos.
b) Los eruditos también creen que estos dos versículos son una cita que Pablo hace de otra carta (ver 1 Corintios 7:1: *"Paso ahora a los asuntos que me plantearon por escrito…"*), escrita por los líderes de la iglesia. En Corinto, los judaizantes —con fuertes raíces judías misóginas— trataban de hacer que la iglesia regresara al legalismo, restringiendo la participación de

las mujeres. Al comienzo del versículo 36, se utiliza un símbolo griego específico para indicar que la afirmación previa era una cita (el equivalente de nuestras comillas).[5] Cuando habla de que las mujeres guarden silencio, y dice que es vergonzoso que una mujer hable en la iglesia, en realidad, está citando las palabras que le escribieron a él en su carta, que hacen énfasis, no en la ley bíblica ni judía, sino en la tradición judía.[6] "... *como lo establece la ley*" no es una referencia a nada que se encuentre en la ley del Antiguo Testamento, sino más bien a los escritos talmúdicos que, por tradición, afirman que "no está bien visto que una mujer hable". Pablo, en realidad, trata y contradice la introducción de una doctrina contraria a la mujer en la iglesia.

c) Los siguientes versículos, 1 Corintios 14:36-37, dicen: "*¿Acaso la palabra de Dios procedió de ustedes? ¿O son ustedes los únicos que la han recibido? Si alguno se cree profeta o espiritual, reconozca que esto que les escribo es mandato del Señor*".

Pablo está diciendo: "¿Realmente creen que el evangelio fue escrito solo para ustedes, los hombres corintios? ¿Van a silenciar a las mujeres que fueron las primeras en predicar la resurrección de la tumba?". Todo el capítulo 14 que escribe Pablo trata de actuar y participar –pero con orden– en los cultos de adoración públicos.

4. *Interpretar pasajes difíciles a la luz de pasajes claros.* ¿Acaso las mujeres tenemos derecho a menos herencia en Cristo? ¿Estamos relegadas a ser ciudadanas de segunda clase? ¿Estamos, de alguna forma, aún bajo la esclavitud de la ley o la tradición? El autor de 1 Corintios 14:34, Pablo, habla sobre este prejuicio de género en Gálatas 3:23-29:

Antes de venir esta fe, la ley nos tenía presos, encerrados hasta que la fe se revelara. Así que la ley vino a ser nuestro guía encargado de conducirnos a Cristo, para que fuéramos justificados por la fe. Pero ahora que ha llegado la fe, ya no estamos sujetos al guía. Todos ustedes son hijos de Dios mediante la fe en Cristo Jesús, porque todos los que han sido bautizados en Cristo se han revestido de Cristo. Ya no hay judío ni griego, esclavo ni libre, hombre ni mujer, sino que todos ustedes son uno solo en Cristo Jesús. Y si ustedes pertenecen a Cristo, son la descendencia de Abraham y herederos según la promesa.

Dios lanza a mujeres como Ester y enfrenta al espíritu de Asuero en la Tierra:

Si ahora te quedas absolutamente callada, de otra parte vendrán el alivio y la liberación para los judíos, pero tú y la familia de tu padre perecerán. ¡Quién sabe si no has llegado al trono precisamente para un momento como éste! (Ester 4:14).

En el tiempo de Ester, el rey Asuero firmó una petición presentada por el malvado Amán que requería que todos los judíos fueran destruidos. Ester acababa de convertirse en reina, pero no había revelado que era judía. Si era descubierta, ella también sería muerta, porque sería contada entre los marcados para la aniquilación por el plan de Amán. Ester enfrentaba la intimidación del enemigo y la opción de guardar silencio para proteger su vida. Si decidía hablar, arriesgaría todo.

Esta palabra, *Asuero*, en el Hebrew Lexicon, se define como "seré silencioso y pobre".[7] El diablo se deleita cuando las mujeres capitulan y permanecen silenciosas y pobres, sin voz y sin voto. El enemigo ha trabajado tiempo extra durante siglos para mantener a las mujeres en silencio. Pero, cuando habló, Ester salvó a su nación y a su generación. Su casa fue promovida, y las bendiciones y el favor de Dios fueron su porción continuamente.

Segunda pregunta: ¿se les permite a las mujeres enseñar? ¿Enseñar a los hombres?

> *La mujer aprenda en silencio, con toda sujeción. Porque no permito a la mujer enseñar, ni ejercer dominio sobre el hombre, sino estar en silencio. Porque Adán fue formado primero, después Eva; y Adán no fue engañado, sino que la mujer, siendo engañada, incurrió en transgresión. Pero se salvará engendrando hijos, si permaneciere en fe, amor y santificación, con modestia* (1 Timoteo 2:11-15, RVR 1960).

"La mujer aprenda en silencio". En este caso, a mucha gente el árbol le impide ver el bosque. ¡La primera parte del versículo es que "la mujer aprenda"! No se trata de una restricción, sino más bien, de una liberación. Anteriormente, en la cultura judía, le estaba prohibido a la mujer aprender.[8] Se la consideraba indigna de recibir instrucción. Por lo tanto, Pablo comienza, más bien, liberando a las mujeres de esa restricción.

Pero es interesante observar la incongruencia en la traducción de esta palabra. En griego, "silencio" es *hesuchia*.[9] En referencia a las mujeres, los traductores escribieron "en silencio". Pero, en referencia a los hombres, escribieron "tranquilamente".[10] (Ver 1 Timoteo 2:11 y 2 Tesalonicenses 3:12). Este versículo debe decir "la mujer debe aprender con serenidad".

1. *Intención del autor.* ¿Una vez más, Pablo dice que las mujeres deben estar calladas y nunca ubicarse en una situación de dar instrucción o enseñar a los hombres? ¿Usurparía esto su autoridad? Vemos claramente en los siguientes pasajes que ciertas mujeres enseñaban a los hombres; por tanto, no podía ser este el significado completo de lo que Pablo estaba tratando de decir. Hechos 18:24-26: Priscila y Aquila enseñaron y corrigieron a Apolos. 2 Timoteo 1:5: Pablo felicita a Loida y a Eunice por enseñar a Timoteo.[11]

2. *Contexto bíblico.* Primera de Timoteo es un libro que trata sobre algunos que enseñaban herejías. En 1 Timoteo 1:20 y 2 Timoteo 2:17 y 4:14, Pablo habla de Himeneo, Alejandro y Fileto, que se oponían a la sana doctrina. Algunos teólogos creen que alguno de estos puede haber sido una mujer.[12] En el idioma original, en el v. 11, la palabra es "mujeres", en plural, mientras que en el v. 12, es singular, lo cual podría significar que se trata de una mujer específica. En lugar de "la mujer", podría significar "esa mujer".

Porque no permito a la mujer enseñar, ni ejercer dominio sobre el hombre, sino estar en silencio (1 Timoteo 2:12, RVR 1960).

¿Acaso Pablo dice que las mujeres no pueden enseñar en ningún contexto? No, porque esto sería incoherente con otros pasajes, algunos de ellos escritos por él mismo:

Tito 2:4: las mujeres mayores deben enseñar a las más jóvenes.

Proverbios 31:26: ella debe instruir con amor.

Mateo 28:19-20: la Gran Comisión es dada tanto a hombres como a mujeres.

Pero, ¿qué diremos del resto del pasaje: *"... ni ejercer dominio sobre él"?* La palabra que se utiliza para "dominio" puede arrojar algo de luz sobre el asunto. Aquí se utiliza la palabra *authentein*, en lugar de la más común para autoridad, *exousia*, que se usa en todos los demás pasajes. Esta palabra *authentein* significa "dominar, usurpar, tomar control; relacionado con violencia o aun asesinato".

Cindy Jacobs, en su libro *Mujeres de Propósito*, dice: "Los estudios sobre el uso de *authentein* en la literatura de esa época demuestran que, originalmente, la palabra significaba asesinato (...) *Authentein* también se utilizaba en relación con el sexo y el asesinato".[13]

Pablo estaba amonestando a los santos e insistía en que no quería ver a "esa" mujer esparciendo una falsa doctrina o dominando las reuniones con su necedad. Para comprender esta falsa doctrina, debemos ver el siguiente principio de sana interpretación y estudiar la cultura de la época.

3. Contexto cultural

Porque primero fue formado Adán, y Eva después. Además, no fue Adán el engañado, sino la mujer; y ella, una vez engañada, incurrió en pecado (1 Timoteo 2:13-14).

Comprender el contexto cultural de 1 Timoteo puede ayudarnos a entender lo que Pablo trataba de comunicar en este pasaje. Cuando él escribió esta carta, había una falsa doctrina en Éfeso que era, en parte, esparcida por mujeres. El primer libro de Pablo fue escrito en respuesta a falsas doctrinas que se infiltraban en la iglesia en ese tiempo.

Como ya hemos dicho, estas herejías no solo eran propagadas por mujeres, sino también por hombres. Pero había una falsa doctrina en particular que era esparcida por mujeres efesias liberadas, pero incultas. Ellas mezclaban la tradición judía con doctrinas cristianas y paganas. Aun ciertas enseñanzas relativas a la falsa diosa Diana (o Artemisa) comenzaron a infiltrarse en la iglesia. Sonaban bien, especialmente para quienes se habían criado en el paganismo, pero constituían un virus mortal que comenzó a extenderse y a corromper a los nuevos creyentes con una mentira. Por eso, Pablo escribe con tanta firmeza.

En Éfeso fue donde comenzó a aparecer la doctrina de los gnósticos. El gnosticismo enseñaba que Eva había sido creada primero, y se la llamaba "La Originadora" en la versión gnóstica de la creación. Ellos enseñaban que Eva era la madre de Adán, no su esposa; y se la llamaba "progenitora de la humanidad". También se decía que había iluminado la Tierra como "La Iluminadora" cuando escuchó a la serpiente.[14] Este acto de Eva en particular, que los creyentes verdaderos consideran una desobediencia a Dios, era considerado por los gnósticos como una iluminación, porque Eva tomó del árbol del conocimiento del bien y del mal, y sus ojos fueron abiertos. También decían que Adán fue, en realidad, el "malo de la película", porque trató de impedir que Eva tomara de la fruta.

Estos falsos maestros que incorporaban las mentiras paganas irrumpían en los cultos para enseñar sus falsas doctrinas y realizar rituales paganos. Por consiguiente, el mandato de Pablo fue que todas las mujeres aprendieran serenamente y en sujeción. Recordemos que a las mujeres se les había prohibido aun recibir educación, así que esta ocasión era, probablemente, su primera oportunidad de aprender algo. Pablo estaba preocupado y deseaba que aprendieran la verdadera doctrina, no que fueran infectadas por la falsa. En este pasaje, él explica cómo son las cosas en realidad según el Génesis. Adán fue creado primero, no Eva. Y no fue Adán quien fue engañado, sino Eva; no fue "iluminada", sino engañada.[15]

Una vez más, Pablo no estaba poniéndose en contra solo de las mujeres que enseñaban falsas doctrinas. Primera de Timoteo 1:20 dice que había entregado a dos hombres a Satanás (Himeneo y Alejandro). Tito 1:10-11 dice que había muchos hombres rebeldes que debían ser silenciados. Primera de Timoteo 1:3 dice que debía instruirse a ciertos hombres que no enseñaran doctrinas extrañas. Segunda de Timoteo 3:8, 13 desafía a las *personas de mente depravada, reprobadas en la fe*". Así que las falsas doctrinas contaminaban a ambos géneros.

Estos pasajes no fueron escritos con el fin de reforzar la postura del "macho" y mantener a las mujeres lejos de los roles de liderazgo en la iglesia, ni para apoyar las ideas de personas prejuiciosas que creen que las mujeres deben "aparecer y callarse". Por el contrario, en Proverbios 8:1-11, vemos la sabiduría divina personificada como una mujer que clama en público. Las mujeres tenemos un rol y una función en el Cuerpo de Cristo, un lugar que se nos está dando ahora.

4. *Salvadas por tener hijos*

Pero la mujer se salvará siendo madre y permaneciendo con sensatez en la fe, el amor y la santidad (1 Timoteo 2:15).

Una vez más, esta es una parte del versículo que puede prestarse a ser mal interpretada. Debemos saber que el valor espiritual o la salvación de una mujer no está determinado por el hecho de que sea una máquina de hacer bebés. Las mujeres son salvas de la misma manera que los hombres: por la sangre de Jesús. Algunos estudiosos creen que este versículo debería haber sido traducido de la siguiente forma: "Se salvará dando a luz al Niño (el Redentor)".

En su libro *God's Word to Women* (La Palabra de Dios para las mujeres), Katherine Bushnell dice:

> Las mujeres son salvadas de sus pecados y son salvas para el cielo, precisamente en los mismos términos que los hombres, sin condiciones adicionales, porque Dios no hace acepción de personas. Lo que Pablo dice aquí, si interpretamos literalmente el texto griego, es: 'Ella (la mujer) se salvará por el nacimiento', es decir, por el nacimiento del Redentor en el mundo.[16]

Después de todo, en Génesis nos dice que Dios pondría enemistad entre la simiente de la mujer (su Descendiente) y el diablo. El diablo iba a herir al Descendiente de la mujer, pero Él le aplastaría la cabeza.

Henrietta Mears: Una mujer que no guardó silencio

Debido a que el tema principal de esta sección es si la mujer debe o no mantenerse en silencio en la iglesia, si es bíblico o no que la mujer enseñe, veamos ahora a una mujer que hizo ambas cosas y cambió el mundo.

En 1928, Henrietta Mears fue contratada como Directora de Educación Cristiana de la Primera Iglesia Presbiteriana de Hollywood, California. Insatisfecha con las lecciones que le habían provisto, Henrietta comenzó a desarrollar una pasión por producir materiales de calidad para las Escuelas Dominicales, que brindaran a niños y familias una mejor comprensión de La Palabra de Dios.

Se dedicó a escribir, desarrollar y enseñar nuevos planes de estudio que se convirtieron en un éxito instantáneo. En tres años, la asistencia a la Escuela Dominical aumentó de cuatrocientas cincuenta a cuatro mil quinientas personas.

Henrietta no solo enseñaba los domingos, sino que, por su anhelo de ser mentora de algunos prometedores alumnos suyos, trabajó con varios hombres jóvenes para sentar firmes bases bíblicas en sus vidas. Tres de sus alumnos más destacados fueron Bill Bright, fundador de Cruzada Estudiantil y Profesional para Cristo; Richard Halverson, que luego llegó a ser capellán del Senado de los EE. UU.; y un jovencito llamado Billy Graham.

Henrietta continuó con su pasión y fundó una nueva editorial para poner sus materiales de Escuela Dominical al alcance de todos. Gospel Light Publications está, aún hoy, a la vanguardia de todo lo que Dios hace en publicaciones cristianas. El libro de Henrietta Mears, *Lo que nos dice la Biblia* se ha convertido en uno de los libros cristianos más populares y fue traducido a veintidós idiomas.

Henrietta era una mujer que no se quedó callada. Fue, realmente, una mujer que marcó una diferencia.

Mujeres que marcan una diferencia por medio de la reforma

Dra. Sharon Stone

Cuando Jane me preguntó si deseaba escribir un segmento en este libro, lo consideré un honor, por el calibre de mujer que es Jane, tanto en su vida personal como en el ministerio.

Ya hace más de treinta años que estoy en el ministerio. Cuando veo a las mujeres ministrar hoy, pienso cuán diferente es este mundo de aquel en el que me crié. Teníamos escasas o ninguna mujer como ejemplo. Pero después, veo los roles de muchas mujeres en denominaciones y estructuras eclesiásticas tradicionales y pienso: "Bueno, en realidad, las cosas no han cambiado tanto". Cuando era adolescente, y cuando tenía poco más de veinte años, me debatí ante el llamado de Dios en mi vida. La preciosa y amorosa iglesia en la que crecí creía que las mujeres podían tener unción y dones, pero no podían ser llamadas a roles directivos en la iglesia. Las afirmaciones de Katherine Kuhlman –cuando dijo que ella era usada por Dios solo porque un hombre, en algún lugar, no había sido obediente a su llamado– me hicieron sentir a mí (y a muchas otras) como maestras sustitutas en el Cuerpo de Cristo. O peor aún, éramos las rebeldes que adoptábamos características masculinas para fortalecernos en una sociedad sacerdotal.

Esto me ponía en una posición difícil. No quería cambiar ni buscar explicaciones a La Biblia, pero me confundía leer versículos como 1 Timoteo 2:11-13: "La mujer aprenda en silencio, con toda sujeción. Porque no permito a la mujer enseñar, ni ejercer dominio sobre el hombre, sino estar en silencio. Porque Adán fue formado primero, después Eva" (RVR 1960) y 1 Corintios 14:34: "Guarden las mujeres silencio en la iglesia, pues no les está permitido hablar. Que estén sumisas, como lo establece la ley".

La pregunta: "¿Debe permitirse a las mujeres enseñar en la iglesia?" me siguió durante los primeros diez años en que fui pastora, planté iglesias y, finalmente, me divorcié. Estaba convencida de que, aunque me había divorciado por motivos bíblicos, Dios ya no me iba a utilizar en ningún puesto en que tuviera exposición pública. Me dije que pasaría el resto de mis días invirtiendo el ministerio en mis hijos y que luego, cuando ellos estuvieran criados y cumpliendo el llamado del ministerio que tuvieran en sus vidas, yo llevaría sus maletas y cuidaría a sus niños.

Antes de esto, había comenzado a trabajar en equipo con el Dr. Bill Hamon, de Christian International Ministries en Florida. Así que, cuando mi matrimonio se destruyó y aparecí, literalmente, golpeando a la puerta de su casa, me sorprendió y me maravilló el apoyo que recibí como mujer, como madre y como ministra. Esos pasajes bíblicos que siempre parecían tan rígidos, repentinamente, cobraron claridad. Aprendí que esos versículos no concordaban con otros y con la rutina y la práctica del apóstol Pablo debido a una mala traducción. Descubrí que este prejuicio de género no estaba expresado en ningún lugar de la ley, y que el fruto de esta mala interpretación había producido problemas en la calidad del Cuerpo de Cristo. Aprendí a interpretar correctamente La Biblia en lo respectivo al género. Salmos 119:160 dice: "La suma de tus palabras es la verdad...". Si un pasaje parece estar en contradicción con el resto, no basemos nuestras creencias en ese pasaje solamente. Con frecuencia, las aparentes contradicciones de La Biblia tienen una razón. Siempre debemos apoyarnos en la totalidad de La Palabra de Dios. Yo ya no vivía bajo esa confusión que me limitaba, tratando de determinar si una mujer podía enseñar o pastorear en la iglesia.

Mi siguiente pregunta era: "Dado que La Biblia menciona a profetas y profetisas, ¿hay alguna diferencia en autoridad, o solo en género?". Con el apoyo de mi padre en el Señor, Bill Hamon, solo me llevó unos meses −en lugar de años− solucionar este interrogante. Vi dónde había mujeres profetisas, tanto en el Antiguo como en el Nuevo Testamento. Luego, vi que Pablo, en la misma carta donde dice que las mujeres no deben hablar, da instrucciones para el protocolo que se debe seguir cuando las mujeres profeticen. Durante este tiempo, Dios estaba restableciendo los profetas en su Iglesia. Las personas tenían tanta hambre de profecía que no les importaba si provenía de un hombre, una mujer, un gallo o un burro. Viajé por muchos países y hablé a más de siete líderes de estados (en su mayoría, de Europa y el Tercer Mundo), dos parlamentos y una reunión de las Naciones Unidas.

¡Aleluya! Entonces pensé que los problemas relativos a mujeres y ministerio ya se habían acabado para mí. Después, comencé a recibir profecías que me llamaban al oficio de apóstol. Poco después, Dios me dijo que fuera a Europa a plantar iglesias, establecer escuelas y armar una red apostólica. Eso fue hace diez años. Hoy, vivo en Inglaterra. Con la gracia de Dios, he plantado e interconectado cincuenta iglesias/ministerios y más de setenta ministros. Hay seis escuelas establecidas en Europa. Dios es fiel para completar lo que comienza en nosotros.

Pero erré en algo fundamental. Sí, había demostrado que una mujer puede mantener un puesto de gobierno en la iglesia y en las naciones, y di oportunidad y plataforma a muchas mujeres locales que, de otra manera, tendrían que haberse abierto camino ellas mismas. Pero no enseñé a otros sobre La Palabra de Dios y la autoridad con la cual yo obraba. No me puse en la precaria posición de enseñar sobre las mujeres en los roles de gobierno de los cinco ministerios. Equivocadamente, supuse que si yo llevaba el estandarte de esta emancipación, esto limitaría el mensaje profético-apostólico que llevaba. ¡Pero me equivocaba! Ahora me he propuesto ser mentora de jóvenes mujeres que están marcando una diferencia en sus países. Mientras antes me escondía de las reuniones femeniles, ahora las incluyo en mi itinerario. He aprendido que la verdadera libertad afecta a las futuras generaciones, y que puedo trabajar con Dios para manifestarla.

La Dra. **Sharon Stone** está en el ministerio desde hace más de treinta años y sirve como apóstol de Christian International en Europa desde sus comienzos, en 1996. Tiene un manto profético poderoso y ha ministrado la palabra profética de Dios a muchos jefes de estado. Tiene tres hijos adultos que también han trabajado con ella en el ministerio. Sharon y su esposo Greg viven en Inglaterra.

Notas:

1. Grady, *Diez mentiras que la iglesia les dice a las mujeres*, p. 189.

2. Cindy Jacobs, *Mujeres de propósito*, Thomas Nelson, 1999.

3. Grady, *Diez mentiras que la iglesia les dice a las mujeres*, p. 56.

4. Grady, *Diez mentiras que la iglesia les dice a las mujeres*, pp. 60-61.

5. Grady, *Diez mentiras que la iglesia les dice a las mujeres*, p. 63.

6. Grady, *Diez mentiras que la iglesia les dice a las mujeres*, p. 64.

7. *The Online Bible Thayer's Greek Lexicon and Brown Driver & Briggs Hebrew Lexicon*, Woodside Bible Fellowship, Ontario, Copyright (c) 1993. Con licencia de Institute for Creation Research.

8. Grady, *10 Lies the Church Tells Women*, p. 60.

9. *Strong's Concordance.*

10. Jacobs, *Mujeres de propósito.*

11. Grady, *Diez mentiras que la iglesia les dice a las mujeres*, p. 55.

12. Don Rousu, *Spread the Fire: The Truth About Women in Public Ministry* (Extiende el fuego: La verdad sobre las mujeres en el ministerio público), octubre de 1997, citado por Jacobs, *Mujeres de propósito.*

13. Jacobs, *Mujeres de propósito.*

14. Jacobs, *Mujeres de propósito.*

15. Grady, *Diez mentiras que la iglesia les dice a las mujeres*, p. 30.

16. Katherine Bushnell, *God's Word to Women* (La Palabra de Dios para las mujeres), God's Word to Women Publishers, Mossville, 1983, p. 160.

Capítulo 6

La unción de Débora contra el espíritu de Jezabel

Sin embargo, tengo en tu contra que toleras a Jezabel, esa mujer que dice ser profetisa. Con su enseñanza engaña a mis siervos, pues los induce a cometer inmoralidades sexuales y a comer alimentos sacrificados a los ídolos (Apocalipsis 2:20).

Por cada cosa real que Dios produce, el enemigo intenta establecer una obra falsa para engañar al pueblo de Dios. Cuando un falsificador imprime billetes falsos, ilegales, el producto ilegal parece a la vista y al tacto muy similar al real; y generalmente, solo quienes han sido entrenados para detectar la diferencia pueden distinguir entre ambos.

De la misma manera, mientras Dios presenta una nueva raza de mujeres proféticas en la Tierra, también surge un grupo falso. El grupo verdadero, legítimo, está compuesto por mujeres fuertes que saben quiénes son en Cristo y comprenden lo que han sido llamadas a hacer. La falsa representación también está formada por mujeres fuertes, pero que operan con un espíritu falso y una falsa filosofía. Esta falsa filosofía proviene tanto de adentro como de afuera de la Iglesia, y la afecta la influencia de lo que llamaré "el espíritu de Jezabel". Cuando Dios restablece a las mujeres a un lugar donde pueden funcionar adecuadamente, muchos, de manera equivocada, las llaman "Jezabel". La diferencia entre una mujer que se levanta como Débora y una mujer que vive bajo un espíritu de Jezabel radica en la forma en que ellas operan.

Jezabel es mencionada en dos lugares diferentes en La Biblia: una vez como la esposa del malvado rey Acab, en el Antiguo Testamento, y nuevamente, en el Nuevo Testamento, en el mensaje a la iglesia de Tiatira. Una tenía influencia desde afuera del círculo del pueblo elegido de Dios, y la otra tenía influencia desde adentro y engañaba a los hermanos. Ambos ejemplos bíblicos describen a la persona que se opone a la verdadera obra de Dios y la naturaleza engañosa para impedir que el verdadero destino de hombres y mujeres se cumpla.

Jezabel representa a un espíritu demoníaco que desea matar los propósitos y planes de Dios. Mientras Él levanta verdaderos profetas y profetisas, el diablo levanta falsos. Aunque se habla de este espíritu en femenino, puede afectar tanto a hombres como a mujeres. El espíritu de Jezabel es enemigo del movimiento profético del Espíritu de Dios y de todos los que buscan sus propósitos. En pocas palabras, odia a los profetas y está obsesionado por detener la voz profética de Dios para que no se exprese. Jezabel mató a los profetas de Dios en el Antiguo Testamento y los remplazó por profetas de Baal. En esta época, continúa sitiando la palabra profética y ahogando la capacidad del pueblo de Dios para cumplir su propósito.

La naturaleza de Jezabel

Cuando Jorán vio a Jehú, le preguntó:
—Jehú, ¿vienes en son de paz?
—¿Cómo puede haber paz mientras haya **tantas idolatrías** *y* **hechicerías** *de tu madre Jezabel? —replicó Jehú* (2 Reyes 9:22, énfasis agregado).

Jezabel se llamaba profetisa, pero, en realidad, practicaba la idolatría, la adivinación y la hechicería. Usaba la seducción, tanto sexual como mental, para atraer a sus presas hacia la destrucción. Se movía con autoridad, pero no era una autoridad dada por Dios;

ni siquiera por su esposo, el rey. Controlaba con la fuerza de su personalidad, manipulando para cumplir sus propios planes, e intimidaba a los que se metían en su camino. *Jezabel* significa "sin cohabitación".[1] Es muy difícil vivir o estar con quienes son controlados por este espíritu. Los que dan lugar a que este espíritu opere se niegan a vivir con otros en paz, a menos que ellos controlen y dominen todo. El espíritu de Jezabel es independiente. No necesita a nadie, a menos que esa persona le dé alguna ventaja para obtener poder, posición o preeminencia. Aun entonces, ella generalmente usa la relación solo para servir a sus planes egoístas.

Jezabel también odiaba a los hombres y respondía con violencia cuando otra persona tenía el control. Se rodeaba de eunucos, hombres a los que ella había hecho castrar. El espíritu de Jezabel trata de controlar a los hombres manipulando sus deseos sexuales por medio de la seducción, la fantasía, la sensualidad y la lujuria. ¡Generalmente, no es cuestión de sexo, sino de control![2] Gran parte de la industria de entretenimiento adulto ha caído bajo el control de Jezabel, así como los líderes de nuestro país. La pornografía, el adulterio, la fornicación y la lujuria han provocado la caída de grandes hombres, tanto en la Iglesia como en los gobiernos.

Jezabel influye en sus víctimas por medio de un fuerte espíritu de seducción, pero esta seducción no se limita a lo sexual. Apocalipsis, capítulo 2, dice que ella no solo trataba de seducir a las personas a fornicar, sino también a comer cosas sacrificadas a los ídolos, práctica que estaba prohibida. Jezabel engaña aun a miembros sinceros de la iglesia para que hagan y digan cosas que ellos saben que están mal, pero parecen aceptables en el momento. Después, se convierte en maestra de la manipulación de la vergüenza utilizando la autoconmiseración, la culpa y la condenación para controlar.

Jezabel es, en gran manera, responsable de la floreciente industria del aborto en todo el mundo. Ella dice a las mujeres: "Tú debes tener el control". No tiene respeto por la vida, ni siquiera por la vida de un niño nonato. No tiene misericordia. Cualquier cosa y todas las cosas son sacrificadas por ella para ganar el premio del dominio y el control.

Los compañeros de Jezabel

La reina Jezabel era, sin duda, una fuerte oponente. Ella mató a los verdaderos profetas de Dios y se asoció con los profetas de Baal y Astoret. Era de personalidad fuerte e intimidatoria con sus brujerías. Hasta logró que el poderoso profeta Elías corriera a salvaguardar su vida, temeroso y desanimado, escondiéndose en una cueva.

Donde estaba presente Jezabel, abundaban la muerte y la destrucción. No solo mató a los profetas, sino que hizo que el justo Nabot fuera ejecutado para tomar su viña para su esposo, Acab. Para hacerlo, forjó una alianza con los hijos de Belial para que acusaran falsamente a este hombre justo. Belial proviene de una palabra que significa "destrucción, fracaso, agotar".[3]

El espíritu de Jezabel suele unirse a cualquier cosa que sea necesaria para hacer caer acusación y destrucción sobre los hijos de Dios. Recurre a cualquier medio para agotar a los santos de Dios –especialmente a los líderes– de manera de tomar el control. Cuando hay un espíritu de extremado agotamiento, puede ser una indicación de que Jezabel y Belial están obrando en equipo para agotar a los santos.

Cuando el espíritu de Jezabel está en acción, normalmente encontraremos contiendas, divisiones y personas airadas y confundidas. Jezabel provocó a su propio esposo para hacer maldad.

*Nunca hubo nadie como Acab que, **animado por Jezabel su esposa**, se prestara para hacer lo que ofende al Señor* (1 Reyes 21:25, énfasis agregado).

Aunque Acab era responsable por sus propios actos y decisiones, es claro que Jezabel tuvo mucha influencia sobre él.

Si no nos enfrentamos al espíritu de Jezabel, ella gobernará. La pasividad, el letargo y la desesperanza se instalarán y nos harán sentir impotentes para cambiar. Esta sensación de impotencia hace que las personas se den por vencidas totalmente y entreguen las riendas a Jezabel, o que caigan en la frustración y la ira manifiestas.

Recuerdo una vez que tratamos con una mujer que estaba bajo la influencia de un espíritu de Jezabel. Ella sabía perfectamente qué decir para parecer sincera y sumisa, pero constantemente manipulaba las situaciones con diversos líderes para pegarse a ellos y agotarlos. Era demandante y controladora, y había aprendido a manipular a quienes eran misericordiosos y respondían con compasión a sus constantes lamentos y "pobre de mí". Cuando aparecía, siempre alborotaba todo. Hasta llegó a provocar a ira a uno de los hombres más calmados y gentiles de la iglesia, que debió luchar para escapar de su control.

La puerta abierta para Jezabel

Como ya hemos dicho, el espíritu de Jezabel no hace acepción de personas, y enreda sus hilos alrededor de hombres y mujeres por igual. Pero, dado que bíblicamente se la personifica como mujer, debemos comprender que las mujeres somos especialmente susceptibles a la influencia de su poder.

Las mujeres que han sido victimizadas por hombres son, generalmente, buenos blancos para este espíritu.[4] Con frecuencia, hay una maldición (o predisposición) generacional a permitir que este espíritu opere en sus vidas. Una vez que él echa raíces, la persona se vuelve peligrosa, ya que el espíritu se anida en su personalidad y se convierte en parte de su identidad.

En la iglesia, he oído llamar "Jezabel" a algunas mujeres. No creo que las personas puedan ser "Jezabel", sino, más bien, que están obrando bajo la influencia de un espíritu de Jezabel. Debemos comprender que Jezabel no es la identidad que Dios ha pronunciado o escrito sobre las vidas de estas mujeres. Dios tiene un llamado y un destino para cada persona. Es importante que nos identifiquemos a nosotros mismos y a los demás según el llamado y la identidad dados por Dios, más que por lo que el enemigo trata de fijar como identidad sobre nuestra vida.

Cualquiera de nosotros puede controlar o manipular una situación para beneficio propio. Esto es parte de nuestra naturaleza humana no redimida y no necesariamente significa que seamos controlados por un espíritu de Jezabel. Sin embargo, este espíritu se enreda de tal manera en la personalidad y la identidad de una persona que se vuelve difícil determinar dónde termina la personalidad y comienza el control demoníaco.

En cierta ocasión, mi esposo y yo ministramos a una mujer que parecía estar buscando sinceramente ser liberada de un espíritu de Jezabel. Habíamos escuchado palabras proféticas sobre su vida y su llamado de Dios a ser profetisa; pero su ministerio siempre hacía sentir incómodos a muchos. Muchas personas por las que había orado habían sufrido enfermedades o accidentes inmediatamente después. Ella se consideraba intercesora y solía controlar el ritmo de los momentos de oración en la iglesia.

Finalmente, discernimos en ella un espíritu de Jezabel que aparentemente había llegado a través de maldiciones generacionales, así como de una relación sexual que había mantenido con un brujo antes de entregarse a Cristo. Comenzamos a ayunar y orar con ella y le ministramos liberación. Fue maravillosamente liberada, y pudimos ver un cambio total en su rostro. Pero, una semana después, al entrar en un salón, vimos que la antigua expresión de su rostro había vuelto y que, obviamente, se había abierto una vez más al control de ese espíritu. Se había convertido en parte de ella hasta tal punto que su liberación no podía ser completa hasta que su mente fuera renovada y aprendiera a negarse a dar lugar a este espíritu para operar. Finalmente, esta mujer recibió una gran liberación, pero no fue un proceso fácil, ni para ella ni para nosotros.

Más allá de lo intimidatorio que es este espíritu, debemos recordar que el poder de la sangre de Jesús es mayor que cualquiera que él posea. El espíritu de Jezabel debe doblar la rodilla ante el nombre de Jesús. Nunca debemos perder esto de vista; de lo contrario, le daremos más poder en nuestra mente que a Dios.

Elías cometió precisamente ese error. Aunque había sido testigo de grandes milagros y señales producidos por la mano del Señor, incluido el fuego que cayó sobre el altar del sacrificio, llegó a dejarse intimidar por Jezabel hasta tal punto que pareció que ella tenía más poder en su vida que Dios. Esto lo obligó a correr a esconderse en una cueva, temiendo por su vida. Elías se dejó engañar por la intimidación de Jezabel y perdió por completo la perspectiva, hasta que Dios lo confrontó directamente.

Jezabel en la iglesia

Dado que el espíritu de Jezabel promueve una personalidad fuerte y opera por medio del control y la manipulación, muchos que están bajo el poder de este espíritu se abren paso hasta puestos de liderazgo e influencia en la iglesia. No es raro que estas personas controlen a otras por medio de la profecía, con frases como: "El Señor me mostró algo sobre ti…". Esta persona quizá hasta tenga información acertada, pero estará motivada por el espíritu equivocado o proveniente de un origen ilegítimo. Volviendo al ejemplo de los billetes falsos, alguien puede determinar que el dinero es falso porque no parece correcto a la vista o al tacto. Pero, de hecho, una buena falsificación se parece tanto a lo real que solo un experto puede distinguir el verdadero del falso. Lo que hace falsos a los billetes, de hecho, es su origen. ¿Fueron producidos por el Departamento de la Moneda o no? Si no, son falsos, por más reales que parezcan.

El espíritu de Jezabel intenta tener acceso a información espiritual ilegítima. Para esto, recurre al espíritu de adivinación, que, en Hechos 9 se define como el espíritu de Pitón.[5] El método de ataque es, de hecho, bastante similar al de una serpiente pitón de la jungla. Intenta adormecer a su víctima para que quede indefensa, quizá, esperando que caiga dormida. Después, lentamente exprime la vida de la persona. Corta la vida, el gozo, la provisión. Corta todo lo que necesitamos para cumplir el plan de Dios. El espíritu de Pitón es sutil, pero mortal, y aparece cuando se utiliza la adivinación, la hechicería o la falsa profecía para manipular a las personas con fines egoístas. (Recordemos que, como protección contra las falsas profecías, nosotros animamos a las personas a no dar ni recibir ministración profética de ninguna clase sin la supervisión de un líder de la iglesia).

Quienes están bajo la influencia de un espíritu de Jezabel suelen apuntar a ciertas áreas de la iglesia para involucrarse. Parece que muchas de estas personas se ven atraídas hacia las áreas de intercesión, consejería, adoración y las artes. Estas son, aparentemente, las áreas en que Jezabel puede ejercer mayor control. Son, también, áreas de gran poder cuando Dios y personas temerosas de Él trabajan juntos. Estas áreas de funcionamiento pueden ser los lugares donde se libran las batallas espirituales, y donde Jezabel puede levantar contiendas y divisiones para impedir que el ejército del Señor logre su objetivo.

La meta del espíritu de Jezabel no es solo destruir, sino más sutilmente, hacer que una iglesia determinada quite sus ojos del Señor para fijarlos en ella misma. Odia a los profetas y, por lo tanto, odia la visión. Critica, juzga, subvierte, pero no lo hace abiertamente. Ofrece oración y consejo a los miembros necesitados, y usa su influencia para desacreditar a los líderes y la visión, con lo cual, finalmente, logra que su aconsejado se aparte de la visión, el amor y la confianza del Cuerpo.

La fortaleza de Débora contra el control de Jezabel

Las mujeres como Débora son aquellas que están firmemente arraigadas y basadas en la identidad que Dios les ha dado. No necesitan recurrir a tácticas carnales y manipuladoras, para cumplir su destino, sino tienen un corazón humilde y confianza en Dios como guía en cualquier emprendimiento. A continuación, presentamos una comparación entre las dos mujeres y la actitud del corazón y el espíritu en que cada una opera.

Débora...
Es osada
Es humilde
Acepta la enseñanza
Es poderosa en Dios
Es sumisa
Se dedica a los planes de Dios

Trabaja en equipo
Es pura
Está segura de su llamado

Jezabel...
Es descarada
Es soberbia
Rechaza la enseñanza
Es manipuladora
Es controladora
Se dedica a sus propios
planes
Es independiente
Es seductora
Es insegura y envidiosa

Débora utilizó sabiduría y valor divinos para lograr su meta; Jezabel utilizó hechicería, temor e intimidación para lograr sus objetivos. Débora fue amiga de Dios y de su pueblo, y deseaba ver a Israel totalmente libre. Jezabel era enemiga de Dios y de sus profetas, e hizo todo lo posible para mantenerlos en esclavitud. Débora trabajó con otros líderes, mientras que Jezabel intentó destruir a todos los que no le permitieran tener control absoluto. Débora ayudó a otros a someterse a Dios y levantarse con fe, mientras Jezabel llevó a otros a servirse a sí mismos para, finalmente, levantarse en rebelión contra Dios y toda autoridad divina.

Pero la historia tiene un final feliz. Débora dirigió al ejército de Israel a la victoria y trajo reposo a la Tierra durante cuarenta años. Jezabel, aunque tuvo sus momentos de triunfo, finalmente fue destruida. Fue arrojada de su elevada posición por sus eunucos, a quienes ella había controlado, y fue comida por los perros, hasta que lo único que quedó de ella fueron las palmas de sus manos. En Apocalipsis 2, Jezabel y todos sus descendientes son total y completamente destruidos. Su final siempre es la destrucción.

Renunciar a Jezabel

Es importante renunciar al espíritu Jezabel y a todas sus obras. Las mujeres temerosas de Dios no debemos recurrir a los encantos, el engaño, la seducción, el control o la manipulación para cumplir nuestro destino. Debemos tomar de la fuerza y la gracia del Señor y ser humildes, aun en medio de acusaciones o controversias. Jezabel odia el arrepentimiento. Odia la humildad. Odia a las personas que oran. Odia a los profetas. En última instancia, Jezabel odia a Dios.[6] Debemos amar lo que Jezabel odia para renunciar a las obras de las tinieblas y abrazar nuestra libertad.

Aunque las mujeres de Dios no necesitamos rendirnos a los poderes de Jezabel para ser fuertes, también es importante reconocer que, en ocasiones, el temor de ser tildadas de "Jezabel" puede impedir que muchas mujeres lleguen a la plenitud de su potencial en Cristo. En la medida que adoptemos la identidad que Dios nos ha dado para nuestra vida, podremos recibir su fortaleza y sabiduría, aprendiendo a avanzar sin avasallar, a ejercer el dominio sin ser dominantes y a crear estrategias sin manipular.

Una palabra para las mujeres de visión

¡Levántense, mujeres como Débora, y aviven el don de Dios que está en ustedes! Este es el tiempo y esta es la ocasión señalados para que rompan las ataduras de las tinieblas y liberen la luz de la visión para esta generación. Levántense y despejen toda nube de confusión y desesperanza, y hablen el plan y el propósito de Dios. Salgan de su complacencia. Sométanse a Dios. Resistan al diablo. Abran sus ojos, oídos y corazones a las cosas del Espíritu. Aférrense a las estrategias divinas. Aférrense a la revelación. Aférrense a su destino. ¡Ahora es el tiempo para salir adelante!

PRIMERA SECCIÓN

Preguntas para reflexionar

1. Escriba tres dones que crea que Dios le ha dado.

2. ¿Qué está haciendo usted actualmente para usar esos dones?

3. Escriba una declaración que resuma la que, a su entender, es su visión para su vida.

4. Escriba varias cosas que está haciendo actualmente o que piensa hacer para cumplir esa visión.

5. Evalúe cualquier método ilegítimo o puerta abierta al espíritu de Jezabel que pueda estar empleando como medio para cumplir su destino y arrepiéntase de ellos.

6. Evalúe en cuál de los siguientes cuatro niveles de ministerio profético usted puede ministrar con fe, precisión y unción:

   a. Espíritu de profecía (canciones del Señor o profecías congregacionales generales). Apocalipsis 19:10, Sofonías 3:16.
   b. Oración intercesora profética (dones de revelación y declaraciones proféticas). Romanos 8:26-27.
   c. Don de profecía (capacidad permanente de escuchar y ministrar lo que Dios tiene en su corazón, su mente y su voluntad; ministrar palabras proféticas a las personas). 1 Corintios 12:10; Romanos 12:6.
   d. Profeta (capaz de funcionar con la misma unción, autoridad y sabiduría como ministro profético en las cinco áreas). Efesios 4:12.

Notas:

1. *Strong's Concordance.*
2. Francis Frangipane, *Los tres campos de batalla*, Editorial Desafío, Bogotá. Colombia, p. 99.
3. *Strong's Concordance.*
4. Frangipane, *The Three Battlegrounds.*
5. *Strong's Concordance.*
6. Frangipane, *The Three Battlegrounds.*

Débora, la jueza: mujer de sabiduría y autoridad

"La reconciliación debe ir acompañada de justicia; de lo contrario, no durará. Todos deseamos la paz, pero esta no debe ser paz a cualquier precio, sino paz basada en principios, en justicia."

CORAZÓN AQUINO
PRIMERA PRESIDENTA MUJER DE LAS FILIPINAS

Capítulo 7

Débora, la jueza

Débora, profetisa, mujer de Lapidot, juzgaba a Israel en aquel tiempo (Jueces 4:4, La Biblia de las Américas).

Débora sirvió como jueza en Israel durante un tiempo muy difícil. La primera vez que leemos acerca de ella, hacía ya veinte años que Israel vivía bajo la tiranía de un rey enemigo. La encontramos sentada bajo "la palmera de Débora", asiento de su gobierno y lugar donde los hijos de Israel iban a buscar de ella justos juicios. No solo era una profetisa que recibía revelación de Dios, sino también una mujer de gran sabiduría, que la había promovido a una posición de prominencia y honor en esa tierra. Esta unción gubernamental hizo que Débora llevara, no solo el manto de profetisa, sino también el de apóstol.

El rol de juez

Débora es la cuarta en la lista de doce jueces que gobernaron Israel en este período histórico. También es la única juez que es llamada profeta antes del tiempo del gran profeta y juez Samuel. Estos hombres y mujeres eran levantados o nombrados por Dios para sacar a su pueblo del ciclo de pecado e idolatría en el que constantemente caían.

Vez tras vez, vemos a Israel abandonar la ley de Dios y comenzar a seguir a los ídolos y dioses de la tierra de Canaán, que Dios los había enviado a poseer. Una vez que caían en la trampa de la idolatría, Dios permitía que fueran oprimidos por gobernantes paganos hasta que su carga se volvía tan pesada que, desesperados, clamaban a su único y verdadero Dios para que los librara.

El Señor siempre fue fiel a su pueblo y, finalmente, levantaba un juez que dirigía a Israel para que pudiera quitar el opresivo yugo del enemigo y los llevara a la libertad y el descanso. El juez, entonces, continuaba supervisando al pueblo de Dios y, normalmente, lograba evitar que cayeran otra vez en el mal y la iniquidad de la idolatría.

La palabra *juez*, en hebreo, es *shapat*, que significa "quien juzga, gobierna, pronuncia juicios divinos, dicta sentencia y decide asuntos".[1] Esta palabra incluye todos los aspectos de la función de gobierno.[2] El puesto implicaba mucho más que tan solo resolver disputas. Los jueces, básicamente, eran los gobernantes de la Tierra y gobernaban en todos los asuntos judiciales, legislativos y militares. Eran los líderes ejecutivos, militares y religiosos de la Tierra y, debido a su nombramiento divino, eran la autoridad máxima en el gobierno del pueblo. Eran respetados y honrados por su sabiduría en el juicio y su capacidad para llevar al pueblo de Dios de la opresión y la maldición al descanso y la bendición.

El dominio de Débora

En Jueces 3:30, vemos que Israel había sido liberado de sus opresores enemigos, los moabitas, por el juez Aod, y había tenido descanso durante ochenta años. Pero, como solía ocurrir, usaron su libertad como ocasión para la carne, cayeron nuevamente en la idolatría e hicieron el mal a los ojos del Señor. (Ver Jueces 4:1; Gálatas 5:13).

El canto de victoria de Débora en el capítulo 5 de Jueces nos habla de la situación de la Tierra cuando Dios la puso en el poder y de lo que sentía en su corazón por aquellos que había sido llamada a gobernar:

En los días de Samgar hijo de Anat, en los días de Jael, los viajeros **abandonaron los caminos y se fueron por sendas escabrosas.** *Los guerreros de Israel desaparecieron;*

desaparecieron hasta que yo me levanté. ¡Yo, Débora, me levanté como una madre en Israel! Cuando escogieron nuevos dioses, llegó la guerra a las puertas de la ciudad, pero no se veía ni un escudo ni una lanza entre cuarenta mil hombres de Israel. Mi corazón está con los príncipes de Israel, con los voluntarios del pueblo. ¡Bendito sea el SEÑOR! (Jueces 5:6-9, énfasis agregado).

El pueblo estaba angustiado y confundido. La vida normal había cesado, y la gente se escondía, temerosa. Los hombres se habían acostumbrado de tal forma a su esclavitud que ni siquiera tenían un escudo ni una lanza. En cambio, se habían resignado al dominio absoluto del rey cananeo. Esto es típico de las personas que, en la actualidad, son como las de la iglesia de Laodicea: apáticas, tibias, sin armas de guerra espiritual afiladas y listas. (Ver Apocalipsis 3:14-16).

En medio de este entorno, Dios levantó a una mujer, Débora, para dar la estrategia de liberación. El corazón de esta mujer estaba con aquellos que iban a ser líderes en la Tierra, gobernantes y príncipes, que se sentían abrumados por la maldad del pueblo y habían perdido su efectividad y su capacidad de liderar. Ella fue lo suficientemente valiente como para tomar el manto de liderazgo que otros habían dejado caer por causa del temor y la intimidación. Ella se levantó como líder para inspirar a otros a recuperar las posiciones que Dios les había dado para gobernar.

Confrontemos la perspectiva mundana sobre la mujer

Israel, como muchas culturas de la Antigüedad, era de estructura patriarcal, lo cual significa que las autoridades principales en esa sociedad eran hombres. En muchas sociedades de Oriente, las mujeres eran consideradas poco más que objetos, sin derechos de poseer tierras ni heredar las posesiones de sus esposos. A continuación, presentamos un resumen de cómo se trataba a las mujeres en muchas culturas del Lejano Oriente.

Las esposas hindúes eran quemadas vivas junto con el cadáver de su esposo. Los japoneses presentaban a su esposa diciendo: "Mi estúpida mujer". Los chinos decían: "Es mejor ver la espalda de mi hijo que el rostro de mi hija". Los que creen en la reencarnación afirman que es una maldición y un castigo nacer mujer. Una importante religión mundial considera a las mujeres objetos sexuales sin alma, que solo existen para ser disfrutados y luego descartados.[3]

Las enseñanzas tradicionales judías del Talmud con respecto a la mujer eran muy similares a estas. Los fariseos oraban todos los días con estas palabras: "Te doy gracias, Dios, porque no soy gentil, esclavo ni mujer".

Los escritos del Talmud se originaron mucho después de la época de Débora; pero gran parte de los mismos prejuicios ya existían. Aunque las mujeres de Israel no eran tan oprimidas como las mujeres de otras tierras en esa época, sin embargo, era extremadamente inusual que una mujer tuviera un puesto de tanto poder.

Pero Dios eligió a una mujer; una mujer dotada, no solo de capacidades proféticas de revelación, sino de gran sabiduría, que le permitiría ser una líder eficaz y respetada. Debido a su extraordinaria reputación de tener unción de revelación y sabiduría, Débora convocó al gran general Barac, y este acudió a su llamado. Ella iba a poder trabajar con quienes se sometieran a Dios y los llevaría a poner en práctica sus dones divinos para cumplir el propósito que Él había ordenado para ellos.

Mujeres de influencia

Débora era una mujer de gran sabiduría y revelación, lo cual hizo que tuviera influencia en su nación en una hora crítica. Hoy, Dios busca a mujeres que también estén dispuestas a pagar el precio de permitir que Él desarrolle estos dones dentro de ellas para que puedan influir en comunidades, ámbitos comerciales e iglesias para marcar una diferencia en el mundo. Cuando elige a una mujer para producir un cambio, Dios no se fija en su formación académica ni en su posición socioeconómica. Más bien, busca a mujeres que estén dispuestas a sacrificar su comodidad para salir a luchar contra la opresión para llevar libertad a las personas. Una Débora más moderna, llamada Sojourner Truth, fue una de estas mujeres.

El legado de Sojourner Truth

Sojourner Truth fue una de las más prominentes luchadoras por la libertad en la historia de los Estados Unidos. Nació esclava en el norte del estado de Nueva York en 1797, y su nombre original era Isabelle Baumfree. Tenía doce hermanos, y a pesar de todos los problemas que vivió en su infancia, su madre le enseñó a orar. Pero fue solo mucho después, después de ser vendida a otros cuatro amos, de ser golpeada sin motivo, de ser obligada a casarse con otro esclavo para tener hijos, y de escapar de la esclavitud y ganar su libertad, que conoció a su Salvador, Jesucristo.[4]

Después de su conversión, escuchó la voz del Señor que la llamaba a ser predicadora itinerante, viajando a donde Él la enviara para hablar a las personas del amor de Dios. Al aceptar este llamado, ella le pidió al Señor un nombre nuevo, y Él le indicó un pasaje en Salmo 39:12 que dice: "*Señor, escucha mi oración, atiende a mi clamor; no cierres tus oídos a mi llanto. Ante ti soy un extraño, un peregrino, como todos mis antepasados*". La palabra *peregrino** significaba "viajero", y ella sabía que había sido llamada a viajar para extender la misericordia y la verdad** de Dios y para luchar contra la injusticia.

Inicialmente, las personas asistían a las reuniones de Sojourner por curiosidad. Con su 1,80 m de altura, esta ex esclava analfabeta predicaba sobre la misericordia de Dios y las injusticias cometidas contra esclavos y mujeres con un poder y una capacidad de persuasión que conmovían los corazones. Su discurso más famoso, dado

---

*. N. de la T.: "Peregrino" o "peregrina" es *sojourner* en inglés.

**. N. de la T.: "Verdad" es *truth* en inglés.

en Akron, Ohio, en 1851, titulado "¿No soy una mujer?", fue un desafío aun para muchos ministros de esa época. Algunos habían estado predicando contra los derechos de las mujeres. Entonces, Sojourner ocupó la plataforma y con su profunda y resonante voz, dio esta respuesta:

Bueno, hijos, donde hay tanto alboroto, debe de haber algo que no está bien. Creo que, entre los negros del Sur y las mujeres del Norte, todos hablando de derechos, los hombres blancos van a estar en problemas muy pronto. Pero ¿qué es esto de lo que estamos hablando aquí? Ese hombre de allá dice que a las mujeres hay que ayudarlas a subir a los carruajes y levantarlas para que no pisen las zanjas y darles el mejor lugar en todas partes. ¡A mí nadie me ayuda a subir a un carruaje, ni me ayuda a cruzar un charco de lodo ni me da el mejor lugar en ningún lado! ¿Acaso no soy una mujer? ¡Mírenme! ¡Miren mi brazo! He arado y plantado, y he guardado la cosecha en graneros, y ningún hombre me superaba. ¿Y no soy una mujer? Yo trabajaba como un hombre y comía como un hombre, y soportaba el látigo igual. ¿Y no soy una mujer? He dado a luz trece hijos, y a la mayoría de ellos, los vendieron como esclavos. Y cuando lloré con el dolor de una madre, nadie más que Jesús me escuchó. ¿Y no soy una mujer?
Todos hablan de eso que está en la cabeza... ¿cómo lo llaman? (La gente del público le susurra "intelecto"). Eso, eso, querido. ¿Qué tiene que ver eso con los derechos de la mujer o los derechos de los negros? Si en mi vaso solo cabe una pinta, y en el tuyo un cuarto, ¿no serías malo si no me dejaras tener llena la pequeña medida que me toca?
Después, ese señor pequeño de allá, vestido de negro, ¡dice que las mujeres no pueden tener tantos derechos como los hombres, porque Cristo no era mujer! ¿De dónde salió tu Cristo? ¿De dónde salió tu Cristo? ¡De Dios y de una mujer!

El hombre no tuvo nada que ver con Él. Si la primera mujer que Dios hizo fue tan fuerte como para dar vuelta al mundo ella sola, ¡entonces, todas las mujeres juntas deberían poder volver a darlo vuelta y dejarlo bien puesto! Y ahora que están pidiendo hacerlo, mejor que los hombres se lo permitan. Muchas gracias por escucharme, y ahora, la vieja Sojourner ya no tiene nada más que decir.[5]

Sojourner no solo era predicadora en la iglesia, sino activista social. Su reputación creció, y muchos importantes abolicionistas de su época la buscaron para trabajar juntos en la promoción de la causa de la justicia. Durante la Guerra Civil, Sojourner compraba regalos para los soldados con el dinero que recaudaba con sus discursos y ayudaba a los soldados fugitivos a encontrar casa y trabajo. Se convirtió en una figura importante en varios movimientos sociales en su país y hablaba con convicción sobre la abolición de la esclavitud, los derechos de las mujeres y el sufragio femenino, los derechos de los ex esclavos, la sobriedad, las reformas carcelarias y la abolición de la pena capital.[6]

Durante su vida, Sojourner se convertiría en una gran reformadora en un tiempo de terrible represión para esclavos y mujeres. Se transformó en una mujer de gran influencia y llegó a ser recibida por el presidente Abraham Lincoln en la Casa Blanca, por su obra de reclutar a soldados negros para ayudar en la guerra. Durante toda su vida, Sojourner ganó tres juicios que sentaron precedente, algo muy inusual para una mujer…, mucho más para una ex esclava analfabeta. En el primer caso, protestó por la venta ilegal de un hijo suyo a un dueño de plantaciones en Alabama. Gracias a una serie de intervenciones milagrosas, ganó el juicio y la libertad de su hijo. En el segundo caso, se convirtió en la primera persona negra en ganar un juicio de calumnias contra prominentes blancos. En el tercero, se convirtió en la primera mujer negra que puso a prueba la legalidad de la segregación en los coches de caballos de Washington DC. Donde veía abuso, opresión o prejuicio, Sojourner planteaba un desafío de cambio. Cuando murió, a los 86 años, Sojourner Truth había dejado su marca en la sociedad estadounidense. ¡Ella realmente fue una mujer que marcó una diferencia![7]

Mujeres que marcan una diferencia moldeando la cultura

MICHELLE JACKSON

A las ancianas, enséñales que sean reverentes en su conducta, y no calumniadoras ni adictas al mucho vino. Deben enseñar lo bueno y aconsejar a las jóvenes a amar a sus esposos y a sus hijos, a ser sensatas y puras, cuidadosas del hogar, bondadosas y sumisas a sus esposos, para que no se hable mal de la palabra de Dios (Tito 2:3-5).

Responder al llamado a unirnos al fragor de la batalla cultural por marcar una diferencia en nuestro mundo abre nuevas perspectivas de participación. Aceptar plenamente ese llamado revela la profundidad del compromiso requerido para hacer que tales deseos fructifiquen. Ya sea en la sala de estar o en la sala de reuniones, su presencia abre una plétora de posibles resultados. Estimulada por el deseo de aventura, usted puede explorar innumerables opciones, ya sea como vocación o como distracción. Las opciones no tradicionales amplían las puertas para que la vanguardia se infiltre en la cultura con valores y principios que ofrezcan una existencia más elevada y noble para la humanidad.

La participación práctica en las decisiones sobre políticas que determinan el desarrollo de legislación o la participación en el desarrollo de protocolos de negocios que gobiernan el comercio en la aldea global requieren tanto de una perspectiva masculina como de una femenina. Ya sea que la opción sea explorar las posibles consecuencias de la investigación del genoma humano o los usos alternativos de la energía producida por los rayos de luz que atraviesan los cables de fibra óptica, la influencia potencial en la sociedad se multiplica exponencialmente. En cada una de estas áreas, la influencia de la perspectiva femenina en las políticas que regulan los posibles resultados puede influir sobre la calidad de vida de generaciones futuras. ¿Quién determina los niveles de calidad de vida que la sociedad debe disfrutar? ¿Qué valores se utilizan para medir la esencia de la calidad de vida? ¿Cómo se evalúa la influencia de la perspectiva femenina? ¿En qué deberían participar las mujeres, que tenga un potencial permanente para cambiar la cultura de una nación?

Es interesante ver que La Biblia no guarda silencio sobre la potencial influencia de las mujeres sobre la sociedad. En el libro de Tito, capítulo 2, versículo 3, las directivas bosquejan la naturaleza de la instrucción que debe transmitirse de una generación de mujeres a otra. Las directivas abarcan asuntos de comportamiento personal, relaciones interpersonales y familiares, y una pauta general sobre el contenido de la instrucción. Cada vez son más los libros que hablan sobre relaciones familiares, y los estantes de libros de materiales de autoayuda estimulan a adecuadas interacciones interpersonales.

Así pues, concentrémonos en el contenido de la instrucción. Tito sugiere que el intercambio entre mujeres se centre en lo que es "bueno". Los valores de la sociedad actual no siempre comunican un mensaje claro que brinde una definición precisa de lo que es bueno. Por el contrario, La Biblia es muy clara al respecto. Quizá Tito transmite el significado hebreo de "bueno" a pesar de utilizar el idioma griego. Hablando a mujeres hebreas, expuestas a la Torá bajo la tutela de sus padres y esposos, desde la perspectiva del Antiguo Testamento, "bueno" tenía la connotación de beneficio económico, rectitud moral y belleza estética. Enseñar principios de administración del dinero, las razones para fijar y cumplir pautas, el valor de la castidad y la seguridad que gozan los hombres y mujeres que la practican, y la importancia de aceptar nuestro yo y celebrarlo al tiempo que apoyamos, aceptamos y celebramos a los demás es, realmente, bueno para toda la humanidad. Tales prácticas pueden aliviar los prejuicios y las preferencias personales, y crear una abrumadora sensación de aceptación y apoyo para otros.

Históricamente, muchas mujeres han aceptado la fábula de un mundo pequeño, creado por un impotente creador con recursos mínimos. Las imágenes del bien o lo bueno han estado sujetas a un hombre *caprichoso y malhumorado que, tal vez, podría responder favorablemente. El bien ha sido relegado a un relativismo que permite que el mal sea definido como bien según la dinámica de algunas situaciones. El resultado es una cultura caracterizada por el egocentrismo, la estrechez mental y la mezquindad. No debería ser así. Las mujeres pueden marcar una diferencia. Pero esa diferencia debe superar la realización personal. La diferencia debe abarcar una perspectiva que vaya más allá de los límites de la comodidad personal para abarcar lo que es bueno.*

Michelle Jackson es esposa, madre, consejera, confidente y ejecutiva. Junto con su esposo, el obispo Harry R. Jackson Jr., pastorea Hope Christian Church en Bowie, Maryland. Como pastora y autora de numerosos libros, tiene un sincero deseo de pastorear al pueblo de Dios y discipularlo en los caminos de la obediencia y la santidad personal. Michelle lanza incansablemente el llamado para incluir a los jóvenes en ministerios viables y prepararlos para liderar la Iglesia del mañana. Tiene dos hijas adultas y está terminando sus estudios de doctorado.

Notas:

1. *Strong's Concordance*.

2. Jack Hayford, *Hayford's Bible Handbook* (Manual Bíblico de Hayford), Thomas Nelson, Inc., Nashville, 1995, p. 57.

3. Henry Ramaya, *Arise, Daughters of Zion, Arise* (Levantaos, hijas de Sion, levantaos), Firstfruits Sdn. Bhd, Malasia, 1991, p. 4.

4. Sojourner Truth, *The Narrative of Sojourner Truth* (La narrativa de Sojourner Truth), editado por Olive Gilbert, http://digital.library.upenn.edu/women/truth/1850/1850html.

5. Truth, *"Ain't I a Woman?"* (¿No soy una mujer?), discurso pronunciado en la Convención Femenil de Akron, Ohio, en 1851, www.wikisource.org/wiki/Ain't_I_a_woman%3F.

6. Truth, *The Narrative of Sojourner Truth*.

7. Sobre historias personales de mujeres, Sojourner Truth, http://womenshistory.about.com/library/bio/bltruth.htm

Capítulo 8

Débora y el manto apostólico

La palabra *apóstol* es un término neotestamentario que significa "enviado".[1] Es un término descriptivo dado a los primeros discípulos de la Iglesia que luego se convirtieron en líderes del movimiento que llevó el evangelio hasta lo último de la Tierra. Aunque hubo un grupo inicial a cuyos integrantes Jesús llamó "apóstoles", la palabra se utilizó en un sentido más amplio cuando la Iglesia comenzó a florecer, y se levantaron multitud de ministros. Los primeros apóstoles cambiaban de ciudad y de nación a medida que eran enviados por Dios con el mensaje del evangelio y demostración de poder.

Hoy, el Señor ha restablecido los dones y la unción del apóstol a la Tierra. Los apóstoles surgen en la Iglesia y hacen impacto no solo en el Cuerpo de Cristo, para llevarlo al orden divino, sino en la cultura y el orden social, por la Palabra y el poder de Dios.

No todo santo que tiene unción de escuchar la voz de Dios y hablar sus propósitos es llamado profeta; pero todo creyente puede funcionar bajo una unción profética, operar dentro de los dones del Espíritu Santo y bajo el manto de la revelación. De la misma forma, no todos los que sientan los fundamentos de una reforma o hacen señales y prodigios son llamados a ser apóstoles, pero todos debemos ser enviados apostólicamente a nuestro lugar de influencia con la unción apostólica de desafiar a las personas al cambio.

Débora es un ejemplo de unción apostólica. Algunos han cuestionado que una mujer pueda cumplir el rol de apóstol. Romanos 16:7 nos habla de un equipo ministerial –posiblemente de esposos– llamados Andrónico y Junías, y dice que eran "destacados" entre los apóstoles. Junías es nombre de mujer, y ella es llamada "destacada" entre los apóstoles.

Las que siguen son algunas características del manto apostólico que Dios está liberando hoy sobre hombres y mujeres en la Iglesia.

1. Unción para edificar

... edificados sobre el fundamento de los apóstoles y los profetas, siendo Cristo Jesús mismo la piedra angular. En él todo el edificio, bien armado, se va levantando para llegar a ser un templo santo en el Señor. En él también ustedes son edificados juntamente para ser morada de Dios por su Espíritu (Efesios 2:20-22).

El manto apostólico conlleva la unción para edificar el Cuerpo de Cristo sobre fundamentos sólidos. Jesucristo es descrito en Hebreos 3:1-6 como *"apóstol y sumo sacerdote de la fe que profesamos"*. Él fue un "enviado" del Padre, para venir a la Tierra a construir una casa espiritual: un cuerpo de creyentes que cumplieran su voluntad con seguridad.

La Iglesia primitiva se reunía con regularidad para escuchar a los apóstoles definir la doctrina de su nueva fe cristiana. En esos momentos, los apóstoles desafiaban los conceptos del pasado y hablaban palabras de verdad, dando libertad a la Iglesia para cumplir su misión divina. (Ver Hechos 2:42; 1 Timoteo 2:7). Los edificadores apostólicos tienen la unción de desafiar los patrones religiosos muertos, los conceptos limitadores y destructivos, y los sistemas opresivos que incapacitan el crecimiento del Reino, mientras llaman a la Iglesia a alinearse en relación con la piedra angular que es la vida del Señor Jesucristo.

En su libro *Un llamado osado de Dios para la mujer*, Barbara Yoder tiene esto para decir en relación con la unción apostólica para edificar:

Lo que los edificadores levantan, permanece. Es vital que edifiquen e impartan sabiduría espiritual a las generaciones. Los edificadores construyen puentes entre personas, generaciones, ministerios, líderes, naciones, empresas y gobiernos. Conectan las partes desunidas por medio de relaciones e impartiendo visión. Reúnen y construyen una herencia para la siguiente generación. Invierten para lograr resultados a largo plazo (...) Movilizan personas y recursos.[2]

Débora fue una edificadora que reconectó el liderazgo de Israel con el corazón de Dios. Primero, desmanteló la desesperanza y la desesperación que los mantenía bajo la mano opresora de Jabín. Luego, su sabiduría y visión profética fueron las herramientas utilizadas por el general de Dios para llevar al pueblo a la libertad.

2. Unción para capacitar

Él mismo constituyó a unos, apóstoles; a otros, profetas; a otros, evangelistas; y a otros, pastores y maestros, a fin de capacitar al pueblo de Dios para la obra de servicio, para edificar el cuerpo de Cristo. De este modo, todos llegaremos a la unidad de la fe y del conocimiento del Hijo de Dios, a una humanidad perfecta que se conforme a la plena estatura de Cristo. Así ya no seremos niños, zarandeados por las olas y llevados de aquí para allá por todo viento de enseñanza y por la astucia y los artificios de quienes emplean artimañas engañosas. Más bien, al vivir la verdad con amor, creceremos hasta ser en todo como aquel que es la cabeza, es decir, Cristo (Efesios 4:11-15, énfasis agregado).

El corazón apostólico de Pablo se ve en este pasaje en el que expresa su deseo de ver a cada creyente plenamente capacitado para la obra del ministerio, del servicio. Su anhelo paternal era que los santos crecieran de la infancia espiritual a la madurez, y reconocía que serían necesarias todas las cinco manifestaciones del manto de Cristo para lograrlo. La Iglesia iba a necesitar evangelistas que la capacitaran para ganar almas; maestros para capacitar a los creyentes para hacer otros discípulos; pastores que los capacitaran para amar, cuidar y aconsejar a otros creyentes; profetas para capacitarlos para oír la voz de Dios y hablar sus propósitos; y apóstoles para capacitarlos con sabiduría, estrategias divinas y demostraciones de poder, para enviarlos apostólicamente al mundo. Los apóstoles pondrían las cosas en orden de manera que todo el Cuerpo pudiera llegar a la unidad de la fe y crecer hasta el punto de funcionar de forma madura.

En Jueces 5:7, Débora es llamada "madre" en Israel. El corazón de una madre tiene el deseo de equipar a sus hijos para que sean todo lo que nacieron para ser. La consume el deseo de ver que la próxima generación esté lista para enfrentar el futuro. El anhelo de su corazón es reproducir sus puntos fuertes en sus hijos y aun verlos lograr la excelencia más allá de lo que ella misma ha logrado. Tiene el deseo de hacer todo lo posible para producir un cambio positivo en su cultura, de manera que sus hijos tengan un mundo mejor donde crecer. Cuando ejemplificamos esta clase de unción apostólica, los logros ministeriales ya no tienen que ver con nosotros y lo que nosotros podemos hacer o lograr, y se centran en lo que podemos impartir a otros para que cumplan su destino.

Las madres transmiten sabiduría y habilidades prácticas, así como los dones de inspiración y motivación. Guían con el ejemplo, aprovechando constantemente sus propias oportunidades de crecimiento para tener más que dar a otros. Los primeros apóstoles oraron: "Señor, auméntanos la fe" porque sabían que su nivel de fe sería la pauta para que otros manifestaran el Reino por medio de su propia fe. (Ver Lucas 17:5).

3. Unción para gobernar

Quienes tienen un manto apostólico, tienen la unción de ser líderes. Tienen la capacidad de captar la visión y las estrategias divinas que deben implementarse para abrir una brecha para el Reino de Dios. Los primeros apóstoles se reunían en concilios para discernir la voz del Señor en cuanto a cómo debía conducirse la Iglesia, y luego ejercían la autoridad gubernamental de decretar lo que debía cambiar de orden para que ella se fortaleciera. (Ver Hechos 16:4). Los apóstoles y las personas en función apostólica practican esta misma autoridad gubernamental. No temen avanzar para enfrentar asuntos difíciles y controversias que inmovilizan a la Iglesia. Tienen la capacidad de enfrentar las confrontaciones difíciles con la sabiduría de Dios. Tienen unción para reunir, inspirar, motivar, movilizar.[3]

Débora tuvo la valentía de enfrentarse, no solo a Jabín y su ejército, sino también al temor de Barac y el ejército de Dios. Los desafió a levantarse y reunirse en Cades para prepararse para la batalla. Gracias a la autoridad de gobierno que Débora poseía, ellos se movilizaron y fueron a la batalla contra Sísara y su poderoso ejército tal como ella lo había indicado, aunque ninguno tenía escudo ni lanza. Ella los inspiró con la fe para ver a Dios producir una maravillosa victoria al declarar apostólicamente: "Dios lo entregará en tus manos". (Ver Jueces 4:7).

Los líderes apostólicos entienden que pueden tener esta posición de gran autoridad porque han aprendido a estar bajo autoridad ellos mismos. Los primeros apóstoles dijeron: "*¡Es necesario obedecer a Dios antes que a los hombres!*" (Hechos 5:29). Ellos sabían que Dios era su suprema autoridad, pero también entendían el concepto de sujetarse unos a otros y trabajar en equipo para lograr las metas del Reino. Las personas con función apostólica saben que no pueden trabajar solas, sino en grupo con otros de visión similar. Tienen la capacidad de reunir a otros para una causa del Reino y de encomendar tareas específicas para movilizar a las tropas para la batalla. Débora trabajó con el general Barac, y ambos guiaron al ejército a la victoria.

La autoridad gubernamental emplea la unción de dominar en la Tierra. Dios habló originalmente al hombre y a la mujer y les dijo que dominaran. Recordemos que dominio significa "el poder o derecho de gobernar y controlar; tener autoridad soberana; gobierno, control, dominación".[4] Esto significa que, cuando Dios nos habla, debemos levantarnos y tomar el dominio de los espíritus y las fuerzas demoníacas del mal en la Tierra. Jesús es un ejemplo de esta autoridad para nosotros cada vez que sanaba a los enfermos, echaba fuera demonios o resucitaba a los muertos. Él nos dio el modelo de este dominio cuando dijo a la tormenta: "Calla, enmudece", y la tormenta obedeció. Estas no son solamente excelentes historias para contar a nuestros hijos, sino más bien, ejemplos del ejercicio de nuestros derechos de gobierno en el Reino.

Job 22:28 dice: *"Determinarás asimismo una cosa, y te será firme, y sobre tus caminos resplandecerá luz"* (RVR 1960). Con esta autoridad para gobernar, Dios nos hace apropiarnos del poder de decretar. Podemos hablar cosas en el ámbito espiritual y provocar cambios en el ámbito natural.

Para ilustrar este punto, quisiera contarles la historia del huracán Lily. En octubre de 2002, el huracán Lily, una poderosa tormenta de grado 5, caía sobre la costa de Louisiana con vientos de casi 250 km/h. Las predicciones de las autoridades y los científicos eran que la devastación sería catastrófica para las áreas que fueran afectadas. Algunos aun predecían que la tormenta llegaría a casi 290 km/h antes de tocar tierra. Tengamos en cuenta que un huracán se fortalece cuando la presión barométrica en el ojo de la tormenta desciende. En esta tormenta en particular, la presión estaba cayendo en picada desde hacía casi 48 horas y parecía que nada en su camino podría detener su fortalecimiento antes de que tocara tierra.

La noche antes que Lily tocara tierra, una iglesia de Baton Rouge se reunió para orar. Bajo la dirección del Espíritu Santo, los apóstoles Larry y Brenda Bizette reunieron a sus guerreros de oración en el Centro Cristiano de Baton Rouge a la hora 20, cuando comenzaron a hablar a la tormenta y lanzar decretos contra la destrucción que se predecía. Declararon osadamente que Dios iba a "poner su dedo en el ojo del huracán Lily" y que antes de tocar tierra a la mañana siguiente, se reduciría a una tormenta de grado 1, con vientos no superiores a los 150 km/h.

Sorprendentemente, entre las 20 y las 21 de esa noche, la presión barométrica que había estado cayendo en picada dio un brusco e inexplicable giro y, en lugar de caer, comenzó a subir. A medida que la presión subía, la tormenta comenzó a desintegrarse y antes de caer a tierra, a la mañana siguiente, se había reducido a una tormenta de grado 1 con vientos de no más de 150 km/h. Los científicos estaban pasmados, y los periódicos declararon: "Dios puso su dedo en el ojo de Lily". El decreto había cambiado algo en los cielos y la Tierra que evitó un desastre natural potencialmente devastador y costoso. Isaías 10:22-23 declara osadamente: *"… la destrucción acordada rebosará justicia. Pues el Señor, Jehová de los ejércitos, hará consumación ya determinada en medio de la tierra"* (RVR 1960).

Debemos aprender a decretar valerosamente en el ámbito celestial aquellas cosas que Dios ha determinado y acomodar nuestra fe para ver cómo se cumplen. Las personas con función apostólica deben ejercer su autoridad para gobernar con el fin de ver el dominio de Dios en medio de las tinieblas. De la misma manera que Él desmanteló esa tormenta, también desea desmantelar las tormentas que buscan nuestra destrucción. En un nivel personal, Dios desea que las tormentas de enfermedad, pobreza, debilidad, duelo, escasez, opresión, depresión y contienda se desintegren cuando nosotros decretemos su justicia en el centro de la tormenta. En un nivel nacional, Dios desea cambiar las tormentas que se inician en nuestros tribunales, nuestras escuelas y nuestras acciones militares. Dios desea que nuestra nación cambie su enfoque anticristiano para volver a los justos y rectos fundamentos de nuestros padres fundadores. Es hora de que la Iglesia se levante con poder y vea el cambio en las naciones.

4. Unción para señales, prodigios y milagros

Es claro, al leer el libro de Hechos, que los que tenían un manto apostólico no solo estaban llenos de sabiduría y estrategia, sino también del poder del Espíritu Santo. Veamos los siguientes pasajes bíblicos y notaremos que las personas verdaderamente apostólicas deben obrar en el ámbito sobrenatural para demostrar el Reino de Dios.

Todos estaban asombrados por los muchos prodigios y señales que realizaban los apóstoles (Hechos 2:43).

Por medio de los apóstoles ocurrían muchas señales y prodigios entre el pueblo... (Hechos 5:12).

Las marcas distintivas de un apóstol, tales como señales, prodigios y milagros, se dieron constantemente entre ustedes (2 Corintios 12:12).

Dios hacía milagros extraordinarios por medio de Pablo, a tal grado que a los enfermos les llevaban pañuelos y delantales que habían tocado el cuerpo de Pablo, y quedaban sanos de sus enfermedades, y los espíritus malignos salían de ellos (Hechos 19:11-12).

Uno podría decir: "Bueno, en realidad, yo no soy un apóstol; solo soy un cristiano común y corriente". O: "En realidad, no tengo ese don". Marcos, capítulo 16, nos dice que operar en el ámbito sobrenatural debería ser parte de la vida de todo creyente común:

Estas señales acompañarán a los que crean: en mi nombre expulsarán demonios; hablarán en nuevas lenguas; tomarán en sus manos serpientes; y cuando beban algo venenoso, no les hará daño alguno; pondrán las manos sobre los enfermos, y éstos recobrarán la salud (Marcos 16:17-18).

Débora se movió en el ámbito sobrenatural, y el ejército de Israel venció al de Sísara aun cuando no poseían ni siquiera un arma.

Jueces 5 nos cuenta la historia de la sobrenatural victoria que ganó la mano del Señor.

Oh Señor, cuando saliste de Seír, cuando marchaste desde los campos de Edom, tembló la tierra, se estremecieron los cielos, las nubes derramaron agua. Temblaron las montañas al ver al Señor, el Dios del Sinaí; al ver al Señor, el Dios de Israel (…) Los reyes vinieron y lucharon junto a las aguas de Meguido; los reyes de Canaán lucharon en Tanac, pero no se llevaron plata ni botín. Desde los cielos lucharon las estrellas, desde sus órbitas lucharon contra Sísara. El torrente Quisón los arrastró; el torrente antiguo, el torrente Quisón. ¡Marcha, alma mía, con vigor! Resonaron entonces los cascos equinos; ¡galopan, galopan sus briosos corceles! "Maldice a Meroz" —dijo el ángel del Señor—. Maldice a sus habitantes con dureza (vv. 4-5, 19-23).

Fue una batalla sobrenatural, con señales y prodigios de los cielos e intervención de los ángeles. Mientras Israel se reunía junto al río Quisón, todos los ejércitos de Sísara se apostaron para la batalla. Dios hizo que una lluvia torrencial cayera sobre esa zona y barriera con el enemigo. Solo podemos suponer que Débora y Barac habían ubicado al pueblo de Dios fuera de peligro. Después, mientras otros corrían a refugiarse en Meroz, el ángel del Señor se levantó para batallar y lanzó sobre ellos una maldición que resultó en su completa destrucción.

Aunque esta quizá no sea la imagen de las señales, prodigios y milagros que dan vida y libertad —como solemos pensar de las obras sobrenaturales de Dios—, también debemos entender que esta unción suelta el juicio divino contra el mal y la liberación de nuestros enemigos. En tiempos de terror, el Señor puede ubicar a su pueblo fuera de peligro, mientras los ángeles libran nuestras batallas.

5. Unción para batallar

El que es sabio tiene gran poder, y el que es entendido aumenta su fuerza. La guerra se hace con buena estrategia; la victoria se alcanza con muchos consejeros (Proverbios 24:5-6).

Al estudiar la unción que viene con el manto apostólico, debemos reconocer que es una unción para batallar. Si ejercemos dominio y autoridad de gobierno, si nos movemos entre señales, prodigios y milagros, deberemos revestirnos de la armadura del guerrero para batallar contra las fuerzas demoníacas que mantienen cautiva a la Tierra. La unción para batallar no solo manifiesta la valentía para ir a la guerra en el espíritu, sino también estrategias para maximizar la eficacia para la victoria. A la mayoría de la gente no le gusta la guerra, pero sí la victoria. Lamentablemente, no hay victoria sin batalla.

Jabín oprimía duramente a Israel, y si no hubiera habido alguien dispuesto a dar un paso al frente con la determinación de cambiar la situación, habrían continuado en esclavitud. De la misma manera, a menos que los apóstoles estén dispuestos a luchar contra las fuerzas de las tinieblas, nuestras familias continuarán siendo devoradas, y nuestras ciudades continuarán siendo destruidas. Debemos romper los yugos de la apatía y la complacencia, y levantarnos para enfrentar el desafío. Dios está buscando a quienes buscan una causa del Reino. Los apóstoles no están simplemente esperando que otro haga el trabajo, sino están dispuestos a sacrificarse para que otros reciban la libertad.

El nombre *Jabín* significa "el intelecto".[5] Aunque estudiamos las cosas naturales para incrementar nuestra inteligencia, debemos darnos cuenta de que hay un espíritu demoníaco de intelectualismo que desea que nos apartemos de lo sobrenatural y espiritual y que confiemos solo en lo que nuestra mente nos dice que tiene sentido. El razonamiento humano suele meternos en problemas con Dios.

El intelectualismo nos sepulta en la parálisis del análisis. Pensamos, pensamos, pensamos, y nunca hacemos, hacemos, hacemos. Por consiguiente, nos abruma lo natural, y no confiamos en que el poder sobrenatural de Dios puede cambiar las cosas. O tratamos de enfrentar un problema espiritual con una solución natural. Pero, para prevalecer y ganar cualquier batalla para el Reino, debemos ejercer la fe en la mano invisible de Dios. Debemos hacer lo que el salmista nos amonesta que hagamos:

Confía en el Señor de todo corazón, y no en tu propia inteligencia. Reconócelo en todos tus caminos, y él allanará tus sendas (Proverbios 3:5-6).

Este espíritu intelectualista de Jabín mantiene a las personas en esclavitud y opresión espiritual. Dado que es un problema espiritual, requiere respuestas espirituales. Pero la fe ha sido diezmada y ha dejado solo sentimientos de fatalismo. "Así son las cosas. No se puede hacer nada para lograr un cambio perdurable". Esta actitud lleva a la desesperanza y a desesperar en silencio.

La atmósfera espiritual de muchas ciudades, en la actualidad, es muy similar a la de Israel en la época de Débora. Rigen el temor y la intimidación. Debido a que es un espíritu opresivo, hay violencia en las calles. Las personas ya no quieren comunicarse con otras y temen salir de sus casas. El aislamiento y la separación fomentan la depresión y el desaliento. Los jóvenes se suicidan. Los padres descuidan sus responsabilidades y se pierden en la niebla de las drogas y el alcohol. ¿Podrá cambiar algo?

Para confrontar a Jabín, la solución de Dios fue levantar a Débora para que trabajara junto con Barac para producir el cambio. Hoy, la solución de Dios es la misma. Las Déboras deben despertar, y los Barac deben levantarse con fe. Los apóstoles deben dejar a un lado las vestiduras opresivas de los fracasos pasados y comenzar a ver la victoria que está al alcance de la mano, mientras enfrentan al enemigo y penetran sus defensas. Las cosas pueden cambiar cuando hay hombres y mujeres que están seguros de que hay una causa y de que fuimos llamados a marcar una diferencia.

6. Unción para reformar

Los apóstoles son reformadores. La palabra *reforma* significa "mejora o enmienda de lo que está mal o corrompido, o es insatisfactorio; enmienda de la conducta o creencia; cambio a un estado o forma mejor; hacer que una persona abandone caminos malos o errados de vida o conducta; poner fin a abusos y desórdenes; abandonar conducta maligna o error".[6] Los reformadores confrontan el abuso y el error. Tienen corazón y visión para llevar mejoras a los sistemas que se han vuelto ineficaces o improductivos. Desafían la corrupción y el mal con el deseo de producir una estructura que traiga vida y fruto.

Sojourner Truth, a quien mencionamos en el capítulo anterior, fue una reformadora que trabajó para liberar a los negros y a las mujeres de la opresión de la sociedad. Harriett Tubman, una ex esclava que llevó a más de trescientos esclavos a la libertad, era una reformadora. Florence Nightingale, que desafió a un mundo en que la medicina era cosa de varones, salvó innumerables vidas al mejorar las condiciones sanitarias en hospitales y consultorios, e inspiró la formación de la Cruz Roja, era una reformadora. Estas mujeres adoptaron una causa –con gran sacrificio y costo personal– para que se produjera un cambio que beneficiaría a las generaciones futuras.

Dios también está levantando reformadores en la Iglesia. Estos reformadores son pioneros que no temen desafiar la forma tradicional de hacer las cosas. Ellos piensan fuera de los límites preestablecidos con un aire creativo que da vida. Se sumergen en La Biblia para ordenar al pueblo de Dios según la verdad bíblica, sabiendo que la verdad tiene el poder de hacerlos libres. Estos reformadores odian el espíritu de religión, que siempre constriñe y reprime a la Iglesia, impidiéndole llegar al crecimiento. Son los que marcan el camino, dispuestos a escuchar al Señor para recibir nuevas estrategias e implementar nuevas ideas que faciliten el crecimiento y la expansión.

Débora era una reformadora. Como la única mujer juez de su época, destruyó los paradigmas que habían mantenido en esclavitud a las mujeres, y dio a la mujer Jael la valentía para atravesar la cabeza de Sísara con una estaca. Estuvo dispuesta a escuchar al Señor para recibir estrategias divinas que eran nuevas e innovadoras, y forjar un sendero de libertad que pudiera recorrer toda la nación de Israel. Cambió el curso de la historia movilizando y alentando al pueblo de Dios para que diera sus primeros pasos hacia la victoria. Inició un curso de acontecimientos que llevó a cuarenta años de reposo en esa tierra. Cambió la dirección de la batalla y movilizó a Israel para que se revistiera de la fortaleza de Dios y luego viera cómo la mano salvadora del Señor los libraba.

Aquel día Dios humilló en presencia de los israelitas a Jabín, el rey cananeo. Y el poder de los israelitas contra Jabín se consolidaba cada vez más, hasta que lo destruyeron (...) Entonces el país tuvo paz durante cuarenta años (Jueces 4:23-24; 5:31).

7. Unción de gran gracia

Los apóstoles, a su vez, con gran poder seguían dando testimonio de la resurrección del Señor Jesús. La gracia de Dios se derramaba abundantemente sobre todos ellos (Hechos 4:33).

El manto apostólico es un manto de gran gracia. Los primeros apóstoles operaban bajo la cobertura espiritual del gran poder y la gracia de Dios para cumplir su misión del Reino. La palabra griega que significa "gran" es mega,[7] y la palabra que se traduce "gracia" también se traduce en otro lugar como "favor".[8] Así que entendemos que Dios está liberando una unción de megapoder, megagracia y megafavor sobre sus apóstoles, de manera que podamos cumplir con los negocios del Reino.

¿Por qué necesitaban tal unción los primeros apóstoles? Porque la persecución y la controversia abundaban por todas partes. En nuestra cultura occidental, vivimos tiempos en que no enfrentamos grandes persecuciones por el evangelio. Pero hay hermanos y hermanas en todo el mundo que son perseguidos y aun muertos por su inquebrantable fe en el Señor Jesucristo. Estos creyentes andan en la gran gracia de Dios para continuar su vida en Cristo, aunque eso los lleve a la muerte aquí en la Tierra. Sea que seamos llamados a morir literalmente por nuestras creencias o a vivir como el apóstol Pablo cuando dijo: "Muero cada día", cada creyente necesita la gracia para andar en obediencia al Señor. (Ver 1 Corintios 15:31).

Vivimos épocas en que las tinieblas se harán cada vez más oscuras, y la luz cada vez más brillante. El mal se profundizará, pero la Iglesia se hará aun más fuerte. Isaías 60 habla de la promesa de Dios para nosotros en tales tiempos.

¡Levántate y resplandece, que tu luz ha llegado! ¡La gloria del Señor brilla sobre ti! Mira, las tinieblas cubren la tierra, y una densa oscuridad se cierne sobre los pueblos. Pero la aurora del Señor brillará sobre ti; ¡sobre ti se manifestará su gloria! Las naciones serán guiadas por tu luz, y los reyes, por tu amanecer esplendoroso (vv. 1-3).

La Iglesia siempre ha florecido en tiempos de persecución. A medida que crecen las tinieblas, aumenta la gloria de Dios sobre su pueblo, y nuestra luz atrae a los incrédulos. Esto se debe, en parte, a la unción de gran gracia divina que descansa sobre el Cuerpo de Cristo.

Los apóstoles tienen la unción de liberar el favor de Dios en las situaciones para traer libertad y vida. La Biblia nos alienta: cuando el favor del Padre aparece, todo cambia. Después de que los israelitas fueran esclavos en Egipto durante más de cuatrocientos años, el favor de Dios se mostró, y fueron liberados.

El favor da victoria en situaciones imposibles. Promueve a los justos por encima de los injustos. Abre las bendiciones financieras y transfiere la riqueza de las manos de los pecadores a las manos de los justos. (Ver Éxodo 3:21-22; Josué 11:20-23; Génesis 39:21-23; Deuteronomio 33:23).

Dios manifestó su favor sobre la vida de Ester, y se produjo un cambio en el gobierno que influyó sobre todo el pueblo judío, de decretos de muerte a decretos de vida. El rey extendió su cetro de oro hacia ella, y su petición le fue otorgada ante la inminente destrucción. Su favor le permitió a Ester cambiar leyes y ordenanzas para liberar al pueblo de Dios. También promovió a toda su familia, incluido Mardoqueo, que se convirtió en la mano derecha del rey. (Ver Ester 2:17; 5:7-8; 8:4-6).

El favor nos da el factor extra en las batallas espirituales. El Anciano de Días aparece y lanza justos juicios que nos permiten cambiar el curso de la batalla y vencer.

Mientras observaba yo, este cuerno libró una guerra contra los santos y los venció. Entonces vino el Anciano y emitió juicio en favor de los santos del Altísimo. En ese momento los santos recibieron el reino (Daniel 7:21-22).

Mujeres apóstoles en la actualidad

La Iglesia está siendo transformada para facilitar la movilización de todo el Cuerpo de Cristo. Las mujeres ya no son relegadas como ciudadanas de segunda clase, sino posicionadas y activadas para servir en todos los aspectos de la vida del Reino.

¿Pueden, entonces, ser apóstoles las mujeres? Sabemos que pueden ser profetas, porque hay numerosos pasajes bíblicos que hacen referencia a las mujeres como "profetisas" o "mujeres profetas". Pero ¿hay antecedentes de que una mujer sea apóstol? La respuesta es ¡sí! En Romanos 16:7, se nos habla de Andrónico y Junías, que eran "destacados entre los apóstoles". Junías es un nombre de mujer. El historiador judío Josefo dice que Junías era la esposa de Andrónico, y que eran apóstoles de Roma que hacían las obras de los apóstoles,[9] que incluyen muchas de las cosas que acabamos de mencionar.

Hoy, en esta nueva época de apertura en la Iglesia, Dios posiciona y unge a las mujeres para que lideren como apóstoles. Quisiera presentarle a algunas de estas increíbles mujeres que funcionan eficazmente como apóstoles y son pioneras de un movimiento mundial para dotar de poder a las mujeres para su destino y equipar a los líderes apostólicos y proféticos para que hagan impacto en todo el mundo.

Naomi Dowdy

La Dra. Naomi Dowdy es un prominente apóstol en el Cuerpo de Cristo que pastoreó formalmente el Trinity Christian Center en Singapur. Es presidenta fundadora de Global Leadership Network, que tiene la misión de cumplir la Gran Comisión desarrollando estrategias apostólicas para la transformación para líderes espirituales. La Dra. Dowdy ha hecho sentir su influencia en iglesias locales, regiones y aun naciones, con su ministerio de avanzada por medio de conferencias y convocatorias para capacitación.

Naomi también es pionera y fundadora de Cate Community Services Society, una organización que tiene como objetivo sanear la comunidad por medio de servicio práctico y capacitación para familias, jóvenes, ancianos, necesitados y discapacitados. También creó el Theological Center for Asia, un instituto de formación superior donde los alumnos reciben, no solo capacitación bíblica, sino un desarrollo específico en artes creativas, consejería, capacidades para el liderazgo y estudios teológicos. También tiene la pasión de que los líderes se capaciten y las mujeres lleguen a cumplir su destino en la Tierra. Naomi ha hablado proféticamente a la Iglesia, desafiando a todos a cambiar para responder a los propósitos de Dios:

> Creo que hay un cambio que se está produciendo en el ámbito espiritual. Dios quiere que pasemos de contentarnos

con lo que tenemos a alistarnos para trabajar, a acomodarnos divinamente para una tarea divinamente encomendada (…) Dios nos llama a despertar. No juegues con el tiempo. No lo uses solo para ti; úsalo para Dios. El tiempo es escaso; ¿puedes creerlo? Si realmente creemos que queda poco tiempo, esto cambiará nuestras prioridades. Haremos las cosas con deliberación. Redimiremos el tiempo. Aceleraremos nuestros esfuerzos por producir discípulos y líderes. Participaremos de la guerra por las naciones.[10]

Barbara Wentroble

Barbara Wentroble es una fuerte líder apostólica, fundadora de Wentroble Christian Ministries y de Internacional Breakthrough Ministries, que une a los líderes del mundo de la Iglesia y de los negocios para producir un impacto del Reino en la Tierra. Durante más de veinticinco años de ministerio, Barbara ha sido líder del movimiento de oración, ha dirigido equipos estratégicos en muchos países con el fin de producir transformación espiritual y social, ha escrito numerosos libros y artículos, y ha convocado conferencias de negocios que capacitan a los ministros bivocacionales para un servicio eficaz en el Reino. Barbara tiene el deseo de sentar firmes fundamentos apostólicos y proféticos en las vidas de los líderes actuales y ha influido en las naciones con una poderosa unción para la apertura, que ella imparte. Su pasión es que las mujeres se levanten en todo el mundo para cumplir su llamado en estos últimos tiempos.[11]

La clara visión profética de Barbara desafía a la Iglesia a levantarse en cada nuevo tiempo para implementar los avances de Dios en la Tierra. Ella ha declarado proféticamente al Cuerpo:

Dios está reuniendo a un poderoso grupo de personas en estos días. Las vidas se unen en relaciones de pacto. Los ministerios se ordenan para ver al Reino de Dios avanzar en la Tierra. Muchos de los ministerios han estado en Adulam en el período pasado. Pero ahora están bien alineados, de manera que la semilla de destino que hay en ellos se libera para lograr grandes hazañas para el Reino. El destino tiene un tiempo para cumplirse. Será necesario mucho coraje para abrazar nuestro destino. Estos son días en que veremos nuevos enemigos. Las viejas estrategias de guerra y los espíritus independientes no podrán mantenerse en pie contra estos enemigos. Una alianza sinérgica de poderosos ministerios visionarios está surgiendo como un ejército davídico para el nuevo tiempo. Están ungidos para hacer extraordinarios avances en ciudades, territorios y naciones. Su testimonio proclama que "¡Jesús es el Dios del Avance!".[12]

Jane Hansen

Jane Hansen sirve en un rol apostólico como presidenta de Aglow International, un ministerio mundial que ha tocado las vidas de mujeres en ciento setenta países. Ella imparte un sentido de destino y propósito divino a los corazones de las mujeres, jóvenes y viejas, y les da visión para llevar el mensaje del evangelio a sus familias y comunidades, alentándolas a transformar sus hogares en "faros" por medio de una simple hospitalidad. Jane ha escrito numerosos libros e integra las juntas directivas de muchos ministerios.[13]

Su mensaje manifiesta la sanidad y la restauración de Dios de manera que las mujeres puedan levantarse para producir cambios en la Tierra. Ha hablado proféticamente a las naciones y ha sentido el mandato de Dios, de alcanzar a la comunidad musulmana para producir una transformación. En una conferencia de Aglow en Orlando, Florida, se dio una palabra profética que fue el inicio de esta carga:

El Señor dijo: "Tú has visto la gran oscuridad, y sí, has dicho: "Es un enemigo formidable" y "¿cómo penetraremos esas tinieblas?". Porque, sí, cubre como un manto las naciones, y cubre las naciones musulmanas. Y tú dices: "Oh, Señor, mi Dios, aquellas creencias religiosas están enraizadas y entretejidas en la esencia misma de su ser, y ¿aun así, serán libres?". Y yo te digo esta noche: "Sí, serán libres. Porque solo se necesita tirar de un hilo para deshacer una vestidura, y así desharé la vestidura del islam, así como he deshecho la vestidura del comunismo en esta hora. Sí, mi pueblo, clamo a ti, toma ese hilo en mi poder y mi fuerza, y desharemos la vestidura del islam", ha dicho el Señor.

En julio de 2005, Jane escribió a las mujeres de Aglow las siguientes palabras de aliento:

En abril, asistí a una conferencia de toda África, realizada en Zimbabue, titulada "Levántate, levántate, mujer". ¡ÁFRICA ESTÁ EXPLOTANDO! Había veintitrés países representados. Fue colorido, lleno de gozo, danzas, adoración y mensajes llenos de poder. Nuestras líderes en África son poderosas mujeres de Dios que son, realmente, apostólicas en muchos sentidos. La fortaleza que transmiten es asombrosa. Tengamos en cuenta que muchas de ellas viven diariamente (…) situaciones gubernamentales difíciles, economías con dificultades, problemas de salud abrumadores (especialmente el sida), pero tienen una fortaleza y un gozo sorprendentes. La conferencia fue divinamente ordenada por Dios. Antes de irme, Él me dio una palabra. El espíritu guerrero por el cual África es conocida fue dado por Dios. Es un espíritu que el enemigo ha distorsionado, torcido y con el que ha hecho estragos. Pero ese espíritu guerrero es el don redentor de África, y cuando las mujeres de África se levanten con el espíritu correcto, enseñarán a las naciones cómo hacer guerra, cómo permanecer en el nivel 12 –el nivel de gobierno de Dios– poniendo orden en el caos. Dios habló con firmeza a las mujeres de África (...): LEVÁNTATE, MUJER, LEVÁNTATE Y TRILLA.[14]

Despierten, Déboras

Dios nos llama a las Déboras de todas partes, de cualquier trasfondo, raza, cultura y área de influencia a despertar a nuestro destino apostólico. La palabra hebrea traducida como *despertar* significa "abrir los ojos". Es hora de que saquemos la cabeza de la arena y abramos los ojos a lo que sucede en nuestro mundo. Es hora de que despertemos de nuestras falsas identidades y temores para adoptar la visión para la transformación. Dios nos llama a ser reformadoras. Nos llama a marcar a fuego nuevos caminos. Nos llama a tomar su manto apostólico y comenzar a construir donde el enemigo ha destruido, a gobernar donde ha regido la anarquía y a triunfar donde antes prevaleció la desesperanza. ¡Es hora de poseer el Reino!

Mujeres que marcan una diferencia por medio de estrategias apostólicas

APÓSTOL BARBARA YODER

Hemos entrado en el tiempo en que la Iglesia ya no tiene opción sobre si se levantará y vestirá su manto de guerra. O viste su manto de guerra, o se perderá en el olvido, esperando que otra generación vaya a la guerra. Tradicionalmente, las mujeres no han sido vistas como guerreras. Pero los apóstoles y las personas que funcionan como tales son guerreros, tanto hombres como mujeres. Ambos géneros recibieron el mandato –en Génesis 1:28– de no solo dar fruto, multiplicarse y llenar la tierra, sino también de sojuzgarla y dominarla. En el libro de Hechos, vemos a los apóstoles abriendo camino en nuevas regiones y territorios. Por ejemplo, el apóstol Pablo tomó la ciudad de Éfeso (Hechos 19), y Éfeso fue transformada. Los individuos cambiaron. La ciudad fue transformada, tanto en lo gubernamental como en lo económico, porque la gente cambió. Pablo sometió una estructura idólatra hasta el punto en que él y la Iglesia gobernaron sobre ella y sobre el territorio.

Veamos otro ejemplo. Débora llegó al gobierno en un momento muy adverso. El pueblo de Israel había pecado, y Dios los había entregado en manos de Jabín, un rey cananeo, y su comandante del ejército, Sísara. Israel era un desastre. Ni siquiera se podía caminar por los caminos principales, porque Jabín y Sísara dominaban la tierra. Nada era seguro. Ni siquiera podían ir al mercado sin temer la posibilidad de ser asaltados, golpeados o asesinados.

Débora se levantó como una madre en Israel. Dado que este pasaje no habla de hijos genealógicos, significa que se levantó como una madre para la nación; un apóstol femenina. Trabajó con Barac para entrar en batalla para recuperar a Israel, y la mujer Jael le dio el golpe final a Sísara. Eran un equipo de guerreros, dos de los cuales eran mujeres, que fueron a la batalla para recuperar su nación.

Hoy, hay un ejército de verdaderas Déboras que surgen como "madres", líderes apostólicos, para recuperar ciudades, estados y países. Cuando se habla de ser una madre, pensemos lo que sucede cuando alguien hace enojar a una madre metiéndose con sus hijos. La mujer sale a matar y es capaz de destrozar a la persona. ¿Qué sucedería si mujeres clave en una ciudad, estado o país se enfurecieran de esa forma?

En la edición del 5 de diciembre de 2005 del **Washington Post**, se publicó una historia verídica sobre lo que sucede cuando las mujeres se enfurecen por el sufrimiento de la gente. Aproximadamente en 1860, una esclava liberada, Maria Bacon, fundó una aldea llamada Bacontown, en el condado Anne Arundel. Con el tiempo, la comunidad llegó a estar dominada por las drogas, la prostitución y el deterioro. Pero las mujeres dieron vuelta esa comunidad. Observemos que estas mujeres se levantaron y dieron vuelta el lugar porque dijeron: "No teníamos opción". Su ira las llevó a la acción, y transformaron un pueblo. Lo que sigue es un extracto del artículo del **Washington Post**: "Cuando las mujeres de Bacontown encontraron a su comunidad en problemas, su fortaleza, su paciencia y su perseverancia rescataron el legado de Maria Bacon del abandono, el delito y los terrenos invadidos. 'Era un desastre', dijo la matriarca de la comunidad, Lenore Carter. 'No tuvimos opción'".

En otra ocasión, Dios llamó la atención de una madre común, Marlene Elwell, mientras estaba en su casa, cuidando a sus hijos, en la década del setenta. Tenía la televisión prendida y vio a una mujer con un gran sombrero que hablaba sobre la liberación femenina. Ella no sabía que la mujer era Bella Abzug. Algo en Marlene se resistió pensando: **Esto no está bien**. Luego, en 1992, esa justa indignación de Marlene tomó forma cuando las "mujeres liberadas" decidieron ponerse a trabajar para que se aprobara la Enmienda sobre la Igualdad de Derechos en Iowa. Algo en Marlene dijo: Esto no debe avanzar. Escuchó a Dios decirle que fuera a hacer algo al respecto para vencerlo. Se fue de Michigan a Iowa, donde se hospedó en un caluroso apartamento en un ático, y casi sola, derrotó la enmienda en 1992.

Afectó a todo un estado y, en última instancia, al país. Ella se levantó y luchó contra un asunto que no agradaba a Dios.

He estado trabajando durante nueve años para llevar transformación al estado de Michigan como líder apostólico de Michigan Global Apostolic Prayer Network. Muchos se han reunido para sumarse a nuestro esfuerzo, y en conjunto, estamos marcando una diferencia. Por medio de la intercesión constante y la acción oportuna, el ambiente de nuestro estado está cambiando. Actualmente, el gobierno está por hacer un gran cambio porque alguien se levantó y dijo: "Hay que hacer algo al respecto". Trabajando con otros líderes espirituales del estado, nos levantamos con un manto apostólico, recuperamos las llaves del estado que habían sido entregadas a Saddam Hussein y recobramos la voz. Ahora, somos una voz colectiva que clama, un estado vocero, que declara: "Preparen el camino del Señor". Se ha construido una plataforma para el poder transformador de Dios, para cambiar nuestro estado.

Jueces 5:6-7 dice: "En los días de Samgar hijo de Anat, en los días de Jael, los viajeros abandonaron los caminos y se fueron por sendas escabrosas. Los guerreros de Israel desaparecieron; desaparecieron hasta que yo me levanté. ¡Yo, Débora, me levanté como una madre en Israel!"

Que las madres de Israel se levanten con justa indignación formando un poderoso manto de guerra para hacer volver a ciudades, estados y países a Dios.

Barbara Yoder es un poderoso apóstol que sirve como pastora principal de Shekinah Christian Church, en Ann Arbor, Michigan. También es coordinadora para el estado de Michigan de United States Global Apostolic Prayer Network e integra el consejo nacional de dicha organización. Ha escrito varios libros y lleva una unción de apertura a las numerosas conferencias en las cuales participa como oradora.

Notas:

1. *Strong's Concordance.*

2. Barbara Yoder, *Un llamado audaz de Dios para la mujer*, Casa Creación, 2007.

3. Yoder, *Un llamado audaz de Dios para la mujer.*

4. *Webster's Dictionary of the English Language* (Diccionario Webster del Idioma Inglés).

5. *Strong's Concordance.*

6. *Webster's Dictionary of the English Language.*

7. *Strong's Concordance.*

8. *Strong's Concordance.*

9. Yoder, *Un llamado audaz de Dios para la mujer.*

10. Noami Dowdy, "Divine Alignment for Divine Assignment" (Orden divino para las tareas divinas), 2006, www.naomidowdy.com.

11. International Breakthrough Ministries, www.internationalbreaktroughministries.org.

2. Barbara Wentroble, "Anointed for Breakthrough", *The Elijah List Newsletter*, marzo de 2002, www.elijahlist.com.

3. Aglow International, www.aglow.org.

4. Jane Hansen, *Visionary letters from Jane Hansen* (Cartas visionarias de Jane Hansen), página web de Aglow, julio de 2005.

Capítulo 9

Débora, mujer de sabiduría

Pido que el Dios de nuestro Señor Jesucristo, el Padre glorioso, les dé el Espíritu de sabiduría y de revelación, para que lo conozcan mejor. Pido también que les sean iluminados los ojos del corazón para que sepan a qué esperanza él los ha llamado… (Efesios 1:17-18).

No basta con la capacidad de recibir gran revelación para tener un ministerio verdaderamente eficaz para Dios. El apóstol Pablo oró que Dios diera a los santos de Éfeso no solo el espíritu de revelación, sino también el de sabiduría.

Las mujeres apostólicas y proféticas a quienes Dios está llamando a ser parte del ejército de Débora no deben tener solo la capacidad de escuchar claramente a Dios o tener sueños y visiones, sino ser mujeres sabias y maduras, que tengan cuidado con la revelación que reciben. Deben saber cuándo y cómo hablar estas palabras, de tal manera que motiven al pueblo de Dios a apartarse de sus caminos malvados y egoístas, y a adentrarse en los propósitos divinos para sus vidas.

Proverbios 31:25-26, 30 describe a la mujer virtuosa:

Se reviste de fuerza y dignidad (…) Cuando habla, lo hace con sabiduría; cuando instruye, lo hace con amor (…) Engañoso es el encanto y pasajera la belleza; la mujer que teme al Señor es digna de alabanza.

Proverbios 9:10 está de acuerdo en que *"El comienzo de la sabiduría es el temor del Señor".* La mayoría de nosotros ha visto o conoce a alguien que tenía una revelación precisa, pero, cuando abrió su boca, la palabra salió dura, cortante, o en forma presuntuosa, soberbia o inadecuada. La persona, probablemente, no tenía intención de ser tan dura. Pero, debido a un espíritu herido, con dolor, decepción o inseguridad en su alma, quizá sintió la necesidad de proyectar la palabra de esa manera tan contundente para que no pudiera ser descartada, discutida o corregida. Es una situación peligrosa para cualquier mujer profeta.

La sabiduría no teme someterse a la autoridad proveniente de Dios para rendir cuentas y ser supervisada. Reconoce que puede haber puntos ciegos de los que quizá ella no tenga conocimiento, que pueden producir destrucción. La sabiduría nos permite recibir opiniones y aun, en ocasiones, corrección, para ser mejores y más eficaces en el ministerio. La sabiduría es necesaria, un ingrediente vital para un ministerio eficaz, poderoso, productivo. Santiago 3:13-18 dice de la sabiduría divina:

*¿Quién es sabio y entendido entre ustedes? Que lo demuestre con su buena conducta, mediante obras hechas con la humildad que le da su sabiduría. Pero si ustedes tienen **envidias amargas y rivalidades en el corazón**, dejen de presumir y de faltar a la verdad. Ésa no es la sabiduría que desciende del cielo, sino que es terrenal, puramente humana y diabólica. Porque donde hay envidias y rivalidades, también hay confusión y toda clase de acciones malvadas. En cambio, **la sabiduría que desciende del cielo es ante todo pura**, y además **pacífica, bondadosa, dócil, llena de compasión y de buenos frutos, imparcial y sincera**. En fin, el fruto de la justicia se siembra en paz para los que hacen la paz* (Énfasis agregado).

Sabia en sus palabras

Proverbios 31:26 instruye diciendo que la mujer sabia *"Cuando habla, lo hace con sabiduría; cuando instruye, lo hace con amor"*. A la mayoría de las mujeres nos encanta hablar. Generalmente, somos personas altamente relacionales y disfrutamos de una buena conversación y una buena interacción. Por desgracia, nuestra lengua puede meternos en problemas y hacer que digamos cosas que no se corresponden con el espíritu de sabiduría. Proverbios 21:23 nos dice: *"El que refrena su boca y su lengua se libra de muchas angustias"*.

La Biblia está llena de admoniciones de que hablemos solo palabras puras y edificantes, y que evitemos hablar mal, los chismes, las calumnias, las críticas y los corrillos. Si deseamos ser mujeres de sabiduría, es imperativo que cuidemos las palabras que salen de nuestra boca y que todas nuestras conversaciones sean edificantes y alentadoras para quienes nos escuchan. (Ver Efesios 4:29).

Santiago habla mucho sobre la lengua y los problemas que podemos tener para controlar lo que decimos. Nos enseña que la lengua puede ser un miembro pequeño del cuerpo, pero aun tiene el poder para encender grandes fuegos, esparcir veneno mortal y ensuciar todo el cuerpo. Nos dice que, si podemos aprender a no ofender a otros con nuestras palabras, seremos perfectos. (Ver Santiago 3:2, 5, 8).

La vida y la muerte están en el poder de la lengua. Como mujeres de sabiduría, se nos da una herramienta extraordinaria para manifestar la naturaleza y la unción de Dios hablando palabras de edificación, exhortación y consuelo. (Ver Proverbios 18:21; 1 Corintios 14:3).

La ciencia moderna confirma que las ondas de sonido continúan aun después de salir de nuestro rango de audición. Se han registrado transmisiones radiales que salen del ámbito de la Tierra, rebotan en satélites o meteoritos en el espacio y retornan al planeta, donde son grabadas por científicos.[1] Si el sonido viaja de esa manera, ¿qué sucede con nuestras palabras? ¿Continúan viajando por las ondas aéreas, creando bien o mal? Nuestra oración debería ser como la del salmista David, que escribió: *"SEÑOR, ponme en la boca un centinela; un guardia a la puerta de mis labios"* (Salmo 141:3). Lo que hablamos tiene el poder de crear una atmósfera de bendición y vida, o de maldición y muerte. Cuando hablamos palabras de fe, positivas, edificantes, alentadoras, creamos un ambiente al que se sienten atraídos los ángeles y espíritus ministradores. Cuando, por el contrario, hablamos palabras de condenación, sombrías, negativas, pesimistas, destructivas, creamos un ambiente que atrae a las fuerzas demoníacas. Realmente depende de nosotros controlar lo que sale de nuestros labios. A veces, después de crear un ambiente de maldición sobre nuestra vida, nos preguntamos por qué todo va mal. ¡En lugar de atar al diablo, tendríamos que atarnos a nosotros mismos! Mi secretaria, LaRue, me enseñó hace años que, cuando siente deseos de decir o hacer algo que no es digno de Cristo, dice: "¡Me ato a mí misma!". Quizá haya verdad en sus palabras...

Hoy te doy a elegir entre la vida y la muerte, entre el bien y el mal. Hoy te ordeno que ames al SEÑOR tu Dios, que andes en sus caminos, y que cumplas sus mandamientos, preceptos y leyes. Así vivirás y te multiplicarás, y el SEÑOR tu Dios te bendecirá en la tierra de la que vas a tomar posesión (...) Hoy pongo al cielo y a la tierra por testigos contra ti, de que te he dado a elegir entre la vida y la muerte, entre la bendición y la maldición. Elige, pues, la vida, para que vivan tú y tus descendientes. Ama al SEÑOR tu Dios, obedécelo y sé fiel a él, porque de él depende tu vida, y por él vivirás mucho tiempo en el territorio que juró dar a tus antepasados Abraham, Isaac y Jacob (Deuteronomio 30:15-16, 19-20).

Sabias en discernimiento

El Diccionario Webster define la palabra *sabio* como "que tiene el poder de discernir y juzgar adecuadamente lo que es cierto o justo; que posee discernimiento, juicio o discreción".[2] Cuando

Débora se posicionó como jueza sobre la casa de Israel, también tuvo que poseer las cualidades de sabiduría y discernimiento para poder gobernar eficazmente su nación.

En Jueces 5:15, aprendemos que los hombres de Isacar estaban con Débora y Barac cuando fueron a la batalla. Primera de Crónicas 12:32 describe a los hombres de Isacar como aquellos que podían discernir los tiempos:

De Isacar: (…) Eran hombres expertos en el conocimiento de los tiempos, que sabían lo que Israel tenía que hacer.

Los hijos de Isacar ejemplifican a quienes funcionan con una doble porción de unción de sabiduría y revelación, de los mantos apostólico y profético. Tenían visión profética para comprender los tiempos, junto con la unción apostólica de la estrategia de cómo responder a esos tiempos.

Muchas veces, durante el Movimiento Profético, quizá hemos oído alguna palabra sobre el tiempo en que Dios nos ha colocado, quizá que era el tiempo de una manifestación específica de poder, favor o milagros. Pero dado que las estrategias apostólicas no estaban colocadas para instruirnos sobre cómo responder a ellos, los tiempos solían pasar sin que fueran tocadas más que unas pocas vidas.

Quienes somos llamadas a ser parte de este ejército de mujeres a quienes Dios levanta, debemos estar dispuestas a desarrollar discernimiento espiritual y el don de discernimiento de espíritus en nuestra vida. Este don divino nos da la capacidad de distinguir entre el bien y el mal, de sentir la presencia de Dios, de determinar las motivaciones de los corazones y aun de detectar actividad angélica o demoníaca. (Ver 1 Corintios 12:10).

Cuando Dios da esta capacidad a una persona, esta tiene la responsabilidad de responder sabiamente a las cosas que discierne, tanto con sabiduría natural como por revelación sobrenatural. El verdadero discernimiento no es dado para que una persona critique, condene o juzgue a otros. Hay una gran diferencia entre juzgar justamente por el Espíritu de Dios y asumir una actitud de juicio contra otras personas. Mateo 7:1 nos advierte: *"No juzguen a nadie, para que nadie los juzgue a ustedes".* Una mujer apóstol que funciona con la unción de Débora como "jueza" debe comprender que el juicio que puede realizar no es "sentarse a juzgar" a otras personas y dictar sentencia sobre ellas. Hay un Juez: Dios mismo, que juzgará los corazones y las acciones de hombres y mujeres. No obstante, nosotros podemos juzgar según La Palabra de Dios y los principios en ella contenidos, para distinguir entre el bien y el mal, lo bueno y lo malo. También podemos discernir, por el Espíritu, cuando está presente una fuerza demoníaca y determinar la estrategia que hará que suelte a su presa.

También es importante, al actuar con sabiduría y discernimiento espiritual, que podamos discernir el movimiento del Espíritu Santo. Dios es un gran Dios, y La Biblia muestra claramente que Él piensa de una manera diferente de la nuestra. Mientras continúa restaurando la plenitud de verdad de su Palabra, debemos abrir nuestros corazones a las cosas nuevas que Dios puede hacer. Él podría darnos por medio de su Espíritu experiencias nuevas, que no conocemos, pero el hecho de que no las conozcamos no significa que la manifestación no sea de Dios.

En esta hora, Dios derrama su Espíritu en una nueva medida. Hemos visto señales y prodigios, sanidades, milagros, demostraciones proféticas, risas, lágrimas, temblores bajo el poder de Dios y otras manifestaciones de su Espíritu que quizá no habíamos visto antes. Debemos tener corazones con discernimiento para poder escuchar claramente la voz de Dios, distinguir correctamente la obra de su Espíritu y recibir todo lo que Él está derramando en este tiempo.

Sabias en principio
¿Realmente cree usted lo que cree creer? Cuando las cosas se dificultan, y es difícil comprender lo que Dios hace en una circunstancia o situación, con frecuencia, nuestro sistema de creencias se enfrenta con el desafío de esta pregunta. Podemos decir

que creemos algo, pero ¿qué es lo que realmente creemos cuando estamos bajo presión? ¿Cuáles son sus valores fundamentales? ¿Cuáles son los principios sobre los que usted basa su proceso de toma de decisiones?

¿Qué sucede cuando alguien aprieta "ese botón" en usted? ¿Qué botón? El botón que produce la reacción repentina, la ira o el llanto. Cada una de nosotras debe descubrir cuál es ese botón que nos hace reaccionar para poder fortalecernos y no caer en una respuesta incorrecta.

Cuando yo era joven y madre reciente, uno de esos botones era que alguien dijera que yo no era buena madre porque pasaba mucho tiempo en la iglesia en lugar de estar en casa con mis hijos. Esto me hacía reaccionar con ira y a la defensiva. Lo que realmente motivaba esa reacción era mi propio sentimiento de culpa por no acomodarme a lo que los demás pensaban que debía hacer una buena madre cristiana. Estaba haciendo lo que Dios me había llamado a hacer; sin embargo, permitía que la presión de lo que los demás pensaban instilara culpa en mi corazón. Cuando recibí sanidad del Señor y la seguridad de parte de mi esposo de que estaba haciendo lo que Dios me pedía y, al mismo tiempo, cuidando bien a mis hijos, ese botón de reacción a la defensiva quedó neutralizado, y tuve paz.

Todos tenemos puntos ciegos en nuestras vidas, por lo tanto, es bueno que otros nos hablen para ayudar a darnos una perspectiva desde el punto de vista de Dios. El problema con los puntos ciegos… es que no los vemos. En cierta ocasión, mi esposo y yo creímos necesario hablar a un hombre de nuestra iglesia que constantemente ofendía a otras personas con sus modales y sus palabras. Todos notaban ese punto débil en él, pero, cuando nosotros le hablamos, quedó mudo. Su respuesta fue: "Lo siento, pastores. Escucho lo que me dicen, pero no lo veo". ¡Exacto! Eso es lo que sucede. Es un punto ciego.

Es muy importante tener personas que nos puedan decir las cosas que todos ven en nosotros, pero que nosotros mismos no vemos. Es como salir de un baño público con un papel higiénico pegado a la suela del zapato. Es un poco vergonzoso cuando alguien nos lo señala, pero es mucho mejor que el hecho de que todos se rían de nosotros sin que sepamos por qué.

Debemos hallar lo que creemos que es la verdad; de lo contrario, permitiremos que nuestras emociones y circunstancias determinen nuestro sistema de convicciones. En todos los desafíos, aprendemos una lección. La pregunta es: ¿qué hemos aprendido? Podemos aprender buenas o malas lecciones. Dios requiere que las mujeres del ejército de Débora desaprendamos las malas lecciones para poder fortalecernos con la verdad.

Nuestro sistema de convicciones determina las decisiones que tomamos con relación a nuestro destino. Pregúntese: ¿qué cree usted realmente acerca de Dios? ¿Cree que le interesa que usted esté bien? ¿La escucha cuando ora? ¿Puede librarla de momentos de crisis? ¿Qué cree usted acerca de los demás? ¿Cree que los demás siempre están buscando aprovecharse de usted, hacerla quedar en ridículo o maltratarla? ¿Qué cree usted sobre sí misma? ¿Cree que es digna del amor de Dios, que todo lo puede en Cristo que la fortalece, que es aceptada por Dios y no tiene necesidad de ganarse su amor?

¿Qué sucede, entonces, cuando llegamos a un punto en que nada tiene sentido? Hemos orado y leído La Palabra de Dios, pero aún no entendemos sus caminos. Yo me encontré en ese punto después de varios abortos espontáneos, cuando aún era una madre joven. En ese entonces, sentí que Dios me hablaba de un gran plan para mí. Me dijo: "En lugar de concentrarte en todo lo que no entiendes de mí ahora, concéntrate en lo que sabes de mí". Eso dio vuelta las cosas. Yo sabía que Dios es bueno. Sabía que es justo. Sabía que es soberano y tiene todo el control. Sabía que su poder es mayor que el del diablo. Sabía que el poder de la vida y de la muerte está en sus manos.

Sabias en los momentos difíciles

Debemos decidir hacer las cosas que corresponden para avanzar y dejar atrás los tiempos de dolor y desaliento. Esto me quedó perfectamente claro cuando nació mi hijo Jason. Después de un embarazo complicado, Jason nació prematuro, con un defecto facial congénito llamado labio bilateral con paladar hendido. Esto significa que no tenía labio superior ni paladar, y las encías donde se suponía que debían crecer sus dos dientes incisivos eran una bola ubicada al extremo de su nariz. Pero, cuando lo miré por primera vez tras su nacimiento, escuché que Dios me decía dos cosas muy claramente. La primera era que eso no era culpa mía. La segunda era: "Jane, tú puedes manejar esto".

Escuchar la voz de Dios en un momento tan difícil me dio una gran paz en mi corazón. Él me dijo que no era mi culpa. Ahora bien, reconozco que, muchas veces, los defectos de nacimiento son causados por lo que la madre ingiere durante el embarazo. Pero yo siempre había tenido mucho cuidado con lo que ingresaba en mi cuerpo. Aun así, cuando Dios me dijo que yo no era responsable por la condición de mi hijo, me dio una paz que silenció cualquier pregunta.

La segunda parte de lo que Dios dijo fue más difícil de poner en práctica. Me dijo que yo podía manejar esto. Eso significaba que tendría gracia y fortaleza para hacer todo lo que se requeriría de mí durante los días y las noches difíciles que estaban por delante. Debo decir que, inicialmente, esto se cumplió. Sentía un gran amor por mi hijo y un profundo gozo de que Dios lo hubiera confiado a mi cuidado. En muchos sentidos, sentí que Dios me había hecho un cumplido entregándome un niño tan especial, sabiendo que acudiría a Él para enfrentar los desafíos. Nunca sentí dolor, sino una profunda paz… hasta que me cansé.

Cuidar a Jason era muy cansador. Nació sin la capacidad de succionar de un biberón, por lo cual, cuando solo tenía 12 horas de vida, un odontólogo hizo una prótesis para la parte superior de su boca, para ayudarlo a poder comer. Aprendió a succionar la leche de mi pecho, pero la prótesis le abrió llagas en las encías, y con frecuencia sangraba cuando mamaba. También nació sin la contención en la parte posterior de la garganta que impide que la leche se vaya a los pulmones, así que yo tenía que estar alerta y lista para aspirar sus pulmones en cualquier momento, mientras lo alimentaba para que no se ahogara con la leche del biberón. Este proceso era muy largo y cansador para los dos. Le llevaba aproximadamente una hora y media tomar solo dos cucharadas de leche, y con frecuencia vomitaba todo, y había que comenzar de nuevo. Cada día se volvía más pequeño, y mi corazón se dolía por él.

Una noche, a las tres de la madrugada, acababa de alimentarlo, cuando Jason escupió todo, y supe que tendría que comenzar de nuevo. Mi esposo ya había hecho lo suyo, y yo sabía que tenía que mantenerme alerta para comenzar una nueva sesión de alimentación. Pero estaba tan cansada que comencé a llorar. Llorando, le dije al Señor: "No puedo hacer esto. No puedo. Sé que tú dijiste que podía manejarlo, pero no puedo". Fue un momento muy fuerte emocionalmente. Entonces, escuché que el Señor me hablaba nuevamente. Uno pensaría que me diría algo dulce y lleno de compasión, pero, por el contrario, escuché que me decía: "¡Ya basta, Jane!". En ese momento, pensé que era algo malvado de su parte, porque yo estaba en un estado lamentable, pero Dios sabía lo que yo necesitaba escuchar mejor que yo. El Señor continuó: "Te dije que podías manejarlo. Así que debes tomar una decisión. ¿Vas a creerme a mí o creerás lo que te están diciendo tus emociones? Si decides creer mis Palabras para ti, yo continuaré dándote todo el gozo, la paz y la gracia que necesitas para atravesar esto. Si decides creerle a tus emociones y seguir por el camino de la depresión, mi gozo, paz y gracia no podrán ir contigo. Debes decidirte".

Mi primera respuesta fue: "Señor, ¿por qué eres tan malo conmigo?". Después me di cuenta de que no era malo; ¡me estaba salvando la vida! La Palabra del Señor da vida. Así que respondí al Señor que, naturalmente, elegiría el camino de creer su Palabra para mí y me arrepentí de mi incredulidad. De repente, el cuarto se llenó de la presencia del Señor. No solo recibí fuerzas, sino que, a partir de entonces, mi hijo pudo comer sin escupir. Comenzó a subir de peso y continuó comiendo hasta que llegó a ser un bebé rellenito y feliz.

Ahora, Jason es un joven adulto. Hasta ahora, ha superado doce cirugías reconstructivas mayores y está muy bien. Ha tenido que tomar ciertas decisiones por sí mismo en el aprendizaje de creer lo correcto en cuanto a Dios y sus procesos, pero la gracia de Dios lo acompañó milagrosamente. Jason ha servido al Señor fielmente en tiempos buenos y tiempos malos, y no permitió que una sola raíz de amargura creciera en su corazón.

Todos tenemos que tomar la decisión de si creeremos La Palabra del Señor o confiaremos en nuestras circunstancias y nuestra propia capacidad para salvarnos. Cuando elegimos bien, Dios nos da fuerzas, gracia y sabiduría que necesitamos para crecer y madurar en Él. A veces, la sabiduría es impartida, como Dios dio a Salomón el manto de sabiduría por medio de un sueño. Pero la mayoría de las veces, la sabiduría se desarrolla en el fuego de las aflicciones de la vida.

Notas:

1. "Echoes from Ancient Supernovae" (Ecos de antiguas supernovas), *Universe Today*, diciembre de 2005, www.Universetoday/au/publish/cfa_supernova.html.

2. *Webster's Dictionary of the English Language.*

Capítulo 10

Sabiduría y autoridad

La unción apostólica de sabiduría es algo que todos deberíamos buscar y es vital para quienes quieren experimentar las cosas nuevas de Dios. Con la sabiduría, vendrá una nueva autoridad, tanto en las cosas naturales como espirituales. Para utilizar adecuadamente esta autoridad, debemos estar arraigados y afirmados en La Palabra de Dios, en íntima relación con el Señor Jesús por medio de la oración, y practicar alguna clase de rendición de cuentas o una relación con un mentor. Mantener un equilibrio maduro en estas áreas ayudará a asegurarnos de utilizar legítimamente la autoridad que Dios nos da.

Legislar desde los cielos

Según Efesios 2:6, hemos sido sentados juntamente con Cristo en los lugares celestiales. Desde esta posición de gobierno, debemos regir y legislar las cosas del Espíritu. Este lugar está muy por encima de todos los principados y potestades, y de los príncipes demoníacos que tratan de gobernar desde sus lugares en el segundo cielo. Es hora de que nos demos cuenta de que Dios ha dado a la Iglesia autoridad, unción y poder para que comience a ejecutar sus juicios en la Tierra y cumpla la victoria que Jesucristo logró por medio de su muerte, sepultura y resurrección.

La unción de "juez" para las mujeres como Débora producirá juicios sanos en la Tierra, así como la capacidad de sacudir los cielos con la autoridad de Dios, el Juez supremo. Debemos purificar nuestras vidas con el fuego de su unción, de manera que no juzguemos según nuestra sabiduría natural o planes personales, sino solo según lo que es declarado desde el trono de Dios.

Tratar con discernimiento

Hace varios años, nuestro ministerio vivió una situación muy difícil a causa de una persona que engañó a muchos. Yo siempre había tenido una dificultad personal con esta persona porque, aunque era agradable y amable conmigo, algo en mi espíritu me advertía que no todo era como parecía ser. Algunos líderes del ministerio oramos juntos después que varias familias nos abandonaron, y comenzamos a darnos cuenta de que necesitábamos urgentemente el don de discernimiento de espíritus entre nosotros. Yo sentía que ese don era algo que Dios ya me había hablado, así que pedí en oración poder comprender cómo administrar ese don que Él me había dado.

Después que mi esposo y mi padre espiritual, el Dr. Bill Hamon, me impusieron las manos y liberaron este don en una nueva medida, comencé a ver las cosas con gran claridad. Fui testigo de algunas cosas en el ámbito espiritual y pude determinar específicamente contra qué entidades demoníacas estábamos luchando, y cómo podíamos batallar eficazmente para lograr la victoria. Parecía algo intimidatorio, pero la forma de manejar este aspecto del don se volvió muy clara para mí.

Mucho más difícil fue discernir las cosas que afectaban las vidas de hombres y mujeres. A veces, había una fortaleza demoníaca; otras veces, una motivación o actitud de corazón impura. Sinceramente, esto me asustó. Nunca me he considerado crítica. Siempre trato de creer lo mejor de las personas y darles el beneficio de la duda. Pero cuando comencé a discernir estas cosas, me costó mucho separar a las personas a quienes Jesús amaba y por quienes había muerto de estas cosas impías y malignas que motivaban y controlaban sus vidas. Me vi caer en una actitud de crítica y juicio contra ellas, y las condené por permitir que estas cosas dominaran sus vidas.

Dios tuvo que trabajar con mi corazón, porque el propósito de ese don se estaba corrompiendo por mi falta de madurez para administrar correctamente esta función. Un día, Él me desafió mientras yo reflexionaba sobre algo que había discernido de un hombre de nuestra iglesia. Dios me reprendió y me dijo: "¡No te mostré eso para que juzgues a ese hombre, sino para que estés alerta ante un posible peligro y para que ores por él y le ministres el amor de Dios de manera más eficaz!". Mi esposo confirmó lo que Dios me había dicho cuando me desafió diciendo que los dones del Espíritu Santo son dados para edificar al cuerpo, es decir, construirlo, no destruirlo. Dios me mostraba estas cosas para alertarnos para la oración, pero también para buscar formas de liberar a estas personas. (Ver 1 Corintios 12:12).

Hay veces que el Señor da discernimiento con relación a la vida de una persona como una advertencia para observarla y tener en cuenta ciertas áreas de debilidad en ella, para protección del rebaño de Dios; pero nuestra primera reacción es tratarla con compasión, orar por ella y creer en el poder de Dios para restaurarla y liberarla. Algunas veces, la persona debe recibir ministración o aun corrección, pero la motivación de nuestro corazón debe ser primero, y principal, el amor divino.

Esto es difícil para muchos que han recibido este don, porque les cuesta no criticar o juzgar cuando el Espíritu Santo ilumina ciertos peligros en una persona o una situación. Normalmente, Dios revela estas cosas para advertirnos o, más importante aun, para alertar al pueblo para orar que los propósitos divinos se manifiesten en la situación que quizá enfrenten. Es vital que tengamos nuestro corazón siempre limpio ante Dios y recordemos que, por cada cosa que hayamos discernido con respecto de otra persona, quizá alguien haya discernido algo acerca de nosotros. "No juzguen para que no sean juzgados".

Cuando sentimos que discernimos algo en el ámbito espiritual, es importante determinar cuál es nuestra responsabilidad. La falsa responsabilidad se convierte en una trampa en la que debemos tener cuidado de no caer. Las falsas cargas solo nos agobian y nos desgastan, sin traer una solución de Dios para la situación.

¿Qué requiere Dios de usted en cuanto a lo que discierne? Puede ser solo orar, o quizá deba hacer algo más. Dios quizá quiera que ore por la situación y luego la comente a las personas adecuadas dentro de los líderes. Después de eso, es responsabilidad de ellos manejar la situación como el Señor les indique. Sean cuales fueren las instrucciones de Dios, solo obedezca fielmente su guía.

Advertencias para los sabios

En cuanto al desarrollo del don de discernimiento de espíritus, hay algunas advertencias que quiero hacerle basándome en mi propia experiencia:

1. El discernimiento no solo se aplica a los demonios. Por el contrario, el discernimiento implica discernir la obra del Espíritu de Dios durante los tiempos de ministración. Involucra la presencia y las actividades de los ángeles a nuestro alrededor. También se aplica a motivaciones humanas impuras. Y sí, también implica discernir fuerzas demoníacas para brindar liberación y libertad.

2. Discierna por el Espíritu, no por el alma. Tenga cuidado de que lo que usted llama discernimiento sea realmente del Espíritu y no de su alma. Algunas veces, alguien nos ofende, y comenzamos –erradamente– a "discernir" el problema que tiene esa persona. En otra ocasión, la apariencia de alguien puede llevarnos a pensar de determinada manera sobre él. Nuestros prejuicios o ideas preconcebidas sobre la apariencia o la forma de actuar de una persona no son manifestaciones veraces de este don del Espíritu Santo.

Por ejemplo, cuando yo era niña, sufrí abuso de parte de un hombre que tenía barba. En mi vida adulta, aun ya sanada de los efectos del abuso, no podía confiar en ningún hombre que llevara barba e inmediatamente sentía aversión por ellos. Si no hubiera tenido cuidado, podría haber pensado que mi reacción era discernimiento espiritual, cuando, en realidad, era un reflejo de algo que no había sanado en mi corazón. Una vez que el Espíritu Santo me hizo notar esto, pude orar y ser libre del prejuicio.

3. Los actos inmaduros no son necesariamente indicación de presencia demoníaca. El hecho de que alguien no hable o se comporte de forma madura no significa que tenga un problema con los demonios. Todos estamos en el proceso de renovar nuestra mente. Recuerde: otros la han tratado con gracia a usted aun cuando usted no se estaba comportando de la mejor manera.

4. *No ataque sola una fortaleza territorial.* La Biblia nos alienta diciendo que uno hará huir a mil, y dos a diez mil. (Ver Deuteronomio 32:30). Es importante comprender que si discernimos un espíritu territorial que está controlando un área geográfica, generalmente se necesita a otros hermanos del Cuerpo de Cristo que se reúnan con una estrategia para hacer huir a ese espíritu. Por favor, no trate de expulsar uno de estos espíritus sola.

Una palabra para mujeres de sabiduría

Mujeres como Débora, es hora de recibir la impartición de la sabiduría apostólica que nos permita legislar los planes de Dios en la Tierra. Tomemos el manto apostólico de poder para cambiar nuestras naciones y moldear las culturas. Debemos tener corazones puros y labios que hablen vida en todo lo que hacemos. Unamos las unciones de revelación y sabiduría en nuestro interior para estar totalmente capacitadas para ministrar verdad de manera eficaz a nuestra generación. Seamos mujeres que pueden discernir los tiempos como los hijos de Isacar. Recibamos los dones del Espíritu que nos permitirán discernir adecuadamente entre el bien y el mal. Dejemos de lado todas las críticas y los juicios, y andemos con justicia delante de Dios y el hombre en amor. ¡Seamos las mujeres de sabiduría que somos llamadas a ser para este día y esta hora!

SEGUNDA SECCIÓN

Preguntas para reflexionar

1. Escriba una situación que, a su entender, necesita un toque de Dios para destrabarse. Ore y pida a Dios discernimiento y estrategia para lograr ese cambio en un área en particular.

2. ¿Cuál es su rol, su responsabilidad específica en esta estrategia? ¿Qué aspectos del manto apostólico se siente llamada a emplear para que se produzca ese cambio?

3. ¿Ha habido situaciones en que usted no fue sabia con sus palabras? Explique la situación y cómo piensa evitar caer en la misma trampa.

4. Haga una lista de cosas que siente que ha descubierto gracias al Espíritu acerca de una persona, un grupo, una situación o un territorio, y haga un seguimiento activo de esas cosas en oración. ¿Cuáles son sus responsabilidades?

5. ¿Ha aprendido a distinguir sus propios resentimientos o choques de personalidad de las impresiones que le da el Espíritu Santo? Sí _____ No_____. De ser así, escriba una forma en que determina de dónde provienen sus sentimientos.

TERCERA SECCIÓN

Débora, la esposa: mujer de equilibrio

"Nuestro éxito como sociedad y como nación no depende de lo que sucede en la Casa Blanca, sino de lo que sucede en su casa."[1]

BARBARA BUSH
PRIMERA DAMA DE LOS
ESTADOS UNIDOS DE AMÉRICA

Capítulo 11

Débora, la mujer valiente

En aquel tiempo gobernaba a Israel una profetisa llamada Débora, que era esposa de Lapidot (Jueces 4:4, énfasis agregado).

Débora no solo era una respetada profetisa y jueza en la tierra de Israel, sino un ejemplo de una mujer de equilibrio como esposa, probablemente madre, y ama de casa también. Su casa estaba en el camino entre Ramá y Bet-el, en las colinas de Efraín. Los rabíes dicen que, antes de ser jueza, ella cuidaba las lámparas del tabernáculo.[2] Esto es interesante, ya que luego se ocuparía de mantener una nueva visión espiritual que daría luz a toda la tierra de Israel.

Ser mujeres de equilibrio y establecer el hogar es parte de nuestro llamado, que no puede ser descuidado o relativizado por cumplir otros aspectos del llamado al ministerio. Dios está levantando esta nueva raza de mujeres que hemos ordenado nuestras vidas, de tal manera, para tener éxito en los negocios, la profesión, el gobierno y el ministerio sin perder nuestra área de influencia más importante: nuestra familia.

Dios está poniendo a las mujeres al frente, y hace que se manifiesten sus dones y llamados en Cristo. Pero es importante que no confundamos lo que Dios está haciendo con lo que ocurre en la sociedad. Con el advenimiento del movimiento de liberación femenina en las últimas décadas, el concepto de que una mujer establezca como su prioridad quedarse en su casa para criar a sus hijos ha sido despreciado y ridiculizado. Estas mujeres han sido caracterizadas como simples, sin visión, sin fuerza, sin inteligencia.

El matrimonio y la familia se consideran un confinamiento o una restricción para algunas que tienen el deseo de lograr su realización personal y profesional. Por el otro lado, quienes sostienen valores tradicionales objetan la idea de que la mujer tenga significación solo como resultado de estar en el mercado laboral. Aun así, quienes tienen el deseo de hacer algo más que cuidar del hogar y la familia, defienden su posición y su derecho de lograr otras metas.

La mujer valiente

La Biblia pinta una imagen muy diferente de una mujer que puede ocuparse de su familia y aun así, manejar un negocio, ministrar a otros, ser una esposa exitosa y manejar su casa, todo al mismo tiempo. La "mujer virtuosa" de Proverbios 31 era la mujer que podía hacer todo esto.

Mujer ejemplar, ¿dónde se hallará? ¡Es más valiosa que las piedras preciosas! Su esposo confía plenamente en ella y no necesita de ganancias mal habidas. Ella le es fuente de bien, no de mal, todos los días de su vida. Anda en busca de lana y de lino, y gustosa trabaja con sus manos. Es como los barcos mercantes, que traen de muy lejos su alimento. Se levanta de madrugada, da de comer a su familia y asigna tareas a sus criadas. Calcula el valor de un campo y lo compra; con sus ganancias planta un viñedo. Decidida se ciñe la cintura y se apresta para el trabajo. Se complace en la prosperidad de sus negocios, y no se apaga su lámpara en la noche. Con una mano sostiene el huso y con la otra tuerce el hilo. Tiende la mano al pobre, y con ella sostiene al necesitado. Si nieva, no tiene que preocuparse de su familia, pues todos están bien abrigados. Las colchas las cose ella misma, y se viste de púrpura y lino fino. Su esposo es respetado en la comunidad; ocupa un puesto entre las autoridades del lugar. Confecciona ropa de lino y la vende; provee cinturones a los comerciantes. Se reviste de fuerza y dignidad, y afronta segura el porvenir.

Cuando habla, lo hace con sabiduría; cuando instruye, lo hace con amor. Está atenta a la marcha de su hogar, y el pan que come no es fruto del ocio. Sus hijos se levantan y la felicitan; también su esposo la alaba: «Muchas mujeres han realizado proezas, pero tú las superas a todas.» Engañoso es el encanto y pasajera la belleza; la mujer que teme al SEÑOR *es digna de alabanza. ¡Sean reconocidos sus logros, y públicamente alabadas sus obras!* (Proverbios 31:10-30).

La palabra virtuosa que se encuentra en los vv. 10 y 29 (RVR 1960) es otro ejemplo de prejuicio de género de los traductores de La Biblia. La palabra hebrea *chayil* significa "una fuerza, sea de hombres, medios u otros recursos; un ejército, riqueza, virtud, valor, fortaleza".[3] Es interesante notar que, al encontrar esta palabra en referencia a los hombres, los traductores la traducen como "poderosos hombres de valor" u "hombres valientes", mientras que, al referirse a la mujer, utilizan la palabra "virtuosa". La palabra *virtud* significa "excelencia moral, bondad, justicia", mientras que la palabra *valiente* significa "osadamente valeroso, bravo, tenaz".[4] Obviamente, cualquiera de estas acepciones es buena para ser aplicada a una persona; pero cuando leemos todo lo que logra la mujer de Proverbios 31, creo que sería correcto y bíblico llamarla "mujer valiente".

Podemos ver en esta descripción que ser una mujer valiente no significa que estemos limitadas, de ninguna manera, para utilizar los dones y talentos que Dios ha invertido en nosotras. La mujer de Proverbios 31 era una buena esposa, una influencia piadosa para sus hijos, administraba su casa, manejaba los negocios sabiamente, compró y plantó una viña, cosía, cocinaba, supervisaba el personal doméstico y aun encontraba tiempo para ministrar a las necesidades de los pobres.

La unción de ama de casa

Proveer un lugar seguro, cálido y amoroso para su familia es una parte importante, no un rol limitador, para la mujer valiente.

No se trata solo de ocuparse de las cosas naturales como cocinar, limpiar, lavar la ropa y pagar las cuentas. Se trata de crear un lugar emocionalmente estable para sus hijos, su esposo y ella misma, libre de temores, rechazos y abandonos.

Aclarado esto, también está el aspecto de crear un ambiente físico en el hogar que sea limpio, amistoso y acogedor. Personalmente, suelo sentirme en falta cuando me comparo con esa mujer (¡especialmente en la parte que dice que se levanta antes del amanecer y cocina para su familia!). Pero este ejemplo no fue dado en La Biblia para que las mujeres nos sintiéramos culpables y condenadas al compararnos con ella; por el contrario, fue dado para iluminarnos todas las posibilidades abiertas para ser mujeres de destino y significación.

Un día, mientras leía este pasaje, recibí una revelación: ¡esta mujer tenía ayuda doméstica! Pensé: *Yo podría hacer todo eso si tuviera ayuda doméstica.* Y dado que no cocino muy bien, también recibí la revelación de que "trae su pan de lejos" (RVR 1960) ¡podría ser una referencia a pedir comida hecha! ¿No le parece?

La unción para los negocios

Vemos en todo este pasaje que la mujer valiente también tenía una unción para los negocios. Era industriosa, creativa y tomaba la iniciativa de obtener ganancias y mejorar su hogar. Esta mujer comerciaba bienes raíces, administraba una hacienda y una empresa textil. Evaluaba y compraba un campo, plantaba una viña y trabajaba con lana, lino y huso.

Hoy, las mujeres tienen múltiples oportunidades de negocios. Algunas trabajan fuera de su casa; otras tienen su empresa en su casa. Las mujeres influyen en el mundo por medio de su participación en el ámbito de las empresas, el gobierno, las ciencias, el entretenimiento, así como en numerosas expresiones comerciales.

Con esta unción para los negocios, viene también una unción para la riqueza. El pasaje dice que la mujer estaba vestida de lino y púrpura. En aquella época, estas eran señales de riqueza. Dios llama a las mujeres a echar fuera el espíritu de pobreza y falta, y a reconocer que Él nos ha dado el poder de obtener riqueza. (Ver Deuteronomio 8:18).

Vivimos en una época en que no estamos limitadas solo a nuestros roles en el hogar, sino que Proverbios 31 nos alienta diciendo que la mujer puede hacer todo, aunque a veces, es un desafío lograr que todos los aspectos de nuestra vida armonicen. Hablaré más en el próximo capítulo sobre ser mujeres de equilibrio, de manera que, mientras nuestros negocios prosperan, nuestras familias y ocupaciones ministeriales también lo hagan.

La unción de compasión

Esta mujer virtuosa y valiente también extendía sus manos a los pobres y a los menos afortunados que ella. Dios ama la justicia, y el deseo de su corazón es alcanzar a los necesitados. Cuando servimos a quienes están necesitados, ya sea física, económica o emocionalmente, mostramos lo que Dios tiene en su corazón y compartimos su amor infinito con ellos.

¿Por dónde comenzar? A veces, es tan simple como llevar comida a un amigo que está enfermo, ayudar con ropa para los necesitados, visitar a los presos o a los ancianos. Si miramos nuestra comunidad con los ojos de Cristo, descubriremos que, por acomodada que sea la zona donde vivimos, siempre hay pobres a nuestro alrededor. Otras veces, podemos pensar en los pobres de otros lugares del mundo. Quizá podamos hacer un viaje misionero breve para ayudar a edificar el Reino de Dios en otros países o regiones donde están luchando por conseguir lo básico para la subsistencia. O quizá Dios ponga en su corazón el deseo de apoyar económicamente a otras personas que están en la línea de batalla ministrando a los menos afortunados de otros países. Aun hoy, en el siglo XXI, hay niños que mueren de hambre, mujeres abusadas y familias que luchan por sobrevivir.

Personalmente, cada vez que hemos realizado alguno de estos proyectos de misericordia, he sido bendecida. Hemos ministrado en orfanatos, hospitales de niños y clínicas médicas en América Latina, y hemos visto los rostros de los niños iluminarse de esperanza porque hay un extraño que se interesa por ellos. Hemos alcanzado a los pobres en las comunidades carecientes de Río de Janeiro. Hemos ministrado el mensaje de esperanza y perdón a quienes están encarcelados aquí en los Estados Unidos. Cada vez, salgo de allí con una sensación de gozo y realización mucho mayor de lo que yo esperaba. Me siento bendecida de haber sido parte de expresar lo que Dios tiene en su corazón para quienes lo necesitan.

La unción de belleza

Algunos se preguntarán: "¿Cómo puede haber una 'unción de belleza'? O se es bella, o no se lo es". Pero cuando buscamos en La Palabra de Dios la definición de la verdadera belleza, encontramos que es algo que viene de adentro y se expresa afuera, en lugar de ser al revés. Algunas de las mujeres más bellas físicamente que he conocido son inseguras, temerosas y están insatisfechas con su vida. Al mismo tiempo, he conocido mujeres que para algunos serían físicamente "comunes", pero que irradian tal amor y fortaleza interior que eso las transforma.

Proverbios 31 nos dice que esta mujer está revestida de fortaleza y honra. Pero también menciona que se viste de lino y púrpura. No solo se ocupa de su belleza interior, sino se da el tiempo necesario para revestir su persona exterior con cuidado. Dios nos ha creado cuerpo, alma y espíritu. Debemos cuidar nuestra alma y nuestro espíritu, pero también nuestro cuerpo. Las mujeres valientes no temen adornarse con belleza. Hágase un lindo corte de cabello, un maquillaje discreto, y vístase elegante y decentemente, para que su ser interior sano y firme brille a través de su apariencia externa.

La unción de vigía

El versículo 27 dice que la mujer "está atenta" a la marcha de su casa, expresión que proviene de la misma raíz que significa "ser un vigía".[4] No solo vigilaba las cosas naturales, sino también vigilaba y discernía en el espíritu cualquier ataque espiritual que pudiera venir contra su familia. Una vigía no solo observa, también ora con sabiduría estratégica que destruye toda arma forjada contra su familia.

Las esposas y madres deben asumir el llamado espiritual a convertirse en vigías de sus hogares. La Biblia nos dice que el diablo es un león rugiente que anda buscando a quién devorar. Él quiere a nuestros esposos. Quiere a nuestros hijos. Debemos vigilar y orar contra las flechas ardientes del infierno que apuntan a nuestros seres amados. Debemos plantarnos firmemente contra el espíritu de engaño que lleva cautivos a tantos corazones y tantas mentes en la actualidad.

También debemos extender esa responsabilidad a vigilar y orar por la "casa" de la familia de Dios. Somos llamadas a ser intercesoras, a orar y pedir al Señor por nuestros líderes. Somos llamadas a escuchar lo que Dios dice para la Iglesia y orar para que se cumplan sus divinos propósitos. Debemos ser el instrumento de transformación y cambio de Dios en nuestra cultura y nuestra sociedad. Mientras vigilemos, Él nos mostrará las artimañas de Satanás y las estrategias que necesitamos para vencer la maldad y la injusticia en nuestra tierra. Dios busca a estas mujeres valientes que desafían al ámbito natural según lo que ven en el ámbito espiritual.

Dios usa a mujeres comunes

Lo sorprendente de la mujer valiente de Proverbios 31 es que era una mujer común a la que su servicio a su familia, su comunidad y a Dios hicieron extraordinaria. No se dice que sea una gran líder, oradora o miembro del gobierno. Solo hacía lo que hacía con un espíritu de excelencia y se ponía a disposición de Dios.

En su libro *Fashioned for Intimacy* (Creadas para tener intimidad), Jane Hansen, presidenta de Aglow International, habla de mujeres de La Biblia que fueron usadas por Dios para moldear naciones y culturas, no por medio de grandes roles de liderazgo, sino haciendo lo que era natural para ellas hacer como madres y hermanas. Ella señala que el destino de una nación cambió cuando Israel fue liberado de la esclavitud en Egipto por medio de las vidas de mujeres comunes: Jocabed, la madre de Moisés; la hermana de Moisés, y aun la hija de Faraón.[5] Jane escribe sobre estas mujeres comunes de La Biblia:

No solo eran mujeres bellas como Ester, que se convirtió en reina, o fuertes como Débora, que sirvió a Israel como jueza y profetisa, dos mujeres que fueron tremendamente usadas por Dios en momentos críticos de la historia judía. Dios también se movió por medio de mujeres "comunes", que no estaban en cargos importantes, pero que tenían el mismo poder, aunque quizás de formas menos notables o visibles. Él usó a madres y hermanas, mujeres que simplemente parecían estar haciendo lo que por naturaleza era lo más normal del mundo. Pero como Job, en medio de sus circunstancias, generalmente no tenían conciencia de estar trabajando en consonancia con Dios para el cumplimiento de los planes de Él en la Tierra.[6]

Jane continúa citando a varias mujeres poderosas, líderes de naciones, ejemplos que alientan a las mujeres a conmover a su nación influyendo en su familia:

"Para despertar al pueblo, son las mujeres las que deben despertar. Una vez que la mujer está en movimiento, se mueve la familia, y se mueve la nación."

NEHRU, EX PRIMER MINISTRO DE LA INDIA

"Si estudiamos Historia, veremos que, cuando las mujeres tienen visión, ese país logra una elevada posición, y cuando están dormidas, el país, sencillamente, retrocede."

INDIRA GANDHI

"Educa a un hombre, y educarás a una persona. Educa a una mujer, y educarás a una nación."[7]

"BOLETÍN MUJERES DE VISIÓN 2000", NOVIEMBRE DE 1992

¿Qué diremos de las mujeres solteras?

Entonces, ¿es necesario estar casada y tener hijos para ser una mujer virtuosa o valiente y parte de este ejército que Dios está levantando hoy? ¡Absolutamente no!

En esta época, muchas mujeres están solas por varias razones y circunstancias diferentes. Algunas crían solas a sus hijos, mientras que otras se dedican a las actividades de un estilo de vida de solteras. Algunas son viudas, otras, divorciadas, otras nunca se casaron.

Sea cual fuere su estado civil, usted puede ser parte del ejército de mujeres como Débora y llegar a ser una mujer de equilibrio, que administra bien el tiempo y las oportunidades para ser lo más eficaz posible en su trabajo, su casa y sus oportunidades de ministrar. El apóstol Pablo habla a las personas solteras de la Iglesia y las anima declarando que tienen mayores oportunidades de entregarse al servicio cristiano. (Ver 1 Corintios 7:32). Las mujeres solas pueden tener más oportunidades de concentrarse en el desarrollo de su ministerio y en seguir el llamado de Dios. Tienen prioridades diferentes y, con frecuencia, mayor libertad en el uso de su tiempo para expandir su visión personal y extender el Reino de Dios.

Pero las mujeres solas deben ser tan estratégicas en el uso de su tiempo como las casadas. Aunque las prioridades pueden ser diferentes para las mujeres solteras que para las casadas, las primeras deben tener especial cuidado en permitir que Dios les dé relaciones que les permitan conectarse con otras personas, atender a otros y rendir cuentas. Debe ser una prioridad para las mujeres solteras tomar el tiempo necesario para desarrollar amistades y relaciones fuertes dentro del Reino. Tenga cuidado con el aislamiento que puede dar lugar a la depresión y la separación de los planes y propósitos del Señor.

Catherine Booth: una mujer valiente

La historia de Catherine Booth, la esposa de William Booth y cofundadora del Ejército de Salvación, es una inspiración para las mujeres valientes de toda la Tierra que tienen un llamado para trabajar con sus esposos ministrando en equipo. Ella ejemplifica a la mujer descripta en Proverbios 31, que era una bendición para su esposo e hijos, pero también extendía su mano a los demás para hacer impacto en su mundo.

Catherine entregó su corazón al Señor cuando era una niña, a los cinco años. A los doce, ya había leído y estudiado toda La Biblia ocho veces. A los veintitrés, conoció a William Booth y se casó con él. William era un fogoso ministro metodista, cuyo mensaje de reforma social y espiritual conmovió el corazón de Catherine. Él predicaba acerca de "desatar las cadenas de injusticia, liberar a los cautivos y oprimidos, compartir casa y comida, vestir a los desnudos y cumplir con las responsabilidades familiares".[8]

Al principio, William no estaba de acuerdo con las "mujeres predicadoras". Por otra parte, Catherine sentía un llamado a predicar y ministrar que se convirtió en un motivo de contienda entre ellos en los primeros años de su matrimonio. Un día de 1860, el Espíritu Santo puso en el corazón de Catherine el deseo de ir y predicar en una reunión pública. Ella no tenía nada preparado y temía pasar vergüenza, pero obedeció la indicación de Dios y se plantó para predicar La Palabra con poder y unción. Sus palabras conmovieron y conmocionaron a todos los presentes, pero más que nada, a su esposo, William. A partir de allí, él se convirtió en su más grande apoyo y la alentó a predicar con frecuencia.[9]

Ella se convirtió casi en una "curiosidad" en sus reuniones. "¡Vengan a escuchar a una mujer que predica!" era la forma en que la anunciaban. Su rol era controvertido, pero ella continuó a pesar de la oposición y logró grandes progresos, abriendo así el camino para las mujeres en el ministerio.

En 1864, los Booth fueron pioneros de la obra en el East End de Londres y realizaron reuniones en medio de las calles de esa ciudad. La Misión Cristiana, que luego se conocería como el Ejército de Salvación, llegaba a las personas comunes, los sin techo y los descastados de la zona. Inmediatamente tuvieron un gran éxito, y esto hizo que la Iglesia de Inglaterra se volviera hostil con ellos. Un político famoso de la época llegó a referirse a William Booth como "el anticristo". Una de las principales quejas contra él era que había "elevado a las mujeres a un estatus de hombres".[10] Es que, en el Ejército de Salvación, una oficial mujer gozaba de los mismos derechos que un hombre. Catherine era una líder con fuerte determinación y valor. Trabajaba en oración para obedecer la voluntad de Dios y estudiaba con diligencia La Biblia. Fue una prolífica autora y teóloga, una visionaria que no temía desafiar el statu quo de su época. Uno de sus proyectos fueron los locales de "Comida para el millón" que ofrecían sopa caliente y comida para los pobres a un precio razonable. También se ocupó de temas sociales: enfrentó a las fábricas donde mujeres y niños trabajaban en condiciones terribles durante largas horas para recibir magros salarios. Sus esfuerzos produjeron la mejora de las condiciones en muchas industrias. Finalmente, llegó a ser conocida como "la Madre del Ejército"[11] y gozaba del aprecio de todos.

El Ejército de Salvación se convirtió en una de las organizaciones misioneras más influyentes de su época, y llegó a los Estados Unidos, el Canadá y Australia. El ambiente espiritual de los países cambiaba a medida que ellos introducían la renovación de santidad. Catherine sirvió como evangelista, predicadora y teóloga, todas ocupaciones inéditas para una mujer en esa época. También crió ocho hijos, todos los cuales llegaron a ser adultos y trabajaron en el ministerio con sus padres. La señora Booth dijo: "Él (Dios) no te pide que vayas a la capilla o vayas a la iglesia para orar, sino que te arrodilles y le entregues tu corazón a Él, que elijas a quién servir y lo hagas inmediatamente, y todo lo demás seguirá". Catherine Booth abrió el camino para que las mujeres pudieran levantarse para cumplir el llamado de Dios sobre sus vidas. ¡Ella realmente fue una mujer que marcó una diferencia!

Mujeres que marcan la diferencia en los negocios

CHRISTINE GEAR

"Dios, lo único que deseo es honrarte y obedecerte en todo lo que haga (...) Por favor, muéstrame el camino". Esa es la oración de mi corazón desde que fui una adolescente hasta ahora, que soy madre de adolescentes. Esta oración ha llevado a mi familia por caminos muy interesantes y que son hitos preciosos en nuestro recorrido espiritual.

Cuando era jovencita, visitaba a los ancianos en los geriátricos, cantaba en el coro, tocaba en las bandas juveniles, dirigía grupos juveniles y participaba muy activamente del mundo de la iglesia. Pero sabía que había algo que Dios tenía para mí y que no entraba en el ámbito eclesiástico: algo que no era ser pastora, evangelista o misionera. Esto me preocupaba, porque pensaba que otras ocupaciones no eran suficientemente piadosas, pero no había pasión ni liderazgo para nosotras en ninguna de ellas. Por consiguiente, pensaba que algo andaba mal.

Después de fundar una familia y hacer todas las cosas que hace una mamá, decidimos iniciar una empresa en nuestra casa, lo cual nos llevó a un seminario para emprendedores donde tuve uno de esos momentos en los que Dios habla de manera especial. Sentí que Él tomaba la espada de su Espíritu y me la hundía hasta el corazón. ¡Él quería que creáramos riqueza para sus propósitos, y que ministráramos en el "mercado"! Al menos, sabíamos la dirección que Dios tenía para nuestras vidas. ¡Esto fue muy emocionante para nosotros! Estaba bien que creáramos riqueza, y podíamos influir en las vidas de las personas en el lugar donde estaban: nuestra comunidad.

Rápidamente comenzamos las clases en la "escuela de preparación para la promoción espiritual", donde enfrentamos desafíos que desarrollan el carácter, la confianza y el compromiso con el camino elegido. La compañía con la que trabajábamos quebró, y nos encontramos dependiendo de Dios para suplir nuestras necesidades diarias. ¡Gran comienzo para nuestro programa de "creación de riqueza"! Después, sufrimos ataques espirituales, económicos, emocionales y familiares: lo que se le ocurra, lo sufrimos. Pero el Señor nos hizo atravesar cada uno de sus ataques con su gracia. Gracias a ese tiempo, aprendimos a confiar en Dios de una nueva forma. Durante varios años, me levantaba a las tres de la madrugada para escuchar a Joyce Meyer, escuchar CD de alabanza y orar, y llegué a tener un andar completamente nuevo con Dios. ¡Cuán precioso llegó a ser ese tiempo para mí! También, en ese tiempo, armamos una empresa en el ámbito de la comercialización en redes, y el Señor nos bendijo en abundancia, a tal punto que ahora somos los principales distribuidores mundiales fuera de Japón.

En ese tiempo, el Señor nos desafió a convertirnos en un puente para las vidas de las personas por medio de nuestro negocio. Como consecuencia de ello, hemos visto a muchos desarrollar una relación personal con Él y llevar a Jesús a otras personas en el mundo comercial. El deseo de nuestro corazón es producir una transformación en las vidas de aquellos con los que nos relacionamos, y hemos visto ocurrir eso en forma significativa por medio de nuestra empresa, que se ha extendido por todo el mundo.

Animándonos a dar un paso más allá, el Señor nos dio la convicción de tocar a la comunidad creando un lugar para mujeres y niños en crisis llamado Eagle House. Es un hogar amoroso donde las jovencitas pueden vivir y enfrentar los asuntos de la vida. Este proyecto está en su etapa inicial; pero la visión es abrir muchos hogares en muchas comunidades, tanto en nuestro país como en otros, que se autofinancien por medio de villas de retiro con apartamentos que generen fondos para más hogares y centros de capacitación. Es emocionante ver cómo el Señor abre y cierra puertas cuando salimos a andar con Él.

Tenemos muchas otras ideas de centros de bienestar y clínicas que nos confirman que esto es solo el comienzo de un recorrido que será para transformación de vidas de personas en todo el mundo.

Cuando pienso que todo esto comenzó con una simple oración y el deseo de obedecer la dirección del Señor, quiero alentarla a usted *también a que permita que el Creador del universo invada cada parte de su vida, incluidos sus negocios. Así, experimentará la paz que sobrepasa todo entendimiento y el gozo del Señor como su fortaleza. ¡Qué extraordinario viaje ha sido y continúa siendo caminar con el Señor!*

Christine Gear es directora general de GHS International, Eagle House Projects y Shine Business Awards. Ha logrado la triple corona de diamante con su organización, el honor más elevado para los distribuidores en su industria. Christine usa su ambiente de negocios para ministrar lo que Dios tiene en su corazón y es mentora de varias personas a las que ayuda a cumplir su destino como cristianas en los negocios. Vive en Brisbane, Australia, con su esposo y socio en los negocios, Neil, y sus tres hijos.

Notas:

1. Edith Deen, *Todas las mujeres de la Biblia*, Editorial Vida, Miami, 2004.

2. *Strong's Concordance*.

3. *Webster's Dictionary of the English Language*.

4. *Strong's Concordance*.

5. Jane Hansen, *Fashioned for Intimacy* (Creadas para tener intimidad), Regal Books, Ventura, 1997, p. 146.

6. Hansen, *Fashioned for Intimacy*, p. 145.

7. Hansen, *Fashioned for Intimacy*, p. 146.

8. John Simkin, "Catherine Booth", Spartacus Educational Website, 1997. www.spartacus.schoolnet.co.uk/wbooth.htm

9. Simkin, "Catherine Booth".

10. Simkin, "Catherine Booth".

11. Ejército de Salvación, "Catherine Booth", www.salvationarmyusa.org.

CAPÍTULO 12

Débora, mujer de equilibrio

Para quienes están casadas y tienen hijos, es importante darnos cuenta de que el rol de esposa y madre es nuestro llamado en Cristo más importante. Debemos convertir el ministerio a nuestra familia en nuestra prioridad principal. Lamentablemente, muchas personas, tanto en los negocios como en el ministerio, no han marcado esta prioridad, y aunque logran grandes éxitos en su carrera o su ministerio, muchas veces pierden lo más importante para ellas: su familia. Lo triste es que muchas veces no se dan cuenta de su error hasta que es demasiado tarde.

Debemos tener cuidado de no llegar al punto de tener que elegir entre nuestro hogar y el cumplimiento de nuestro llamado en Dios. Por el contrario, como en el ejemplo de la mujer valiente, podemos tener la seguridad de que podemos hacer ambas cosas. Y para muchas a quienes Dios llama en estos días, es imperativo que hagamos ambas cosas.

Equilibrio entre el llamado de la familia y el llamado del ministerio

Durante muchos años, las mujeres han pensado que para cumplir el llamado de Dios sobre sus vidas debían sacrificar a su familia. Otras, por su parte, han sentido que tenían que sacrificar su llamado en Dios para cumplir con el llamado a ser esposas y madres. Algunas en el esfuerzo por no abandonar ni uno ni otro, pospusieron el crecimiento en el ministerio o nuevas oportunidades de servicio hasta que sus hijos crecieran, pensando que, entonces, obedecerían aceptando el llamado de Dios.

La clave es la obediencia

El problema principal de esta mentalidad es que no da importancia al hecho de escuchar lo que Dios dice y lo que Él pide de una persona en un momento específico de su vida. La clave de la realización en cualquier área de nuestra vida es obedecer la voluntad de Dios.

El Señor me hizo ver esto hace varios años, cuando yo luchaba con las complejidades de una vida que incluía tres hijos pequeños, un maravilloso y comprensivo esposo y un fuerte llamado de Dios sobre mi vida. Debía tomar decisiones sobre algunas oportunidades para ministrar que Él obviamente me había abierto y que, de hecho, me empujaba a aceptar en un nuevo nivel. Y dudaba, porque sabía que este nuevo nivel de unción me costaría algo valioso: tiempo, esfuerzo y participación que me quitarían tiempo y atención para mis hijos. Sinceramente, no sabía si estaba dispuesta a pagar ese precio.

Pero, al inquirir a Dios sobre ese asunto, el Espíritu me indicó que Él me pedía que obedeciera el llamado en ese momento de mi vida. Me mostró que, aunque concentrar mi corazón solamente en mi familia era noble, no era lo que Él me pedía. Y me dejó bien en claro que, si decidía no seguir lo que me estaba mostrando, con mi ejemplo les enseñaría a mis hijos a desobedecer.

Esto me recordó al rey Saúl, que eligió lo que parecía bueno más que lo que era la voluntad de Dios. Parecía noble guardar los animales para sacrificar a Dios y capturar al rey amalecita como prisionero de guerra, pero Dios le había ordenado por boca de su profeta que no dejara con vida a nadie: ni a los animales, ni al rey. La desobediencia de Saúl le costó su destino como rey de Israel.

Samuel respondió: «¿Qué le agrada más al Señor: que se le ofrezcan holocaustos y sacrificios, o que se obedezca lo que él dice? El obedecer vale más que el sacrificio, y el prestar atención, más que la grasa de carneros. La rebeldía es tan grave como la adivinación, y la arrogancia, como el pecado de la idolatría. Y como tú has rechazado la palabra del SEÑOR, *él te ha rechazado como rey»* (1 Samuel 15:22-23, énfasis agregado).

¿Cuántas veces hemos elegido lo que nos parecía bien y bueno a nosotros, en lugar de lo que Dios nos pedía? Es fundamental que demos buenos ejemplos a nuestros hijos. Pero si queremos que cumplan su destino, también es importante que seamos modelo de ello, cumpliendo el nuestro. Mi esposo y yo hemos criado tres hijos que ahora son adultos. Por la gracia de Dios, nunca se fueron al mundo en rebelión y nunca se han mezclado con gente que no les convenía. Cada uno ha servido al Señor, ha obedecido a Él en su llamado individual y está trabajando con nosotros en algún aspecto del ministerio.

El equilibrio

Claro que escuchar lo que Dios dice y requiere de nosotros no significa que todo se solucionará y no deberemos tomar ninguna decisión. Una vez que entendemos la voluntad de Dios, debemos pedirle que nos muestre su perfecta forma de hacerlo realidad en medio de nuestra ya ajetreada vida. Si Él le dice que se involucre en nuevas áreas en la iglesia o la comunidad, Él también le dará sabiduría sobre cómo hacer que esto se organice junto con sus compromisos familiares. Para Dios no es sorpresa que usted tenga hijos. Él no le dio este llamado y luego dijo: "¡Oh! ¡Olvidé que tenías hijos!". Dios conocía su situación cuando la llamó, y tiene un plan y abundante gracia para ayudarla a llevarlo a cabo.

Algunas consideran que equilibrar todas estas responsabilidades es tarea imposible o que causa más problemas de lo que vale la pena. Se ven caminando sobre una cuerda floja, con la familia, el negocio, la comunidad, el ministerio y otras responsabilidades en precario equilibrio, de manera que si una cosa se sale de lugar, aun en lo más mínimo, todo se derrumba arrastrándolas hacia su condenación. Puede parecer como construir un castillo de naipes: un movimiento en falso hace que toda la construcción se desmorone.

Me he encontrado en situaciones en que sentía que sencillamente no daba abasto con todo. La verdad es que, si trato de hacer todo y ser todo en mis propias fuerzas, y trato de hacer que todo funcione según mi propio plan, fallaré. Pero cuando me aferro a la gracia de Dios y dependo de su sabiduría y fortaleza, Él siempre ha sido fiel para mostrarme su divino camino que es una bendición para todos.

Un día, mientras estaba de vacaciones con mi familia, aprendí una importante lección sobre el equilibrio. Estábamos esquiando en la nieve (no me sale muy bien, pero me divierto intentándolo), cuando comencé a ver cómo funcionaba este asunto del equilibrio. Vi que para moverme en la montaña de manera segura, debía mantener el equilibrio entre los dos esquíes. Aprendí enseguida que eso no significa aplicar la misma presión a los dos esquíes al mismo tiempo, con lo cual salimos disparados montaña abajo a velocidad supersónica (algo que suele terminar en dolorosos choques). La forma más adecuada –y, en última instancia, la mejor– de esquiar es flotar entre los esquíes, alternando la presión, controlando la velocidad. Cuando se aplica más presión al esquí derecho, no significa que uno se haya quitado el otro (aunque, sin quererlo, también hice esto algunas veces). Descubrí que, aunque ahora haga presión sobre el esquí derecho, en la próxima curva pasaré la presión al esquí izquierdo. De un lado al otro, flujo y reflujo, toma y daca, hasta llegar al pie de la montaña a salvo.

Lo mismo sucede con el equilibrio de las responsabilidades en la ajetreada vida de una mujer. El hecho de que la familia requiera mucho tiempo y atención no significa que se quite el "esquí" del ministerio o de los negocios. A la siguiente curva, no sería adecuado que dedique tiempo a esas responsabilidades, pero sí mantenga la suficiente presión sobre el "esquí" de la familia como para que continúe funcionando derecho y disponible para la próxima curva.

Es difícil. Decir lo contrario sería mentir. Pero para quienes desean ser todo lo que pueden ser, sin dejar de ser ejemplos de personas que cumplen su destino en Dios, el gozo y el contentamiento que produce cumplir ese destino sobrepasan con creces la incomodidad del desafío.

Una perspectiva correcta

En medio del juego del equilibrio, con frecuencia es fácil perder la perspectiva y sentir que fallamos en todo y no logramos nada. Quiero darle algunas claves para mantener el equilibrio con éxito.

1. Que la obediencia a Dios sea su prioridad. Si lo hace, Dios le dará estrategias para atravesar cada día. Recuerde: hay estaciones con Dios. Una estación puede ser muy exigente en cuanto a las necesidades familiares, mientras la siguiente la encontrará ministrando a los demás. Recuerde: ida y vuelta, flujo y reflujo, toma y daca, para una estación tras otra de éxitos.

2. Tenga fe en el Dios que vive en usted. Es importante que ocupe cierto tiempo en alimentar su relación personal con Dios. Esto la mantendrá positiva y concentrada en lo que debe hacer. La fe la mantiene libre de temor y duda, y llena de optimismo en el Espíritu Santo. Si no encuentra un rincón de oración, haga lo que yo hice: me daba baños de oración. Cada día, apartaba un rato para darme un breve baño de espuma y orar. Lo hacía a la hora de la siesta de los niños, o cuando se iban a dormir, o cuando mi esposo podía cuidarlos un rato. Era mi tiempo con el Señor, y estoy convencida de que fue lo que me mantuvo cuerda durante esos años de tanto trabajo.

3. Olvídese de ser una súper mujer. La súper mujer siente que debe ser perfecta en todo. Tiene que estar disponible para todo aquel que la necesite las veinticuatro horas del día, los siete días de la semana. Cree que una buena madre debe estar con sus hijos las veinticuatro horas del día, los siete días de

la semana. Que una buena esposa debe estar disponible para su esposo veinticuatro las horas del día, los siete días de la semana. Que debe estar dispuesta a ayudar a otros que la necesiten las veinticuatro horas del día, los siete días de la semana (una trampa especialmente peligrosa si pastorea una iglesia). ¡Esto produce cargas de falsas responsabilidades y nos desgasta terriblemente!

Como pastora de una iglesia local, solía decirle a la gente que podían llamarme en cualquier momento que me necesitaran, sin importar hora, día o noche. ¡Y una semana, se les ocurrió hacerlo a todos! Durante toda la noche, recibía llamados de gente que necesitaba consejos u oración. Una vez, cuando sonó el teléfono, le pedí a mi esposo que atendiera, porque estaba cansada de tantos llamados, y él me dijo: "No. Yo no le dije a la gente que llamara". Me di cuenta de que yo misma me había metido en problemas con mi propio sentido de falsa responsabilidad. La falsa responsabilidad abre las puertas a sentimientos de culpa y fracaso que llevan a la depresión y el agotamiento. Debemos recordar que el Señor prometió no darnos más de lo que podemos manejar. De la misma manera, nosotras debemos tener cuidado de no llevar cargas que nosotras mismas fabricamos. Su yugo es fácil, y su carga es ligera. El gozo del Señor siempre puede ser nuestra fortaleza cuando ponemos las cosas en la perspectiva correcta. (Ver Mateo 11:30; Nehemías 8:10).

Cómo enfrentar la culpa

Muchas mujeres con las que hablo me dicen que, al tratar de equilibrar sus vidas, suelen tener problemas con la atadura de la culpa y la condenación. Cuando tratamos de ser buenas en todo, podemos llegar a sentir que no logramos nada. Si el trabajo o el ministerio florecen, parece que la familia sufre. Por el contrario, si pasamos nuestro tiempo supliendo las necesidades de la familia, parece que el trabajo o el ministerio quedan relegados. ¿Cómo podemos hacer todo y ser todo?

Uno de mis pasajes preferidos es 2 Corintios 12:9, que dice: «*Te basta con mi gracia, pues mi poder se perfecciona en la debilidad.*» Cuando nos sentimos débiles o incapaces, la gracia de Dios es una fuerza tangible que marca la diferencia si decidimos recurrir a ella. Cuando llegan las presiones, podemos tomar un tiempo para reevaluar nuestro sistema de prioridades para ese momento. Si sentimos que todo está en orden, entonces es hora de recurrir a la gracia de Dios. Por su gracia, Él toma las cosas naturales y las convierte en sobrenaturales. Él nos da fortaleza para la tarea que tenemos entre manos y puede quitar los obstáculos que nos consumen tiempo si recurrimos a Él como fuente.

Capítulo 13

Marido y mujer, un equipo para el ministerio

Desde el principio, Dios creó al hombre y la mujer y los ubicó en la belleza del huerto para que comenzaran a cumplir su plan para la Tierra. Dios les indicó que fueran fructíferos y se multiplicaran, que llenaran la Tierra y la sojuzgaran, y que tuvieran dominio sobre ella. (Ver Génesis 1:28). Esta instrucción no fue dada solo a Adán, sino a Adán y a Eva. Dios tuvo la intención de que trabajaran juntos como un equipo, cada uno con sus dones y capacidades únicos, para cumplir los propósitos divinos.

El nombre *Eva* significa "dadora de vida" o "madre de todo lo viviente".[1] Ella fue la imagen original de Dios, de todo lo que una mujer debería ser. Las mujeres deberían ser dadoras de vida en todo lo que hacen. Deberían traer la vida de Dios a sus hogares, dar esa vida a sus hijos y ministrar la vida de Dios a sus esposos. Las mujeres tienen poder para manifestar esta vida aun en el sistema mundano, tan lleno de muerte y oscuridad. Las mujeres también debemos ser dadoras de vida en nuestras escuelas, nuestras comunidades y en el comercio. Fuimos creadas para dar no solo vida natural, sino también vida espiritual.

Hombre y mujer recibieron el encargo de trabajar juntos para cumplir el mandato apostólico de Dios en la Tierra. Pero el pecado llegó con su resultante maldición, lo cual arruinó la intención original de colaboración entre hombre y mujer. Por consiguiente, Adán y Eva fueron expulsados del huerto y perdieron ciertos privilegios de dominio, que se desvirtuaron debido al pecado.

También se perdió la intimidad de comunión y comunicación entre la humanidad y su Creador. Después, Jesús entregó su vida y redimió a la humanidad de la maldición. También restauró el libre acceso al trono de Dios, dándonos un canal de comunicación abierto para recibir la revelación divina. Dios aún habla hoy, por medio de su Palabra, del "silbo apacible" en oración, por medio de sus profetas o de los dones proféticos que se manifiestan a través de su pueblo.

Al redimirnos de la maldición, Jesús también preparó el camino para que las mujeres sean reinstaladas en su puesto de colaboración y ministerio en el Cuerpo de Cristo. Esto no niega, de ningún modo, los principios del orden divino en cuanto al esposo y su esposa en el hogar. Pero tampoco el corazón sumiso de una mujer para con su esposo niega los dones del Espíritu ni el llamado o destino específico que Dios ha puesto en su vida.

Personalmente, he tenido la bendición de servir al Señor en colaboración con mi esposo, Tom, en el ministerio, durante más de veinticinco años. Funcionamos como pastores conjuntamente en nuestra iglesia. Al mismo tiempo, recibo con gozo la autoridad de Tom como mi esposo y cobertura en el ministerio. Hemos criado a tres hijos maravillosos; todos aman y sirven al Señor. Ambos viajamos a otros lugares para ministrar, con frecuencia separados, pero también juntos, algunas veces, cumpliendo el plan de Dios para nosotros como equipo, así como la comisión que Dios nos ha dado individualmente a cada uno.

Además, tengo la bendición de estar casada con un hombre que no solo tiene una revelación divina sobre las mujeres en el ministerio, sino también siente que parte de su llamado como esposo es asegurarse de que yo cumpla el llamado de Dios sobre mi vida. Con frecuencia ha hablado a los hombres para alentarlos en el sentido de que su lugar como cabeza del hogar implica una divina responsabilidad, no solo de cumplir ellos mismos el llamado de Dios, sino de brindar el espacio para que su esposa y sus hijos cumplan el destino y el propósito que el Señor ha ordenado para ellos. Él cree que se presentará ante Dios y deberá responder por lo que hizo con mi destino y el destino de nuestros hijos. ¿Nos ayudó o fue un obstáculo? Él tendrá que rendir cuentas sobre esto. A medida que Tom y yo crecíamos y nos desarrollábamos como equipo, se hacía evidente que ser parte de un equipo no significa que los dos hagamos lo mismo, ni siquiera que lo hagamos en el mismo lugar o al mismo tiempo. Podemos ser un equipo, no porque tengamos los mismos dones, talentos y capacidades, sino porque tenemos una meta y una visión común, un sentido de propósito común. En cualquier equipo que sea bueno, cada integrante contribuye con su parte según las capacidades que ha desarrollado. Y a medida que cada integrante hace su parte, la meta y la visión se cumplen... ¡y es más divertido!

Un equipo requiere diversidad

Piense en cualquier equipo de deportes y se dará cuenta de que cada posición en él tiene funciones específicas que cumplir y un entrenamiento especial para cumplir los requisitos propios de esas funciones. Si tiene un equipo de fútbol lleno solamente de delanteros, por geniales o talentosos que sean, el equipo no tendrá éxito.

Un equipo requiere diversidad para ganar. Con las diferencias de sus miembros, se forma una unidad bien completa que puede enfrentar cualquier obstáculo y superar a cualquier oponente.

Lo mismo sucede con el equipo de marido y mujer para el ministerio. Cada uno tendrá dones divinos o capacidades espirituales diferentes, pero si pueden unir sus vidas para lograr metas y propósitos específicos, pueden funcionar como equipo. Lo bueno de un equipo es que un integrante es fuerte en el aspecto en el que el otro es débil.

El ministerio de "ayuda idónea"

Hemos sido creados para complementarnos el uno al otro. Cuando Dios formó a Eva del costado de Adán, la llamó su "ayuda idónea".

Luego Dios el SEÑOR dijo: «No es bueno que el hombre esté solo. Voy a hacerle una ayuda adecuada» (Génesis 2:18, énfasis agregado).

La expresión "ayuda adecuada" –o "ayuda idónea" en la RVR 1960–, en su original hebreo, se define como alguien que es un ayudador, un opuesto, contraparte, compañero o uno que completa al otro. La palabra hebrea *neged* viene, en realidad, de una raíz que significa "plantarse osadamente enfrente".[2] En esta definición, podemos ver la belleza de lo que Dios había planeado originalmente en cuanto a cómo un esposo y una esposa fueron creados y formados para trabajar juntos. Debemos completarnos uno al otro. En lo que uno es débil, el otro es fuerte.

La parte interesante –y el gran desafío– es la otra parte de la definición, que indica que somos opuestos. El viejo dicho "los opuestos se atraen" se aplica, hasta cierto punto, a todos los matrimonios.

Con frecuencia, durante el noviazgo, los enamorados se maravillan de todas las cosas que tienen en común y disfrutan descubriendo aquello en que son similares. Pero, a medida que pasa el tiempo, se hace más evidente cuán diferentes son. Los estilos de comunicación, los valores, los intereses, los puntos de vista en cuanto a la crianza de los hijos, los dones espirituales, las capacidades, los pasatiempos y la forma general de encarar la vida y el amor son, generalmente, aspectos en que se revelan diferencias. Aunque cada uno se enamoró de las cualidades singulares del otro, ahora, las tensiones crecen cuando cada uno se esfuerza por hacer al otro como él mismo. Pero en lugar de que las diferencias nos irriten, deberíamos celebrar la diversidad. Las diferencias no necesariamente son un factor negativo en una relación, sino la especia que agrega un toque de sabor único al equipo que Dios está formando.

Quizá usted haya escuchado enseñanzas que dicen que Eva era inferior a Adán por el "orden de la creación". En otras palabras, dado que Adán fue creado primero, era superior a Eva, que fue creada después. Pero si aceptamos esta filosofía, deberíamos tener en cuenta que los animales y la Tierra fueron creados antes que Adán. Entonces, según esta filosofía del orden de la creación, Adán sería inferior a los animales y la Tierra. Dios creó a Eva como ayuda idónea. Esta expresión no hace referencia a una asistente o sierva, sino tiene la connotación de ser una asociada o compañera de trabajo.

Los opuestos se atraen

Cuando mi suegro, el Dr. Bill Hamon, de Christian International Ministries, predica sobre marido y mujer que trabajan juntos, dice que a Dios le encanta tomar opuestos y unirlos para sus fines. Dice que, en cada matrimonio, Dios toma un percherón (un caballo grande, lento y firme, pero muy fuerte) y lo empareja con un caballo de carrera. Los unce con el mismo yugo y les dice: "¡Ahora, tiren juntos!".

Cuando esto sucede, el percherón debe correr más rápido, y el caballo de carrera debe correr más lento, para lograr la meta. ¡Y ese es el desafío! El percherón no quiere ser empujado y se irrita con el caballo de carrera, porque cree que es impetuoso e impulsivo, que salta antes de pensar, que siempre empuja y presiona más de lo necesario. El caballo de carrera se irrita con el percherón, por considerarlo pasivo, falto de imaginación y de entusiasmo, sin visión, siempre resistiéndose al cambio o a pasar a cosas nuevas. Pero la verdad es que cada uno tiene algo valioso para contribuir a la relación que es, de hecho, fundamental para lograr la meta de la manera más productiva.

Dios se deleita en unir a hombres y mujeres que tienen diferentes puntos fuertes de manera que la unidad que es el matrimonio se fortalezca. Efesios 1:7 dice que Dios da tanto el espíritu de sabiduría como el de revelación. El Señor, generalmente, coloca en la pareja a un cónyuge que es fuerte en revelación, visión, conocimiento profético y discernimiento, mientras que el otro tiene dones más fuertes en las áreas de sabiduría, practicidad, razonamiento y prudencia. A veces, debido a que sus puntos fuertes están en diferentes áreas, los cónyuges tienen formas diametralmente opuestas de encarar una situación. Esto no siempre significa que uno tenga razón y el otro esté equivocado, sino que Dios quizá desee utilizar las dos perspectivas diferentes para obtener una resolución con el máximo beneficio. De la misma manera, La Biblia nos dice que Dios tiene atributos aparentemente contrastantes en su naturaleza y carácter. Él es tanto un Dios bondadoso como severo. Es un Dios de juicio y un Dios de misericordia.

Por tanto, considera **la bondad y la severidad** *de Dios...* (Romanos 11:22, énfasis agregado).

Pero por tu obstinación y por tu corazón empedernido sigues acumulando castigo contra ti mismo para el día de la ira, cuando Dios revelará **su justo juicio.** *Porque Dios «pagará a cada uno según lo que merezcan sus obras»* (Romanos 2:5-6, énfasis agregado).

Por lo tanto, la elección no depende del deseo ni del esfuerzo humano sino de **la misericordia de Dios** (Romanos 9:16, énfasis agregado).

... Dios, que es rico en misericordia... (Efesios 2:4).

Dios suele tomar estos distintos puntos fuertes de su carácter y naturaleza, y colocarlos en los cónyuges que forman un matrimonio para crear un equilibrio entre ellos. Un cónyuge quizá enfrente las situaciones con el aspecto del carácter de Dios más orientado hacia la bondad o la misericordia, mientras el otro se inclina más a enfrentarlas desde un punto de vista de justo juicio y severidad. Uno quizá ve las cosas más como "blanco o negro", mientras el otro las ve más grises. Ambas son cualidades de la naturaleza de Dios, y al depositarlas en dos personas que forman un matrimonio, se produce una visión completa de una situación, que equilibra juicio y misericordia, bondad y severidad, revelación y sabiduría. Una vez más: el problema es cuando los cónyuges creen que su perspectiva personal es la única correcta y no pueden valorar el aporte o el enfoque del otro.

En mi matrimonio, yo suelo ser la que encara las cosas desde el enfoque del "justo juicio". Tiendo a ver las cosas en términos de blanco o negro. Mi esposo, Tom, las ve más desde el lado de la misericordia. Yo tiendo a recurrir al discernimiento y la revelación, y él es más apto para recurrir a la sabiduría y el principio. Aunque puedo operar y tratar situaciones con sabiduría, y él, obviamente, puede recurrir a los dones de revelación, las otras áreas son nuestros puntos más fuertes, en los que nos movemos con mayor comodidad y naturalidad.

Con el correr de los años, he aprendido a apreciar su corazón misericordioso y su capacidad para ver las cosas desde todos los ángulos. Él ha demostrado sabiduría y principios en su enfoque de situaciones difíciles. Al mismo tiempo, ha aprendido a confiar en mi don de discernimiento y la revelación que yo recibo. También ha podido ver el valor que tiene mi forma más directa de encarar las cosas, desde un punto de vista más radical.

Al trabajar juntos en el ministerio y en la familia, hemos podido ayudarnos mutuamente con nuestros puntos fuertes, al tiempo que aprendemos el uno del otro y desarrollamos las cualidades que quizá uno carece y el otro posee. He aprendido el valor redentor de aplicar la misericordia y me he sometido al proceso de desarrollar sabiduría, y él ha avanzado hacia una mayor revelación y un mayor discernimiento.

Coherederas de la gracia de la vida

*"Así se adornaban en tiempos antiguos las santas mujeres que esperaban en Dios, **cada una sumisa a su esposo**. Tal es el caso de Sara, que obedecía a Abraham y lo llamaba su señor.*

Ustedes son hijas de ella si hacen el bien y viven sin ningún temor. De igual manera, ustedes esposos, sean comprensivos en su vida conyugal, tratando cada uno a su esposa con respeto, ya que como mujer es más delicada, y ambos son herederos del grato don de la vida. Así nada estorbará las oraciones de ustedes" (1 Pedro 3:5-7, énfasis agregado).

Bíblicamente, la mujer debe someterse a su esposo y respetarlo. Al mismo tiempo, el esposo debe amar a su esposa y vivir con ella sabiamente. Trabajando juntos en armonía como equipo, heredaremos el maravilloso don de la vida, lleno de gracia; además, nuestras oraciones no tendrán estorbo. Cuando tratemos de comprender y valorar los dones individuales de nuestro cónyuge, nuestra vida y nuestro amor se fortalecerán.

Sométanse unos a otros, por reverencia a Cristo. **Esposas, sométanse a sus propios esposos** *como al Señor. Porque el esposo es cabeza de su esposa, así como Cristo es cabeza y salvador de la iglesia, la cual es su cuerpo. Así como la iglesia se somete a Cristo, también las esposas deben someterse a sus esposos en todo.* **Esposos, amen a sus esposas,** *así como Cristo amó a la iglesia y se entregó por ella (...) Así mismo el esposo debe amar a su esposa como a su propio cuerpo. El que ama a su esposa se ama a sí mismo* (Efesios 5:21-25, 28, énfasis agregado).

Algunas mujeres han escuchado enseñanzas que explican la "sumisión" como un sistema opresivo creado para mantenerlas "en su lugar". ¡Esto no es lo que Dios quiere decir! El esposo debe amar y apoyar a su esposa. Debe amarla como Cristo amó a su Esposa, la Iglesia.

De la misma manera, la esposa debe someterse a su esposo, así como la Esposa (Iglesia) debe someterse a su Cabeza, el Señor Jesucristo. Él está con nosotros para protegernos, guiarnos y dirigirnos, como el esposo debe hacer con su esposa.

Un prominente comentarista bíblico, Matthew Henry, dice lo siguiente sobre la relación esposo/esposa:

> Si el hombre es la cabeza, la mujer es la corona, una corona para su esposo, la corona de la creación visible. La mujer fue creada de una costilla al costado de Adán, no de su cabeza, para gobernar sobre él, ni de sus pies, para ser pisoteada por él, sino de su costado, para ser su igual, bajo su brazo, para ser protegida por él, y cerca de su corazón, para ser amada.[3]

La Biblia no dice: "Mujeres, sométanse a sus esposos solo si son hombres de Dios y siempre hacen todo bien". Su esposo, por supuesto, no es perfecto, pero si usted toma sus imperfecciones como excusa para ser obstinada y hacer su propia voluntad, se encontrará fuera de la provisión que Dios planeó para su seguridad y su destino.

Abuso doméstico

El fray Cherubino, en su libro de reglas para el matrimonio, indica a los hombres cómo tratar a su esposa. Les dice: "Toma un palo y golpéala, no por ira, sino por caridad y preocupación por su alma, para que los golpes redunden en mérito tuyo y bien de ella".[4] Una ordenanza inglesa indicaba que los hombres podían golpear a sus esposas, pero solo con algo que no fuera más ancho que su dedo pulgar.[5]

Lamentablemente, en muchas culturas continúan perpetrándose crímenes contra las mujeres, simplemente porque no hay leyes contra la violencia familiar. Por desgracia, la Iglesia tampoco se ha manifestado con firmeza en relación con este asunto. En un estudio realizado en los años ochenta por Jim M. Alsderf, graduado del Fuller Theological Seminary (Seminario Teológico Fuller), se les preguntó a cinco mil setecientos ministros protestantes qué les decían a las mujeres que eran víctimas de violencia familiar. Los resultados fueron: el 26% les decía a las mujeres abusadas que continuaran sometiéndose a sus esposos, orando y confiando en que Dios iba a detener el abuso o les daría la fortaleza para soportarlo. El 25% les decía que las acciones violentas de sus esposos eran causadas por sus rebeldías; en otras palabras, ¡que los golpes eran culpa de ellas! El 71% afirmó que nunca aconsejaría a una mujer golpeada que se separara de su esposo o lo abandonara por causa de los golpes, sosteniendo que es mejor soportar un cierto nivel de abuso en el hogar que separarse o divorciarse. El 92% opinó que nunca aconsejaría a la mujer golpeada que pidiera el divorcio.[6]

Dios se opone a la violencia, especialmente en una relación matrimonial. Malaquías 2:13-16 dice:

Otra cosa que ustedes hacen es inundar de lágrimas el altar del SEÑOR; lloran y se lamentan porque él ya no presta atención a sus ofrendas ni las acepta de sus manos con agrado. Y todavía preguntan por qué. Pues porque el SEÑOR actúa como testigo entre ti y la esposa de tu juventud, a la que traicionaste aunque es tu compañera, la esposa de tu pacto. ¿Acaso no hizo el SEÑOR un solo ser, que es cuerpo y espíritu? Y ¿por qué es uno solo? Porque busca descendencia dada por Dios. Así que cuídense ustedes en su propio espíritu, y no traicionen a la esposa de su juventud. «Yo aborrezco el divorcio —dice el SEÑOR, Dios de Israel—, y al que cubre de violencia sus vestiduras», dice el SEÑOR Todopoderoso. Así que cuídense en su espíritu, y no sean traicioneros.

Dios da testimonio contra el hombre que es violento y traicionero con su esposa. Esta frase *"al que cubre de violencia sus vestiduras"* es muy interesante cuando se la estudia en el idioma original. Dice que Dios odia la violencia. ¿Qué significa esto? Lo interesante es que la palabra que se traduce "vestiduras" es la palabra hebrea *lebush*, que literalmente significa "vestidura", pero también, por implicación, significa "esposa".[7] Así que podría leerse como: "Aborrezco el divorcio y a aquel que cubre a su esposa de violencia". Hay otra versión que lo traduce como "al que cubre la violencia con sus vestiduras". La palabra *cubrir* significa tapar o esconder. Dios castiga al hombre según la forma en que trata a su esposa, y dice que Él odia cuando los hombres cubren la violencia con sus vestiduras,[8] es decir, la esconden. De cualquier manera, basta decir que ningún hombre de Dios debería siquiera pensar que golpear o abusar físicamente de su esposa es aceptable a los ojos del Señor. Dios odia el divorcio, pero también odia la violencia familiar.

El favor de Ester

¿Cómo entonces se maneja una situación en la que usted anhela trabajar con su esposo en equipo, pero él no está interesado en seguir el plan de Dios? La respuesta es… ¡con mucho cuidado! No quisiera parecer simplista, pero cuando usted busque la voluntad de Dios y su sabiduría, Él le dará llaves que pueden abrir el corazón de su esposo. Nunca servirá forzar el asunto, plantear exigencias o lanzar un ultimátum.

Si se encuentra en esa situación, es importante que recuerde confiar en Dios y creer en sus tiempos y su forma de hacer las cosas. Mientras tanto, permita que Él haga su obra en usted. Dios ha dado a las mujeres la fortaleza y la capacidad para seguir sus destinos particulares. Es importante que, cualquiera sea su situación matrimonial, como persona individual, usted misma busque cumplir los propósitos de Dios en oración y relacionándose con Él; así su don se abrirá paso. Nuestros destinos están en las manos de Dios y, cuando lo busquemos diligentemente, Él será fiel en ocuparse de que su Palabra se cumpla. (Ver Romanos 4:21).

Recuerde a Ester, la doncella judía casada con un poderoso rey pagano. Cuando el rey firmó irrevocablemente el decreto que significaba la muerte de todos los judíos (sin saber que su nueva esposa era judía), Ester tuvo que armar un plan para tocar su corazón. No entró en su presencia exigiendo sus derechos como reina.

¡Eso le hubiera costado la muerte! Por el contrario, honró al rey con un banquete y suavizó así su corazón.

Dios diseñó a la mayoría de las mujeres con la fuerte necesidad de seguridad y amor, y a la mayoría de los hombres con la fuerte necesidad de sentirse respetados y honrados. Cuando una mujer honra, respeta y confirma el liderazgo de su esposo, cosecha el amor del corazón de él. De la misma manera, cuando un hombre realmente ama a su esposa y la sirve como Cristo sirvió a su Iglesia, no podrá menos que recibir honra y respeto. Cuando una mujer le da a su esposo el lugar que le corresponde como cabeza del hogar, más que obligarlo a tomarlo por la fuerza, fluyen bendiciones en la casa.

He visto a mujeres que criticaban a sus esposos porque creían ser espiritualmente más maduras que ellos. Pero las mujeres pueden ser personas fuertes sin usurpar el rol del esposo. Esto se hace evitando amenazar el lugar del esposo y dándole honra y respeto. Ester dio a su esposo –el rey– honra y respeto; y él, a su vez, le dio favor, le otorgó todo lo que su corazón deseaba para su pueblo.

Cuando llegan las pruebas o los desacuerdos, primero, pregunte a Dios qué desea Él de usted y luego escuche con atención la perspectiva de su cónyuge. Recuerde que la intención de Dios al crear a Eva fue que ella completara a Adán. Así como Adán y Eva se completaban uno al otro según el plan divino, el esposo y la esposa deben completarse uno a otro, también según este plan. Eso significa que no somos autosuficientes cuando estamos unidos en matrimonio. Cada cónyuge tiene algo valioso y vivificante para aportar a cada discusión y cada situación. Debemos aprender a sacar lo mejor el uno del otro para poder fluir juntos como coherederos del don de la vida de Dios.

Smith y Polly Wigglesworth: un dinámico equipo ministerial

La mayoría de las personas conoce el poderoso ministerio de Smith Wigglesworth y las historias de las señales, los prodigios y los milagros que rodearon su vida. Lo que quizá algunos no sepan es que su esposa Polly fue quien lo desafió a salir de la pasividad y la complacencia para actuar con fe siguiendo el llamado que Dios había puesto sobre su vida.

Mary Jane Fetherstone –también conocida como Polly– y Smith Wigglesworth se casaron en 1882 en Bradford, Inglaterra, después de conocerse en un culto del Ejército de Salvación. Tanto Smith como Polly sentían el llamado de Dios sobre sus vidas; pero, en los primeros años de su matrimonio, Smith se apartó de ese llamado y trabajó muchas horas para desarrollar su trabajo de plomería con el afán de ganar dinero. Finalmente, su pasión por el Señor comenzó a desvanecerse, y su amor por el ministerio se enfrió.

Mientras tanto, la pasión de Polly por el Señor creció, y su ministerio como evangelista comenzó a expandirse. Se convirtió en una mujer de gran fe y predicaba encendidos mensajes de salvación que motivaban a muchos a correr al altar para entregar su corazón a Jesús. Su amor por Dios y su irresistible visión de lo que Él los había llamado a hacer a ella y a su esposo hizo que, con amor, empujara a Smith nuevamente a relacionarse con el Señor y a retomar su llamado al ministerio.[9]

Aunque Smith era usado con poder por el Señor para producir dinámicos milagros de sanidad, estaba plagado de inseguridad y sentimientos de insuficiencia. Con frecuencia, cuando predicaba, hablaba durante dos o tres minutos, antes de estallar en lágrimas y pedir a otra persona que terminara por él. Generalmente, Polly se levantaba y terminaba el mensaje por él, y luego Smith hacía el llamado, con resultados milagrosos.

Polly ayudó a su esposo enseñándole a leer y escribir, y estimulando su fe hasta niveles más elevados. Durante un tiempo en que hubo muchas sanidades y milagros en sus reuniones, Smith sufrió hemorroides y tomaba medicinas todos los días para combatirlas. Polly estimuló su fe en ese sentido, sugiriéndole que creyera que él mismo podía ser sano. Smith se ungió a sí mismo con aceite y fue sanado instantáneamente.

A principios del siglo XIX, Smith fue bautizado con el Espíritu Santo y comenzó a predicar con nuevo celo y fuego. Polly recibió al Espíritu Santo poco después también. Entonces, su ministerio en la misión de Bowland Street cambió drásticamente, y se convirtieron en pioneros del Movimiento Pentecostal. Polly murió en 1913, y Smith continuó y llegó a ser conocido como "el apóstol de la fe". Escribió tomos enteros de materiales, sermones y libros, y registró los testimonios de muchos milagros. Está documentado que resucitó a catorce personas durante su ministerio. Se convirtió en una figura legendaria en la historia de la Iglesia, que demostró la realidad del poder de Dios.[11] Se ha dicho que detrás de todo gran hombre hay una gran mujer. Polly fue esa gran mujer en la vida de Smith y tuvo la pasión no solo de cumplir su propio destino, sino de ver que su esposo llegara a ser todo lo que Dios lo había llamado a ser. ¡Polly fue una mujer que marcó una diferencia!

Mujeres que marcan una diferencia por su equilibrio

QUIN SHERRER

Comencé mi andar cristiano cuando era una joven madre, hambrienta de Dios, especialmente después de recibir el bautismo del Espíritu Santo. Mi amiga Lib y yo comenzamos a orar por teléfono cinco minutos cada mañana, cuando nuestros siete hijos ya estaban en la escuela. Y continuamos haciéndolo fielmente durante diecisiete años.

De allí surgió mi primer libro, **Cómo orar por nuestros hijos**, del que se vendieron más de 155 000 ejemplares. Mientras aprendía a orar "en las trincheras", criando a mis hijos, nunca soñé que algún día estaría "en el ministerio". Hasta la fecha, he escrito –sola o en colaboración– veintiséis libros y he aparecido en más de trescientos canales de TV y radios. Cada vez que viajo para dar un mensaje, me maravilla que Dios pueda usarme para alcanzar a otras mujeres para Él. A lo largo de mi camino, he aprendido que el Señor quiere usarnos en algunas formas muy básicas, con frecuencia, justamente donde Él nos planta. Quizá no lleguemos a tener un ministerio de renombre, como Débora, pero podemos tener un ministerio como el de Jael, de guerra espiritual en nuestra propia tienda. Si pudiera darle un consejo hoy, serían las siguientes claves prácticas:

1. **Sea bautizada en el Espíritu Santo.** Justo antes de ascender al cielo, Jesús prometió a sus seguidores que su Padre les enviaría el Espíritu Santo y que serían "revestidos de poder". El Espíritu Santo iba a darles poder y a equiparlos para que cumplieran su encargo de llevar el mensaje del evangelio hasta lo último de la Tierra. (Ver Mateo 28:19-20; Hechos 1:8). Ellos fueron equipados con ese poder dunamis en el día de Pentecostés. (Vea mi libro, **The Beginner's Guide to Receiving the Holy Spirit** [Guía para principiantes sobre cómo recibir el Espíritu Santo]).

2. Brinde un refugio de hospitalidad. *Convierta su hogar en un santuario para la familia que Dios le ha dado y para todos los demás que Él envíe a su camino. Desde los tiempos bíblicos, el hogar siempre ha sido la esfera de influencia más grande de una mujer. Sea hospitalaria. Gran parte del ministerio de Jesús estuvo basado en los hogares. La Biblia registra más de veinte ocasiones en que Él estaba comiendo o contando una historia relacionada con una comida. Gran parte de nuestro ministerio debe ser para nuestra familia y aquellas personas a las que invitamos a casa. Escribo por experiencia, porque durante años, tuve a doce personas sentadas a la mesa los domingos; muchas veces, muchos de ellos extraños que traíamos a casa después de la iglesia.*

3. Sea siempre humilde. *Jesús, sabiendo quién era, de dónde había venido y adónde iba, tomó una toalla y lavó los pies de los discípulos. Si he aprendido algo, en años de ministerio, es esto: sea siempre humilde. Leí sobre un evangelista que tuvo tiempos muy bendecidos en su ministerio. Cuando llegaba a su casa, después de un culto, se arrodillaba y, simbólicamente, colocaba la corona del éxito sobre la frente del Señor, a quien él sabía que realmente le correspondía. Eso lo salvó del peligro de guardarse alguna gloria que perteneciera a Dios.*

4. Cuide su tiempo. Aproveche bien el tiempo. *(Ver Efesios 5:16). Concéntrese en las cosas que realmente son más importantes. Jesús cumplió la obra que se le había encomendado en las horas con las que contaba. No parecía estar apurado mientras andaba por la vida, aunque constantemente había multitudes compitiendo por su atención. Aprenda a ser buena administradora de su tiempo, talento y dinero. Cuando establezco las prioridades para mi tiempo, cuidadosamente estudio los planes de Dios para mí y he aprendido a decir "no" a todas las invitaciones que no creo que respondan a ese llamado. Quiero, más que nada, completar la carrera que Dios tiene para mí, sabiendo que fui fiel a su encargo. Aprendí a los golpes que debo agradarle a Él, no a las personas.*

5. Capacite, enseñe, guíe. *Invierta siempre en otra persona, enseñándole su talento o capacidad. Ser mentor de alguien significa "transmitir conocimiento y capacitación de uno que está más experimentado* a uno menos experimentado". Ayude a alguien a alcanzar el potencial que Dios le ha dado. Pedro escribió: "Dios ha dado a cada uno de ustedes capacidades especiales; asegúrense de utilizarlas para ayudarse unos a otros, transmitiendo a otros las muchas clases de bendiciones de Dios" (1 Pedro 4:10, The Living Bible, traducción libre). En todo lugar donde he vivido, he enseñado a las mujeres dos temas que son muy queridos para mí: cómo escribir para el Señor y cómo orar más eficazmente. Algunas de mis alumnas me han superado, por lo cual doy gracias a Dios.

6. **Haga amigas y consérvelas.** Hágase de varias "amigas conservadoras" que la acompañen en los momentos duros y en los momentos buenos; amigas a quienes pueda llamar en cualquier momento para que oren con usted y la aconsejen. Dado que con frecuencia nos volvemos como quienes nos rodean, elija con cuidado sus amistades. Colecciónelas como perlas. Yo me mantengo en contacto continuo con mis amigas "conservadoras" que viven lejos, por medio del teléfono y el correo electrónico. Las que vivimos cerca nos reunimos con regularidad para comer, divertirnos, compartir y orar. Nos llamamos "El club de las conservadoras". Recuerde que, aunque Jesús invirtió su tiempo de ministerio en doce hombres, tres de ellos eran especialmente cercanos para Él.

7. **Consiga una compañera de oración.** Busque compañeras de oración y comprométanse a orar la una por la otra con regularidad. Oren por sus preocupaciones, por las metas que comparten, para pedir objetivos claros. Su batalla espiritual parecerá menos amenazadora si tiene un equipo de oración que la fortalece y la alienta a llegar a la victoria. He tenido compañeras de oración que oraron conmigo durante varias décadas, y no creo que hubiera podido continuar sin sus oraciones, su aliento y su apoyo.

8. **Elija un lugar secreto.** Pase un tiempo a solas con el Señor cada día. Obviamente, debe tener una relación personal con Jesús y un tiempo diario para hablar con Él. Nunca descuide ese tiempo íntimo para tener nuevas fuerzas y nuevo fuego. Pregúntele diariamente: "¿Qué quieres que haga por ti hoy?". ¡Aprenda a escuchar su voz!

Aunque no hay fórmulas para la oración, yo uso una especie de esquema. Comienzo mi tiempo adorando al Señor; luego, espero, pidiéndole en silencio que me dé su palabra para orar por alguna situación que estoy viviendo. A veces, agrego guerra, plantándome frente a las tácticas del enemigo con citas bíblicas y declaraciones. Cuando oro, me ayuda tener diversas versiones de La Biblia al alcance de la mano mientras espero. Usted descubrirá el tiempo y el lugar adecuados para esperar en Él diligentemente.

Mi último consejo es este pasaje: "Por lo tanto, como escogidos de Dios, santos y amados, revístanse de afecto entrañable y de bondad, humildad, amabilidad y paciencia" (Colosenses 3:12). Dios le dé su plan único para su vida y ministerio.

Quin Sherrer es autora o coautora de veintiséis libros, muchos de los cuales han llegado a ser éxitos de librería en los Estados Unidos. Ella y su esposo LeRoy tienen seis nietos y viven en Florida.

Notas:

1. *Strong's Concordance.*

2. *Strong's Concordance.*

3. *Matthew Henry's Commentary on the Whole Bible in One Volume* (Comentario de Matthew Henry sobre toda La Biblia en un solo volumen), Marshall, Morgan & Scout, Ltd., 1960 y Zondervan Publishing House, Grand Rapids, 1961.

4. Angela Brown, *When Battered Women Kill* (Cuando las mujeres golpeadas matan), The Free Press, Nueva York, 1987, p. 240.

5. Survivors Against Domestic Abuse (Sobrevivientes contra el abuso doméstico), "History of Battered Women's Movement" (Historia del movimiento de mujeres golpeadas), Lady Madona Graphix.

6. "Marriage Help: Women and Submission, Finding Middle Ground" ("Ayuda matrimonial: Mujeres y sumisión: En busca de un punto intermedio") http://www.mywebpages.comcast.net/wolfpackron/womensub.html.

7. Barnes' Notes (Notas de Barnes), base de datos electrónica, Biblesoft, copyright © 1997.

8. Barnes' Notes (Notas de Barnes), base de datos electrónica, Biblesoft, copyright © 1997.

9. Gary McGee, *Enrichment Journal: A Journal for Pentecostal Ministry*, "*The Revival Legacy of Smith Wigglesworth*" (El legado del avivamiento de Smith Wigglesworth).

10. Smith Wigglesworth, *Ever Increasing Faith* (Fe siempre en aumento), Gospel Publishing House, Springfield, 1971.

Una palabra para las mujeres de equilibrio

Las mujeres que llegan a su lugar de colaboración o trabajo en equipo en el ministerio junto con sus esposos son una señal de que la Iglesia colectiva, el Cuerpo y la Esposa de Cristo, se yergue hacia el lugar justamente preparado para ella, de colaboración con su Esposo y Cabeza, el Señor Jesucristo. A medida que las mujeres reconocemos las capacidades divinas que han sido depositadas en nosotras, y la importancia de nuestro propósito y destino en Cristo, toda la Iglesia abraza esos mismos principios de propósito y destino. Si deseamos ser una Iglesia de poder y dominio, es vital que todos los miembros del Cuerpo nos desarrollemos plenamente, conectados unos con otros y, en última instancia, con nuestra Cabeza, Jesucristo.

Que nuestro corazón esté totalmente comprometido con la familia que Dios nos ha dado, al tiempo que abrazamos la plenitud del llamado de Dios. Esforcémonos por andar en obediencia, dependiendo de su gracia. Seamos disciplinadas con nuestro tiempo e invitemos a que la sabiduría de Dios ordene nuestras prioridades. Abramos nuestro corazón a nuestro esposo de una manera nueva, para ser unidos y fluir como uno en todo aquello a lo que el Señor nos llamó. Y, mientras ministramos y funcionamos, permitamos que el poder de Dios se perfeccione en nuestras debilidades, para que podamos levantarnos como el poderoso ejército de mujeres a quienes Dios está llamando, ¡y seamos todo lo que podemos ser en Él!

Tercera sección

Preguntas para reflexionar

1. Después de leer Proverbios 31, escriba tres atributos positivos de la mujer valiente que usted posee.

2. Escriba tres características que, para usted, son puntos débiles.

3. Escriba dos áreas de su vida que necesita equilibrar. ¿Cuál es su plan para lograr el equilibrio en estas áreas?

4. ¿Es usted un percherón o un caballo de carrera? ¿En qué áreas de su vida debe ir más lento o acelerar para ser más eficaz?

5. ¿Lleva usted un yugo de culpa o condenación en algún aspecto de su vida? ¿Cómo podría liberarse de él?

Débora, la guerrera: mujer de coraje

*"Una mujer es como una bolsita de té.
Solo conoce su fortaleza cuando
se la pone en agua caliente."*

NANCY REAGAN
PRIMERA DAMA DE LOS ESTADOS UNIDOS

*"Obtenemos fortaleza, valor y confianza con cada
experiencia en la que nos detenemos realmente a mirar
al miedo de frente."*

ELEANOR ROOSEVELT
PRIMERA DAMA DE LOS ESTADOS UNIDOS

CAPÍTULO 14

Débora, la guerrera

Cuando Débora comenzó a cumplir su ministerio, la tierra de Israel estaba muy conmocionada. Las calles no eran seguras, había guerra en las puertas, y sufrían opresión, esclavitud y temor del malvado rey cananeo. De hecho, los hombres de Israel habían perdido la voluntad de luchar, tanto que no se podía encontrar ni un escudo ni una lanza.

En los días de Samgar hijo de Anat, en los días de Jael, los viajeros abandonaron los caminos y se fueron por sendas escabrosas. Los guerreros de Israel desaparecieron; desaparecieron hasta que yo me levanté. ¡Yo, Débora, me levanté como una madre en Israel! Cuando escogieron nuevos dioses, llegó la guerra a las puertas de la ciudad, pero no se veía ni un escudo ni una lanza entre cuarenta mil hombres de Israel. Mi corazón está con los príncipes de Israel, con los voluntarios del pueblo. ¡Bendito sea el Señor! (Jueces 5:6-9, énfasis agregado).

Dado que Israel había pasado media generación en esclavitud, Débora sabía que, potencialmente, habría mucha resistencia a la idea de levantarse para confrontar al opresor, porque el pueblo realmente tenía miedo y estaba convencido de que no podían ponerse a la altura de su enemigo. Pero clamaron al Señor, y Él les respondió por medio de la autoridad que había delegado en esa tierra para ese tiempo.

Débora había recibido un plan del Señor para sacar a Israel de la cautividad a la libertad que Dios le había prometido. También tuvo la fe y la valentía de confrontar osadamente los temores del pueblo –y aun de otros líderes– para que el plan se cumpliera.

En el ámbito natural, el enemigo superaba en mucho a Israel en número; de hecho, las posibilidades de que tuvieran éxito en cualquier tipo de revuelta contra su enemigo eran totalmente ridículas. Jabín, el cruel rey cananeo, era muy inteligente. (Como ya hemos dicho, su nombre significa "inteligente").[1] El nombre de la tierra, Canaán, significa "humillar, derrotar, someter, dominar".[2] Y esto es lo que él hizo a Israel: les robó su fuerza, su valentía y su dignidad; exactamente lo mismo que el diablo trata de hacer aun hoy. Él ataca nuestra mente y nuestro intelecto, y desarrolla una fortaleza en nuestro sistema de convicciones. Desde esa fortaleza, aplasta nuestra fe en Dios, nos roba la valentía y nos avergüenza volviéndonos pasivos y quitándonos la voluntad de luchar.

El poder de Jabín era producto de su poder militar. Tenía novecientos carros de hierro, que en esa época eran poderosas máquinas de guerra que intimidarían a cualquier oponente. Estos carros, generalmente, llevaban púas en sus ruedas para cortar y destruir a las tropas terrestres de la oposición. Jueces 4:3 dice que él *"había oprimido cruelmente a los israelitas".* La palabra *oprimido* proviene de una raíz que significa "utilizar la fuerza para aplastar, afligir, angustiar, atar, oprimir".[3] Esto describe la situación del pueblo de Israel cuando Débora ordenó al general Barac que llamara a los hombres a la guerra.

Débora mandó llamar a Barac hijo de Abinoán, que vivía en Cedes de Neftalí, y le dijo: –El Señor, el Dios de Israel, ordena: "Ve y reúne en el monte Tabor a diez mil hombres de la tribu de Neftalí y de la tribu de Zabulón. Yo atraeré a Sísara, jefe del ejército de Jabín, con sus carros y sus tropas, hasta el arroyo Quisón. Allí lo entregaré en tus manos." Barac le dijo: Sólo iré si tú me acompañas; de lo contrario, no iré. –¡Está bien, iré contigo! –dijo Débora–. Pero, por la manera en que vas a encarar este asunto, la gloria no será tuya,

ya que el Señor entregará a Sísara en manos de una mujer.
Así que Débora fue con Barac hasta Cedes (Jueces 4:6-9).

Débora era una mujer de coraje, que cumplió su llamado y su destino en Dios. Tuvo que ser valiente para responder al llamado del Señor y obedecer su plan sin importar las circunstancias en el ámbito natural; tuvo que enfrentar, no solo sus propios temores, sino los de sus líderes y del pueblo; y tuvo que tener la osadía y el coraje de una guerrera para llevar a sus tropas a la victoria.

Aun el general Barac no quiso ir a la guerra sin tener a Débora a su lado. No solo se aferró a su sabiduría y revelación profética, sino al coraje que ella recibía en abundancia del Señor. Él tenía fe en la palabra profética, y se lo incluye como uno de los héroes de la fe en Hebreos 11:32. Pero más allá de su fe, necesitó coraje para concordar con la palabra profética y ponerla en práctica con obediencia.

La relación entre Débora y Barac es otro ejemplo de hombres y mujeres que colaboran para cumplir los propósitos de Dios. Es también una figura de la unción apostólica y profética que fluyen juntas para lograr victorias para el Reino.

Débora estuvo dispuesta a hacer todo lo que fuera necesario para posicionar a Israel para la victoria, aunque esto significara ir a la batalla. A veces, Dios nos llama solo a ser mensajeras de su Palabra para alguien, pero otras veces, tenemos que estar dispuestas a unirnos a la batalla y luchar para que su voluntad se cumpla. Dios quizá no nos pida que llevemos un mensaje solamente, sino que también ayudemos a que se cumpla. Tener visión no siempre es suficiente. Debemos ser valientes y sensibles al Espíritu Santo para que la batalla logre su máximo cometido.

Juana de Arco: una guerrera con causa

En 1425, Francia estaba en medio de la guerra de los cien años con Inglaterra. Fue durante esta época de turbulencia política que una jovencita francesa escuchó la voz de Dios. Juana o, como se la llamaba en su aldea de Domremy, Jeanne, tenía trece años cuando escuchó la voz de Dios que la desafiaba a orar, ser una buena niña y obedecer a sus padres. En los tres años siguientes, tuvo muchas visitaciones, que la llevaron a creer que Dios la llamaba a ser una revolucionaria que produjera un cambio de gobierno en su tierra e instalara a Carlos VII como justo rey sobre Francia.[4]

Aunque solo tenía dieciséis años cuando se dispuso a seguir el llamado de Dios sobre su vida, fue bendecida con una determinación, una confianza y una valentía que eran contagiosas. De hecho, convenció al entonces futuro rey de que le diera un ejército para ayudar a romper el sitio de Orleáns. Como mujer llena de visión del Señor, le dijo: "Soy mensajera de Dios, enviada para decirte que eres el verdadero heredero de Francia. Y Francia será un Reino Santo".[5]

Al llegar al campo de las tropas, Juana las encontró desalentadas y deprimidas. Entonces, comenzó a desafiarlas proféticamente, diciendo: "Tengo una visión de Dios. Él me ha llamado a levantar un ejército para nuestra nación y para Él".[6] Aunque era totalmente no convencional en su enfoque —vestía ropas masculinas para ir a la batalla—, los soldados se sintieron inspirados por su valor y su fortaleza moral, y comenzaron a acudir a su llamado. Antes de llevarlos a batallar en Orleáns, ella los persuadió de ir a confesarse y asistir a misa todos los días. (Recordemos que la iglesia católica era la única expresión del cristianismo en Europa, en ese tiempo). También echó fuera a las prostitutas que seguían al ejército. Sabía que la rectitud era su escudo más eficaz. Cuando le preguntaron si temía a algo, antes de ir a la batalla, respondió: "No temo a nada, pues Dios está conmigo".[7] Como resultado, el sitio de Orleáns fue quebrado, con lo cual se preparó el camino para la victoria en otras cuatro batallas, y hasta Reims, donde Carlos VII fue coronado.

Lamentablemente para Juana, por alguna razón desconocida, el nuevo rey le quitó su apoyo después de ser coronado. Ella fue, luego, capturada en una batalla y vendida como prisionera a los ingleses a quienes había vencido en la batalla en numerosas ocasiones. Después, la acusaron de bruja, afirmando que las voces que ella escuchaba eran la voz de Satanás, y de hereje, por vestir ropas de hombre. Fue indagada repetidas veces por los teólogos, a quienes siempre dio respuestas muy claras y presentó una defensa del llamado sobre su vida. Pero, finalmente, fue condenada por hereje y, a los diecinueve años, quemada viva en la hoguera.

Su ejecutor recibió instrucciones de no practicar la misericordia habitual de estrangular al prisionero apenas las llamas comenzaran a extenderse, por lo cual, Juana estuvo totalmente consciente al enfrentar el fuego. Al morir, pidió tener el crucifijo ante sus ojos y pronunció repetidas veces el nombre de Jesús. El coraje que demostró en su muerte conmovió a muchos hasta las lágrimas. Se dice que algunos hasta se convirtieron a Cristo, y otros afirmaron haber visto el nombre de Jesús escrito en las llamas, y a una paloma blanca salir volando del fuego. El veredicto en su contra fue, luego, revertido por la iglesia, quien la canonizó como "santa" para la iglesia católica en reconocimiento de su vida de pureza, fortaleza y profundo amor por Dios.[8]

Desde sus humildes comienzos como una campesina común que escuchó la voz de Dios, Juana se convirtió en una gran líder militar de Francia que cambió el curso de la historia. No la detuvieron ni su género, ni su edad; ella obedeció el mandato de Dios sobre su vida. Como Débora, la conmovieron la desesperanza y la derrota que vivía su pueblo, y tomó la determinación de seguir la guía del Espíritu de Dios para producir un cambio. Estas mujeres dirigieron a generales, inspiraron a ejércitos y cambiaron gobiernos por voluntad de Dios. Ambas fueron inspiradas por la voz profética de Dios, que les dio coraje para destruir las trampas del enemigo y llevar el pueblo a la victoria. Se dice que Juana escuchó a Dios decirle: "¡Hija de Dios, avanza, avanza, avanza! Yo seré tu ayuda. ¡Adelante!". Y ella dijo: "¡Cuando escucho esta voz, siento tan grande gozo que desearía poder escucharla siempre!".[9]

Las Déboras modernas debemos levantarnos y adquirir esa misma capacidad de escuchar la voz de Dios y enfrentar el desafío de producir un cambio. Debemos escuchar esa misma voz que nos dice: "¡Hija de Dios, avanza, avanza, avanza! Yo seré tu ayuda. ¡Adelante!'". Debemos permitir que nos consuma nuestro amor por Dios y la obediencia a su llamado. Aunque quizá no se nos pida morir como mártires, podemos morir diariamente a las cosas que nos dejarían fuera de su voluntad para nuestra vida: el yo, los planes y las ambiciones humanas, la inseguridad y el temor. El coraje no es ausencia de miedo, sino la capacidad de enfrentar el miedo y vencerlo. Debemos ser como Juana, que cuando se le preguntó sobre la misión a la que Dios la había llamado, afirmó: "¡Nací para esto!". ¡Déboras, nacimos para marcar una diferencia!

Notas:

1. *Strong's Concordance.*
2. *Strong's Concordance.*
3. *Strong's Concordance.*
4. Herbert Thurston, *"St. Joan of Arc"* (Santa Juana de Arco), The Catholic Encyclopedia, Volumen VIII, edición en línea, 2003 por K. Knight. www.newadvent.org/cathen/08409c.htm.
5. Virginia Frolick, *"The History of Joan of Arc"* (La historia de Juana de Arco), St. Joan Center Website, www.stjoan-center.com/#bio.
6. Frolick, *"The History of Joan of Arc".*
7. Frolick, *"The History of Joan of Arc".*
8. Thurston, *"St. Joan of Ark".*
9. Frolick, *"The History of Joan of Arc".*

CAPÍTULO 15

La historia de Jael, una mujer que dejó clavado su reclamo

Con su unción de coraje, Débora se convirtió en una mujer de influencia e inspiró a muchos otros a ser valientes. Su coraje era contagioso y logró influir en el general Barac, en el ejército de Israel y también en otras mujeres. Jael fue una de estas mujeres que se puso a la altura del desafío de Débora para el cambio. Jael era un ama de casa común. Pasaba sus días lavando, cocinando, limpiando y cuidando a los niños. Pero las cosas se volvían cada vez más difíciles en su comunidad. Los ejércitos del rey Jabín aterrorizaban a los habitantes de esa tierra, especialmente a los israelitas. Aunque ella no era judía, sino quenita, respetaba mucho al "pueblo escogido de Dios", como su ancestro Jetro, que había trabajado con el gran profeta Moisés. Ahora, con Jabín atormentando a Israel, sus propios hijos ya no podían jugar libremente en las faldas de las colinas. Se habían vuelto tristes y deprimidos. Aun su esposo Héber, de la tribu quenita, se había visto obligado a firmar un tratado de alianza con Jabín para que su familia pudiera vivir en paz. Su esposo era un buen hombre, pero estas concesiones habían logrado quebrantar su espíritu. Día tras día, Jael esperaba un cambio.

Jael pasaba sus días perdida en los recuerdos de su infancia, cuando Aod había dirigido al ejército de Israel a espectaculares victorias. Esos eran tiempos de gran celebración y fiestas en toda la tierra. Su mamá y su papá la llevaban con frecuencia ver a sus abuelos en una aldea cercana. Siempre había mucha comida y amigos que venían de visita. ¡Oh, cómo habían cambiado las cosas! Ahora era demasiado peligroso visitar a la familia que vivía en otras aldeas. Ni siquiera los amigos que vivían al otro lado de la colina venían a visitarlos. La comida escaseaba, y era demasiado peligroso que su esposo fuera a buscar más alimento. Pero algo se agitaba entre los hombres de Israel. Aunque ella no vivía entre las tiendas israelitas, escuchaba los rumores. Parecía que la nueva jueza –esa mujer, Débora– estaba llamando a los hombres a la batalla. Decían que ella tenía un mensaje de Dios, y que Él los iba a liberar de la cruel mano de Jabín. Jael hasta escuchó que Débora iba a ir a la batalla con ellos. ¿Una mujer en el campo de batalla? ¡Era algo inaudito! Pero, por alguna razón, esto aparentemente les daba valor a los hombres, y todos respetaban la capacidad de Débora para escuchar palabra de Dios.

Mientras observaba a los hombres que se movilizaban para la lucha, Jael pensaba que todo esto era una locura. Cuando Jabín llegó a ser rey, obligó a todos los hombres de Israel a entregar todas las armas que poseían. No había lanzas ni escudos en toda la nación. Además, Sísara, el general de las fuerzas de Jabín, era un hombre cruel. Nadie se metía con él. Tenía carros con caballos y las armas más modernas de la época. Cuando reunía a su ejército, parecía que tenía tantos hombres como arena en el mar. Sin embargo, los hombres de Israel parecían ansiosos por salir a luchar. Su Dios seguramente les había dado un plan para la victoria.

Durante el transcurso de ese día, Jael esperó, prestando atención para saber qué sucedía. Todas las tropas se habían reunido junto al río Quisón, que estaba a poca distancia de su tienda. Entonces, en la mitad del día, hubo una especie de conmoción: repentinamente, el cielo se volvió negro como si fuera de noche. Jael nunca había visto una tormenta igual. Parecía que el cielo mismo se había abierto sobre su cabeza. Mientras se refugiaba en su tienda, vio que el cielo estaba aun más negro en dirección a Meguido, un afluente del Quisón. "Señor, ayuda a tu pueblo, los israelitas, a permanecer firmes contra este enemigo tan poderoso", oró.

Lo que ella no sabía era que, en ese preciso instante, Dios estaba ayudando a los israelitas. Los cielos luchaban para la causa de Israel. Dios abrió los cielos, y la lluvia se desplomó sobre el Quisón. El río desbordó, y muchos soldados de Sísara fueron arrastrados por la corriente. Los que quedaron corrieron a Meroz, donde el mismísimo ángel de Jehová se levantó para luchar junto con los ejércitos de Israel. ¡Dios logró su victoria!

Oh SEÑOR, cuando saliste de Seír, cuando marchaste desde los campos de Edom, tembló la tierra, se estremecieron los cielos, las nubes derramaron agua. Temblaron las montañas al ver al SEÑOR, el Dios del Sinaí; al ver al SEÑOR, el Dios de Israel (...) Desde los cielos lucharon las estrellas, desde sus órbitas lucharon contra Sísara. El torrente Quisón los arrastró; el torrente antiguo, el torrente Quisón. ¡Marcha, alma mía, con vigor! Resonaron entonces los cascos equinos; ¡galopan, galopan sus briosos corceles! "Maldice a Meroz —dijo el ángel del SEÑOR—. Maldice a sus habitantes con dureza, porque no vinieron en ayuda del SEÑOR, en ayuda del SEÑOR y de sus valientes (Jueces 5:4-5, 20-23).

De repente, Jael vio hombres que huían desde el Quisón. Eran soldados de Sísara. ¡Pero... mira! ¡Detrás de ellos iba el ejército israelita persiguiendo a los cananeos!

Sísara: nuestro enemigo espiritual

Entonces, lo vio: Sísara, "el hombre de los carros de hierro", venía en dirección a ella. ¿Qué debía hacer? ¿La mataría? ¿Dónde estaban los soldados de Israel para ayudarla? Jael miró a su alrededor y se dio cuenta de que estaba sola. Pero había que hacer algo, y parecía que ella era la única que podía hacerlo. Rápidamente, corrió a la puerta de su tienda y llamó a Sísara. "¡Sísara, ven! Yo te esconderé en mi tienda. Nadie te encontrará aquí". Sísara aceptó su invitación y se refugió en la tienda.

Esta es la parte de la historia que muchos no comprenden. ¿Hizo bien Jael en recibir a este hombre en su tienda bajo las reglas de la hospitalidad (recordemos que Héber tenía un pacto de paz con Jabín) y luego hacerle daño? ¿Es este un acto de valentía o de traición? ¿Por qué Débora declara que Jael es una heroína, diciendo "bendita sea", si mató a un hombre que se había refugiado en su casa? Sabemos que Dios profetizó por medio de Débora a Barac que la victoria de esta batalla vendría por mano de una mujer, así que debemos deducir que Dios tenía un plan que inspiró a Jael actuar con gran coraje arriesgando su vida y destruyendo por completo al enemigo de Israel.

Primero, debemos reconocer que Sísara es una figura de un enemigo espiritual demoníaco, no un enemigo contra el cual podamos luchar con carne y hueso. Su nombre significa "apresto para la batalla",[1] por lo cual sabemos que es un símbolo de nuestro enemigo –el diablo–, que desea destruir al pueblo de Dios. La Palabra nos da constantemente permiso para atacar agresivamente a nuestro opresor espiritual, el diablo. Pero cuando tratamos con personas de carne y hueso, Jesús nos enseña que debemos actuar según el principio de los opuestos.

Pero yo les digo: Amen a sus enemigos y oren por quienes los persiguen (Mateo 5:44).

Porque nuestra lucha no es contra seres humanos, sino contra poderes, contra autoridades, contra potestades que dominan este mundo de tinieblas, contra fuerzas espirituales malignas en las regiones celestiales (Efesios 6:12).

Las armas con que luchamos no son del mundo, sino que tienen el poder divino para derribar fortalezas. Destruimos argumentos y toda altivez que se levanta contra el conocimiento de Dios, y llevamos cautivo todo pensamiento para que se someta a Cristo. Y estamos dispuestos a castigar cualquier acto de desobediencia una vez que yo pueda contar con la completa obediencia de ustedes (2 Corintios 10:4-6).

Es dudoso que Jael tuviera conocimiento de estos principios espirituales, pero sí sabía que debía elegir entre respetar un tratado de paz hecho con el diablo (Jabín y Sísara) y estar en paz con Israel y con su Dios. De la misma manera, hoy, Dios está levantando a otras mujeres como Jael, que debemos estar dispuestas a romper nuestro propio tratado de paz con el diablo y entregarnos por completo a nuestro pacto con Dios. Algunas se han retirado de la batalla espiritual y han negociado con el enemigo: "Diablo, te dejaré en paz si dejas en paz a mi familia", o "si dejas en paz mi economía" o "si dejas en paz mi matrimonio". El problema es que no se puede hacer un trato con un mentiroso. El diablo siempre faltará a sus promesas, y usted terminará más esclavizada que antes.

Claves espirituales para la guerra espiritual
Lo que Jael hizo a partir de este punto nos da algunas claves espirituales que revelan cómo enfrentar tiempos de guerra espiritual para derrotar a nuestros enemigos demoníacos.

1. Jael puso su guerra espiritual bajo la cobertura de Dios
Cuando Jael invitó a Sísara a entrar en su tienda, lo cubrió con una manta. Esto significa cubrir a nuestro enemigo con la sangre de Cristo y la mano ungida de Dios. El diablo no tiene cobertura propia. Job 26:6 dice: *"El Seol (infierno) está descubierto delante de él, y el Abadón no tiene cobertura"* (RVR 1960). Dios le quitó su cobertura a Lucifer, el "querubín protector", cuando lo arrojó a la Tierra como juicio. (Ver Ezequiel 28:16). Por lo tanto, cuando extendemos nuestra cobertura –que es la unción de Dios, la gloria del Señor y la sangre de Jesús– sobre nuestra guerra espiritual, esto pone al enemigo en sujeción a esa autoridad. También hace que se descubran todas las obras de las tinieblas y las estrategias del infierno que fueron puestas en marcha para lograr nuestra caída. No debemos temer, ya que Salmo 91:4 dice:

"pues te cubrirá con sus plumas y bajo sus alas hallarás refugio. ¡Su verdad será tu escudo y tu baluarte!".

Es muy importante que hagamos guerra espiritual con sabiduría. No es prudente correr a arrojarle el guante a cada espíritu territorial que discernimos para provocarlo a la lucha. Si nos sometemos a Dios y nos ponemos bajo su cobertura, su autoridad –y, generalmente, la autoridad de otros líderes espirituales–, estaremos seguras, protegidas y seremos victoriosas.

2. *Jael le dio a Sísara "la leche de la palabra" que lo dejó inconsciente*
Sísara le pidió algo de beber a Jael, y ella, en lugar de darle simplemente agua, le dio *leben*, una bebida árabe hecha de leche fermentada.[2] Su fermentación tiene un efecto casi embriagador. Esta leche podría ser una figura de los principios más básicos de La Palabra de Dios.

En realidad, a estas alturas ya deberían ser maestros, y sin embargo necesitan que alguien vuelva a enseñarles las verdades más elementales de la palabra de Dios. Dicho de otro modo, necesitan leche en vez de alimento sólido. El que sólo se alimenta de leche es inexperto en el mensaje de justicia; es como un niño de pecho. En cambio, el alimento sólido es para los adultos, para los que tienen la capacidad de distinguir entre lo bueno y lo malo, pues han ejercitado su facultad de percepción espiritual (Hebreos 5:12-14).

... deseen con ansias la leche pura de la palabra, como niños recién nacidos. Así, por medio de ella, crecerán en su salvación (1 Pedro 2:2).

En este pasaje, vemos que se da leche a quienes son bebés en Cristo. Esto significa que aun el cristiano más joven puede tener victoria sobre el diablo cuando se le dan los "principios de leche" de La Palabra. Cuando el enemigo viene contra nosotros y lo combatimos con La Palabra de Dios, esta tiene el poder de voltearlo y dejarlo inconsciente. Cuando hablamos La Palabra, oramos La Palabra y decretamos La Palabra, ella inmoviliza al enemigo. Lo pone a nuestra merced, en lugar de que él nos controle. La Palabra de Dios es tanto su palabra escrita (*logos*) como la palabra hablada, inspirada (*rhema*). Tiene el poder de producir una ruptura en toda situación. Podemos declararle un versículo bíblico o citar una promesa profética que se nos haya dado. Esto es lo que hizo Jesús cuando el diablo fue a tentarlo. Jesús respondió a cada tentación diciendo: "Escrito está:...". Cuanto más escondemos La Palabra de Dios en nuestro corazón, más fácil será citar sus promesas la próxima vez que el enemigo golpee a nuestra puerta.

3. *Jael dejó clavado su reclamo*

Cuando Sísara se durmió, Jael supo lo que debía hacer. Si le permitía vivir, él iba a continuar aterrorizando las tierras de su pueblo y de Israel, y sus hijos nunca volverían a tener libertad para jugar. Si lo mataba, posiblemente arriesgara su propia vida, porque el rey Jabín podía vengarse de ella cruelmente. Por otra parte, el rey de Israel podría darle una victoria completa a su pueblo contra Jabín, y toda la tierra tendría paz. Entonces, recordó a la jueza Débora, una mujer en el campo de batalla. Si Dios podía ayudar a Débora a hacer algo tan osado y valiente para dar libertad a su nación para las generaciones futuras, quizá ese mismo Dios le diera a ella el coraje que necesitaría para terminar la tarea. De repente, Jael sintió una oleada de confianza: ella podía marcar una diferencia en esta batalla.

Jael se preguntó: "¿Qué tengo en esta tienda con lo que pueda derrotar a Sísara?". Y se dio cuenta de que no tenía armas de guerra, ni espada ni lanza. Pero ¿había algo que pudiera usar para vencerlo? Entonces, se le ocurrió una idea: podía usar un martillo y una estaca de su tienda. Estaba acostumbrada a usar esas herramientas. Sabía cómo sacar las estacas cuando su pueblo levantaba campamento, y sabía usar el martillo y la estaca para sacar la maleza y demarcar su nuevo territorio.[3] Esta vez, se trataba de clavar su estaca con un propósito completamente distinto.

Mientras Sísara dormía, Jael se acercó en silencio a él, sabiendo que, si despertaba, la mataría inmediatamente. Con cuidado, apoyó la estaca sobre su sien, levantó el martillo con la otra mano y descargó un fuerte golpe. Sísara murió instantáneamente. Con esa estaca, Jael aseguró el futuro de sus hijos; y con ese acto de valor, aseguró la libertad de toda una nación. Jael dejó clavado el reclamo de su herencia espiritual.

Llamadas a dar batalla

Es cierto que esta es una historia bastante cruenta; pero no podemos darnos el lujo de comportarnos como damiselas impresionables. Por el contrario, debemos despertar al llamado de guerra que lanza como trompeta el Espíritu de Dios. Allí, en el patio de su casa, puede haber un Jabín o un Sísara luchando en contra del futuro y el destino de sus hijos. Sea que se manifieste en un espíritu de temor y violencia, o que capture su mente para someterla, no se equivoque: ¡estamos en guerra!

En su libro *Women on the Front Lines* (Mujeres en el frente de batalla), Michal Ann Goll lanza el desafío de responder a este llamado de trompeta a levantarnos y ser héroes.

Vivimos en una época en que, lamentablemente, escasean los héroes. Piense un poco. ¿A quién podemos considerar un héroe en la actualidad? Sin duda, hay algunos, ¡pero son muy difíciles de encontrar! El profeta Isaías vio que, cuando un pueblo cae bajo juicio, Dios quita a los líderes sabios de la Tierra: el héroe, el guerrero, el juez, el profeta, el anciano y otros. (Ver Isaías 3:1-4). En un tiempo de restauración, Dios los devuelve a la Tierra. Ahora, estamos entrando en uno de esos tiempos de restauración, y el Señor nos llama a ser héroes. Él nos prepara para un tiempo que pronto llegará en que el mundo clamará por héroes que estén en contacto con el corazón y la mente de Dios.[4]

Algunas mujeres son llamadas a ser Déboras y guiar a otros al campo de la batalla espiritual. Otras son llamadas a ser Jael. Son amas de casa comunes que se convierten en heroínas extraordinarias bajo la unción del Espíritu de Dios, que responden a un llamado a producir un cambio. Estas mujeres quizá nunca se planten frente a una multitud o lideren un gran movimiento, pero impulsarán la causa del cambio en el sistema escolar o en su comunidad, su gobierno local o aun en su propia familia. Como Jael, estas mujeres buscarán sus armas en sus propias tiendas: armas espirituales como alabanza y oración, o no tan espirituales, como la Internet y el teléfono. Usarán todos los medios que tengan a su alcance para defender una causa justa contra la creciente marea de mal que intenta inundar su tierra. Son guerreras de la causa de Cristo.

¿La ha llamado Dios a ser una Débora? Quizá usted se ve a sí misma más como una Jael. Sea cual fuere la mujer con la que se identifique más, es importante que responda al llamado. Despierte a la heroína de la fe que vive dentro de usted y crea osadamente que usted puede marcar una diferencia.

Mujeres que marcan una diferencia por su coraje

IQBAL MASSEY

La madre Teresa levantaba a las personas de las zanjas y los basurales, las llevaba a su hospital y las cuidaba con amor, aunque la mayoría de sus pacientes morían en cuestión de días o semanas. Un reportero le preguntó una vez por qué gastaba sus limitados recursos en personas para las cuales no había esperanza. La madre Teresa respondió dulcemente: "Estas personas fueron tratadas como perros durante toda su vida. Su enfermedad más grave es sentir que nadie las quiere. ¿No tienen derecho a morir como ángeles?".

Recordé esta historia hace poco, mientras estaba en un centro de costura, entregándole una máquina de coser a una jovencita que lloraba amargamente. La habían atrapado justo en el momento en que se derramaba querosene encima para suicidarse. Era una pobre jovencita que trabajaba en un hogar musulmán donde la dueña la golpeaba, y los hombres la violaban. Un día, escapó de esa casa y le contó a su madre cómo la trataban allí. Ambas se pusieron a llorar. Entonces, apareció la policía para arrestarla. La familia musulmana la había acusado falsamente ante la policía de robar mil rupias (unos ciento sesenta dólares) y algunas joyas de la casa. Dios usó a un abogado cristiano de ese lugar para defenderla, y la joven volvió a su casa, pero ya sin esperanza ni futuro. Dado que había sido violada y había estado en la cárcel, ningún hombre querría pedir su mano en matrimonio. En esa cultura, una joven que ha sido violada no tiene esperanzas. Ella simplemente quería acabar con su vida.

El Señor me guió a abrir centros de costura para las jovencitas cristianas pobres y sin educación que han sido violadas, golpeadas o no tienen adónde ir. En estos centros, las jóvenes aprenden que Jesús las ama, que murió por ellas y las perdonó. Sus sentimientos de culpa (¡totalmente infundados, por cierto!) son lavados por la sangre de Jesús.

No solo trabajan en un ambiente cristocéntrico, rodeadas de amor incondicional, sino que pueden ganar dinero para dar a sus familias pobres. Los centros de costura realmente han marcado una diferencia en las vidas de estas jovencitas. Allí reciben aliento y trabajan con esperanza. Por ello, llamamos a estos lugares "centros de esperanza". En cada centro, hay veinte máquinas para veinte alumnas y dos maestras: una que les enseña a coser, y otra que les enseña a leer y escribir.

Alquilamos un cuarto en un hogar cristiano por razones de seguridad. Hay aproximadamente veinte centros en Pakistán, y tenemos planes de abrir más, porque la necesidad es mucho más grande que los recursos que tenemos actualmente. Los centros de costura se están haciendo muy populares, ya que ayudan económica y espiritualmente a las jóvenes y las viudas pobres. Allí aprenden a leer La Biblia con un programa de alfabetización de adultos; a orar, a cantar breves canciones bíblicas e historias bíblicas. Las jovencitas que llegan a los centros de esperanza con los ojos llenos de lágrimas y enfrentando un futuro oscuro se transforman ante nuestros propios ojos en vivaces cristianas enamoradas de Jesús. Eso es lo que marca la diferencia en sus vidas.

Yo provengo de esa cultura, y sé lo que es el trauma de ser una mujer en un mundo de varones. No es de extrañarse que haya llanto en la familia cuando nace una niña. Las mujeres son consideradas inferiores, física, cultural y aun religiosamente. Viven, se mueven y se desarrollan en medio de esta cultura hostil que prefiere a los niños antes que a las niñas. El temido sistema de la dote también es una maldición. Es difícil para los padres y un lento veneno para las jovencitas que tienen que soportar las críticas por no haber aportado una dote considerable a la familia del novio.

Cuando acepté a Cristo en la escuela del convento donde yo enseñaba, un gozo y una paz inexplicables llenaron mi corazón. Mi primera oración de rodillas fue: "Señor, hay cientos de miles de jovencitas pakistaníes como yo que anhelan esta paz". Yo quería gritar sobre los derechos de las mujeres, pero un "pegamento cultural" sellaba mis labios. Oré: "Señor, ayúdame a compartir esta paz con otras jovencitas de mi país". Y Dios respondió mi oración. Unos días después, *se arregló mi matrimonio con el hombre en cuya reunión escuché por primera vez cómo podía tener una relación personal con Dios a través de Jesucristo. Gloria a Dios, que me dio un esposo y un ministro para servir con él.*

Nuestra área de servicio es el Oriente Medio y el mundo musulmán, donde las mujeres son ciudadanas de segunda clase. Son consideradas posesión de los hombres, y predominan el sistema del velo, y el ego y el orgullo del varón. Tengo una profunda compasión que me mueve a llevar a las mujeres el mensaje del amor de Cristo. Les imploro con palabras de La Biblia explicándoles que Dios nos hizo iguales y sobre los derechos que tiene la mujer. Les enseño ejemplos bíblicos de muchas mujeres de Oriente Medio que marcaron una diferencia en sus naciones en decadencia.

En cierta ocasión, oré y ayuné durante tres semanas mientras estábamos en Irán. Entonces, el Señor me ayudó a iniciar un ministerio para mujeres en Oriente Medio y Asia Central. Creo que a medida que las mujeres cambian, las familias cambian, y las comunidades cambian. Las personas influyen sobre quienes tienen a su alrededor para cambiar las cosas. Dios hizo a las mujeres para que fueran una ayuda, y creo que las mujeres pueden ser la columna vertebral de la familia, la comunidad y el país.

Los objetivos principales de nuestro ministerio son la oración y el ayuno, el evangelismo y el discipulado, la capacitación de las personas de cada país, plantar iglesias y ayudar a las iglesias débiles para que aprendan a cumplir 2 Timoteo 2:2. Dado que la oración es mi prioridad, he comenzado a armar grupos de oración. Si los cristianos aprenden a hacer su parte orando, el Señor hará la suya moviéndose en el mundo musulmán. Para alcanzar para Cristo al mundo musulmán, debemos estar de rodillas, orando y ayunando. Dios utiliza los grupos de oración y estudio bíblico para cambiar cosas. Nosotros animamos a nuestros hermanos y hermanas cristianos a ayunar todos los primeros viernes y a orar con diligencia por el mundo musulmán. A veces, seguimos programas de cuarenta días de ayuno, en los que elegimos específicamente a cuarenta personas de un área o de la Escuela

Dominical y le pedimos a cada una que elija un día en particular para orar y ayunar, de modo que durante cuarenta días continuos haya oración y ayuno. Si no tenemos cuarenta personas, empezamos con menos y les pedimos a algunos que oren y ayunen dos o tres días, según el Señor nos guíe.

Los centros de costura, los grupos de oración, los períodos de ayuno y oración por el país, la comunidad, la iglesia, los niños y las actividades evangelísticas están marcando una diferencia en muchas vidas. Dios quiere moverse con poder en las naciones de la Tierra, entre ellas, en los países musulmanes. Debemos trabajar con Él para que sus planes se cumplan.

Iqbal Massey y su esposo Kundan son misioneros nacionales que trabajan con United World Missions en Oriente Medio, Asia Central y Pakistán. Han abierto más de veinte Centros de Esperanza (centros de costura) en Pakistán y viajan por todo el Oriente Medio para capacitar líderes y conducir cruzadas evangelísticas. Viven en Corona, California.

Notas:

1. *Brown Driver Briggs Hebrew Lexicon*.

2. Jamieson, Fauset y Brown.

3. *Matthew Henry's Commentary on the Whole Bible in One Volume, New Modern Edition* (Comentario de Matthew Henry sobre toda La Biblia en un solo volumen, nueva edición moderna), base electrónica de datos, Hendrickson Publishers, Inc., copyright © 1991.

4. Michel Ann Goll, *Women on the Front Lines* (Mujeres en el frente de batalla), Destiny Image Publishers, Inc., Shippensburg, 1999, p. 145.

Capítulo 16

Desmantelemos la fortaleza del temor

Cuando Dios nos habla sobre nuestro llamado o destino, puede parecer que lo que Él nos dice es demasiado imposible de lograr. Pero debemos recordar siempre que la perspectiva de Dios y nuestra perspectiva, generalmente, son dos cosas diferentes. Las palabras como "imposible" y "no se puede", sencillamente, no forman parte del vocabulario de Dios.

Por definición, valor no es la ausencia de temor, sino "la capacidad de enfrentar el peligro sin ceder al temor".[1] No debemos sentirnos condenados porque esté presente el temor; más bien, lo importante es lo que hacemos cuando sentimos temor. ¿Continuamos avanzando hacia la libertad y la victoria, o nos rendimos, nos entregamos y nos retiramos?

Haciendo referencia una vez más al libro *Women on the Front Lines*, vemos que Michal Ann Goll revela de dónde proviene nuestro coraje y cómo Dios debe ser el origen de nuestra fortaleza.

El coraje surge de la seguridad de saber quién es Dios y quiénes somos nosotras en relación con Él. Cobramos valor en el Señor, no por quienes somos ni por lo que tenemos, sino por la presencia suya que habita en nosotros a través del Espíritu Santo. Por nosotras mismas, somos débiles y nada podemos hacer. Pero dado que Él mora en nosotras, tenemos su poder, sabiduría y valor (…) El coraje surge de la confianza en la visión que el Señor nos ha dado; proviene de ese lugar quieto de contemplación ante el Señor donde Él nos visita y nos habla. El coraje proviene de gloriarnos en nuestras debilidades y descansar en la fortaleza de Dios.[2]

Para tener acceso a nuestro llamado en toda su plenitud, debemos estar dispuestas a enfrentar nuestros temores. La expresión "no temas" aparece más de cien veces en La Biblia. ¿Por qué? Porque Dios sabía, cuando nos escribió, que tendríamos motivos para sentir temor.

Coraje para poseer

En Josué, capítulo 1, Dios dice a Josué que avance a poseer la tierra que Él ya le había entregado. También le dice cuatro veces en ese capítulo que se esfuerce y sea valiente. ¿Por qué le dice esto tantas veces, si ya le había dicho claramente que la tierra era de ellos, y que lo único que debían hacer era ir y tomarla? Porque Dios sabía que habría muchas oportunidades en que Josué y el pueblo de Israel, mirando las circunstancias naturales, se sentirían abrumados por la imposibilidad de la situación. Después de todo, había poderosos gigantes en esa tierra, algunos de los cuales medían entre 2,70 y 3 metros.

Dios indicó a Josué que poseyera todo lo que Él les había prometido y que no se conformara con nada menos al otro lado del Jordán. También le hizo saber que tendría que enfrentar sus temores y vencerlos antes de poder vencer a sus enemigos.

Muchas veces, Dios nos dice algo maravilloso de la misma manera que lo dijo a Josué. "Te he dado tu sanidad, tu dinero, tu ministerio y mucho más. ¡No temas, ve y tómalo! Ah, de paso, ¿te dije que tendrás que enfrentar y vencer un par de cientos de gigantes en el camino? Pero no te preocupes. ¡No tengas miedo! Yo ya te dije que podías hacerlo".

La mayoría de nosotros salimos corriendo a la primera señal de oposición. Después, tratamos de convencernos de que la palabra que escuchamos seguramente no provenía de Dios. ¡Cuántas veces nos hemos quedado sin recoger las bendiciones y poseer todo lo que Dios ha puesto a nuestra disposición por una fortaleza de temor que pesa sobre nuestra vida!

La fortaleza de temor

¿Qué es una fortaleza de temor? En pocas palabras, ¡es algo que nos tiene aprisionados! Imaginaciones vanas, convicciones contrarias a Dios, temor del hombre, temor al fracaso, temor al éxito, temor a la muerte, temor al diablo... la lista es inacabable. Debemos aprender a identificar nuestros temores, confrontarlos y destruirlos para ser todo lo que Dios nos ha llamado a ser.

Vencer el efecto paralizante del temor

Hubo un momento en que el apóstol Pablo se dio cuenta de que el joven de quien era mentor en el ministerio no se esforzaba para alcanzar la plenitud de su potencial. Él sabía que Timoteo tenía muchos dones que le habían sido impartidos por Dios, pero esos dones estaban dormidos dentro de él. El temor había paralizado los dones de Timoteo y los había vuelto ineficaces.

Por eso te recomiendo que avives la llama del don de Dios que recibiste cuando te impuse las manos. Pues Dios no nos ha dado un espíritu de timidez, sino de poder, de amor y de dominio propio (2 Timoteo 1:6-7).

La Biblia dice claramente que Dios no es el autor del temor. Existe un sano temor de Dios, que surge del respeto y la maravilla por su soberanía. Pero no es este tipo de temor el que controla y domina las vidas de las personas y les impide cumplir su destino. Este tipo de temor proviene del diablo y se forma en nuestra propia mente, en consonancia con los poderes de las tinieblas. Nos atormenta, nos paraliza y nos impide recibir todas las buenas cosas que Dios tiene para nosotros. Es una atadura inmisericorde que nos impide caminar viviendo el gran amor que Él tiene por nosotros.

... sino que el amor perfecto echa fuera el temor. El que teme espera el castigo, así que no ha sido perfeccionado en el amor (1 Juan 4:18, énfasis agregado).

Por la unción de su Santo Espíritu, Dios nos ha dado el poder para ser libres de los atormentadores espíritus de temor. Cuando rompemos el acuerdo con el poder del temor y recibimos, en cambio, el poder de Dios para librarnos y hacernos libres, Dios libera fe –que es lo opuesto del temor– para entrar y poseer nuestra promesa.

*... y **librar** a todos los que por **temor** a la **muerte** estaban sometidos a esclavitud durante toda la vida* (Hebreos 2:15, énfasis agregado).

Espíritu de pioneras

Los pioneros son quienes se aventuran en territorios no marcados para explorar y descubrir las cualidades de esa región. Enfrentan un mundo de incierto peligro para establecer su nueva tierra y hacerla fructífera. Son personas que tienen un espíritu de aventura y que están dispuestas a arriesgar la seguridad para obtener una mejor forma de vida. ¡Los pioneros son valientes!

Débora era una pionera. Su rol como primera mujer jueza y su tarea de liderar un ejército eran experiencias nuevas, no solo para ella, sino para muchos en su nación. Débora podía haber elegido una vida de comodidad en lo conocido y haberse negado a aceptar su llamado, pero tenía un espíritu de aventura que la impulsó a hacer algo que nadie había visto antes. ¡Débora corría riesgos!

Los pioneros, generalmente, son líderes. Las personas siguen a quienes tienen un espíritu valeroso. Muchos asentamientos del lejano oeste estadounidense nacieron con solo un par de familias pioneras que se abrieron paso a través de muchas pruebas, oposiciones, privaciones y adversidades para instalarse en esa tierra. Después, otros siguieron el camino que ellos habían marcado y compartieron las bendiciones de la tierra. El espíritu pionero de Débora hizo que muchos siguieran su ejemplo de coraje. Al actuar con valentía, ella también impartió coraje, tanto a aquellos que la rodeaban directamente, como a toda la nación.

El general Barac obedeció la palabra de Dios y tomó del coraje de Débora para lograr la victoria. El ejército de los diez mil soldados llegó a convencerse de que podían ganar, aun con todo en su contra, porque el coraje de Débora y Barac era contagioso. Por su valentía, nacida de su fe y confianza en Dios, se devolvió el coraje a los ejércitos de Israel.

El temor es contagioso; ¡pero también lo es el coraje! Dios busca a quienes estén dispuestos a orar como oró el profeta Isaías: *"… Aquí estoy. ¡Envíame a mí!"* (Isaías 6:8).

Corrie Ten Boom: una mujer valiente

"Dios tiene planes, no problemas, para nuestra vida".[3] Estas son palabras de una mujer verdaderamente valiente: Corrie Ten Boom. Nació el 15 de abril de 1892 en Ámsterdam, Países Bajos y era hija de un relojero holandés. Los miembros de su familia eran devotos cristianos que creían que su fe era algo que debía hacer un impacto en la vida de quienes los rodeaban en su comunidad. Ellos creían que debían marcar una diferencia.

Por ello, su casa siempre estaba abierta a los necesitados. Corrie planificó y dirigió cultos de adoración semanales para personas discapacitadas mentales de su comunidad durante veinte años. También organizó un "club de señoritas" para jovencitas de doce a dieciocho años, donde les enseñaba a divertirse haciendo gimnasia, tocando música y planificando campamentos, además de dirigirlas en estudios bíblicos y oración. Este club luego creció hasta ser conocido como el Club Triángulo, que tocó las vidas de miles de jovencitas en Holanda.[4]

Cuando los alemanes invadieron su pequeña ciudad de Haarlem en 1940, Corrie tenía cuarenta y ocho años y era soltera. Había trabajado en la relojería de su padre y se había convertido en la primera mujer en recibir una licencia como fabricante de relojes. Ahora, la situación en su tierra se complicaba: la ocupación nazi había destruido los medios de vida de muchos, especialmente los judíos. Pero los Ten Boom continuaban abriendo su corazón y su hogar a quienes estaban en necesidad.

Cuando la persecución a los judíos aumentó, la familia comenzó a esconder a algunos judíos perseguidos en un cuartito que habían construido detrás de una pared falsa en la habitación de Corrie. El cuartito tenía solo cuarenta y cinco centímetros de ancho, pero podía ocultar a siete personas durante varios días. Corrie oraba, y Dios proveía milagrosamente lo necesario para sobrevivir, como tarjetas para obtener raciones de comida para poder alimentar a sus huéspedes. La familia también instaló una radio (lo cual estaba prohibido y era ilegal) para seguir las noticias y armó un sistema de advertencia para que sus amigos judíos pudieran esconderse rápidamente en caso de urgencia. Además, Corrie ayudó a establecer un sistema clandestino para que multitud de judíos pudieran escapar. Antes de ser capturada y arrestada, ya había organizado ochenta hogares que ayudaron a los judíos a escapar de una muerte segura en manos de los nazis.[5]

En 1944, un vecino traicionó a la familia Ten Boom, cuyos miembros fueron arrestados y enviados a campos de concentración. El padre de Corrie murió solo diez días después, mientras Corrie y su amada hermana Betsy pasaron los siguientes diez meses en tres prisiones diferentes, la peor de las cuales fue Ravensbruck, cerca de Berlín, Alemania. Allí, vivieron en la barraca veintiocho, infestada de pulgas, que había sido construida para alojar a cuatrocientas mujeres y donde se hacinaban mil cuatrocientas.[6] Las obligaban a realizar trabajos agotadores, y la alimentación era escasa. Pero fue allí, en esta barraca que daba al crematorio del campo, donde Corrie habló del evangelio a cientos de mujeres y las llevó a Cristo. Les dio el mensaje del amor de Dios y el poder que es dado a los creyentes para perdonar a sus enemigos. La barraca veintiocho llegó a ser conocida como "ese loco lugar donde aún tienen esperanzas".[7]

La hermana de Corrie, Betsy, no sobrevivió a la vida en el campo de concentración; fue a encontrarse con su Señor pocos días antes de la Navidad de 1944. Pero antes de abandonar esta Tierra, le dio a Corrie una palabra profética de dirección que iba a marcar el curso de su vida. Le dijo: "Debemos contar lo que hemos aprendido allí. Ningún pozo es más profundo que el amor de Dios. La gente nos escuchará, porque nosotras lo vivimos".[8] También le describió dos visiones. En la primera, ella veía una hermosa casa donde los sobrevivientes de los campos de concentración podían ir a sanarse física, emocional y espiritualmente. En la segunda, veía un campo de concentración nazi convertido en un lugar donde los alemanes que habían sido dañados por la perversa doctrina del odio nazi podían transformar sus vidas. Corrie llegó a ver cumplidas estas dos visiones antes de morir.[9]

En diciembre de 1944, unos pocos días después de la muerte de su hermana Betsy, Corrie fue apartada durante el pase de lista y se le pidió que se reportara a los guardas de la prisión. Ella pensó que tal vez fuera su turno de morir. Pero, en cambio, el guarda le dijo: "*Entlassen*", que significa "liberada". Gracias a un error administrativo, Corrie fue liberada ese mismo día. Después, descubrió que todas las mujeres de ese campo fueron asesinadas cruelmente esa misma semana. Dios liberó a Corrie de ese "infierno en la Tierra" para que pudiera predicar el mensaje del amor de Dios por todo el mundo.

Después de ser liberada, Corrie pasó los treinta años siguientes viajando a más de sesenta países, predicando reconciliación y perdón. Descubrió que aquellos que podían perdonar a quienes los habían golpeado, los habían torturado y les habían robado su vida eran los que mejor podían reconstruirlas. Corrie escribió nueve libros, de los cuales, el más famoso es *El refugio secreto*. También produjo cinco películas.

Corrie Ten Boom fue una mujer que inspiró a muchos a tener una relación de amor con Jesús y enseñó al Cuerpo de Cristo sobre el verdadero perdón. Ella fue ejemplo de una vida en la que el creyente puede estar lleno de gozo en lugar de amargura aun en medio de tiempos difíciles. Ella misma lo expresó de la mejor manera cuando dijo:

La escuela de la vida ofrece algunas asignaturas difíciles, pero es en la clase difícil que uno aprende más…, especialmente cuando nuestro maestro es el Señor Jesucristo. Las lecciones más duras de mi vida las aprendí en una celda, entre cuatro paredes (…) Después de pasar ese tiempo en la prisión, todo el mundo se convirtió en un aula para mí.[10]

¡Corrie Ten Boom fue una mujer de gran valentía, que marcó una diferencia!

Notas:

1. *Webster's Dictionary of the English Language*.

2. Goll, *Women on the Front Lines*, p. 26.

3. In Touch Ministries (Ministerios En Contacto), *The Joy Filled Life, Corrie Ten Boom* (La vida llena de gozo de Corrie Ten Boom), www.intouch.org/myintouch/mighty/portraits/corrietenboom159770.html.

4. www.en.wikipedia.org/wiki/CorrietenBoom.

5. David Wallington, *The Secret Room, The Story of Corrie Ten Boom* (El cuarto secreto: La historia de Corrie Ten Boom), Soon Online Magazine, www.soon.org.uk/true_stories/holocaust.htm

6. Wallington, *The Secret Room, The Story of Corrie Ten Boom*.

7. Corrie Ten Boom, *El refugio secreto*, Editorial Vida, Miami, 1999.

8. Ten Boom, *El refugio secreto*.

9. Goll, *Women on the Frontlines*, p. 123-124.

10. In Touch Ministries, *The Joy Filled Life*, Corrie Ten Boom.

CAPÍTULO 17

Débora, la abeja

Persistencia para vencer

Una de las claves más importantes para vencer el temor es ejercer una paciente persistencia para lograr nuestra meta. El temor intenta paralizarnos, pero cuando activamos los dones que Dios nos ha dado, las ataduras se rompen y son quitadas de nuestra vida. Quienes somos parte de "la Compañía de Débora" entendemos que no tenemos la opción de abandonar. Podemos enfrentar adversidades y dificultades. Podría parecer que los tiempos de Dios no son los nuestros. (¡Y probablemente sea cierto!). Quizá nos sintamos abrumadas por la aparente imposibilidad de la situación, pero ¡jamás adoptaremos una mentalidad de las que se dan por vencidas!

La persistencia de la abeja

El nombre *Débora* significa "abeja".[1] La abeja es un ejemplo de orden, inteligencia, persistencia, paciencia y victoria sobre adversidades y dificultades. Estudiar la naturaleza y el carácter de una abeja nos inspira a alcanzar nuevos niveles, a continuar y a esforzarnos por avanzar. La siguiente cita ejemplifica esta persistencia:

Un apicultor me contó la historia de una colmena: cuando la pequeña abeja está en la primera etapa de su desarrollo, es colocada en una celda hexagonal con suficiente miel depositada allí para que ella coma hasta alcanzar la madurez. La miel se sella con una cápsula de cera, y cuando la diminuta abeja se ha alimentado hasta acabar con la provisión de miel, es que ha llegado el momento de que salga al aire libre. Pero... ¡oh, qué lucha, qué esfuerzo, qué tensión para atravesar esa cera! Es la puerta estrecha para la abeja, tan estrecha que, en la agonía de la salida, la frotación desprende la membrana que escondía las alas de la abeja... ¡y al salir al otro lado, ya es capaz de volar![2]

Así como Débora fue un ejemplo de una mujer que persistió a pesar de las adversidades y los desafíos, quienes somos parte de "la Compañía de Débora" también debemos decidirnos a no permitir que los obstáculos nos desanimen y nos convenzan de abandonar cuando vamos camino hacia nuestro destino. Si la abeja no estuviera dispuesta a luchar para abrirse camino hacia la libertad, quedaría atrapada entre las paredes de cera y moriría. Así como la abeja se esfuerza por salir, también nosotras debemos esforzarnos por descubrir nuestras alas y volar.

*Así que no pierdan la confianza, porque ésta será grandemente recompensada. **Ustedes necesitan perseverar** para que, después de haber cumplido la voluntad de Dios, reciban lo que él ha prometido* (Hebreos 10:35-36, énfasis agregado).

Otra analogía interesante es la de la abeja, siempre ocupada. Quienes somos parte de esta nueva raza estaremos muy ocupadas en los negocios del Reino:

La abejita ocupada. La abeja ha sido calificada, muy correctamente, de "ocupada". Para producir casi medio kilo de miel, la abeja debe visitar 56 000 tréboles. Dado que cada trébol tiene 60 tubos florales, se necesita un total de 3.360.000 visitas para darnos la miel para la mesa del desayuno. Mientras tanto, la abeja obrera ha volado el equivalente de tres vueltas alrededor del mundo. Para producir una cucharada sopera de miel para nuestra tostada, esa pequeña abeja hace 4200 viajes a diferentes flores. Hace, al menos, diez viajes por día al campo; cada viaje dura, en promedio, unos veinte minutos, en los cuales visita 400 flores. Una abeja obrera llega a volar casi 13 km para encontrar el flujo de néctar más cercano. Por lo tanto, cuando creamos que perseverar es tarea difícil, ¡pensemos en la abeja![3]

Pasión por ser liberadas del temor
Siento una verdadera pasión por ver a las mujeres vencer sus miedos y convertirse en mujeres de coraje. Los temores nos roban, nos acusan y nos hacen sentir desesperadas, vencidas, sin esperanza. Lo sé. Una de las batallas más difíciles que enfrenté personalmente fue la de vencer el temor. Sé por experiencia propia cómo el temor puede afectar nuestra vida y disuadirnos de perseguir nuestro destino.

Mirándome desde afuera, quizá nadie se dé cuenta de que he luchado contra el miedo. Siempre demostré una gran seguridad y soy bastante extrovertida. Tendemos a pensar que las personas controladas por el miedo son tímidas y mansas. Pero el hecho es que el temor puede afectar aun a las personas más extrovertidas en los lugares más ocultos de su corazón.

Sea como haya sido nuestra infancia, todos tenemos que aprender a vencer obstáculos. No fui criada con una gran instrucción bíblica, pero mis padres me apoyaban y me amaban, y me dieron un buen fundamento de confianza en mí misma que me permitió enfrentar muchos desafíos. Nos mudamos muchas veces, así que tuve que aprender a enfrentar mis temores de confrontar nuevas situaciones y conocer a personas nuevas. Pero aunque era extrovertida, amistosa y osada, un temor secreto, oculto, me atormentaba. Había sufrido abuso sexual de un vecino en mi niñez. A partir de allí, sufrí muchos temores, intimidación y vanas imaginaciones más adelante, que el Señor debió sanar en mí.

Temores irracionales

El temor trae consigo una gran vergüenza. Después de todo, como adultos con mentes racionales, creemos que deberíamos descubrir los engaños que oculta un espíritu de temor. Así que, cuando nos encontramos luchando contra el temor, generalmente luchamos solos, ya que nos sentimos avergonzados de que algo tan ridículo nos atemorice o nos intimide.

De lo que no nos damos cuenta es que el temor, muchas veces, no es solo una lucha en nuestra mente, sino un espíritu demoníaco que viene a robar, matar y destruir. Los espíritus demoníacos disfrutan de obrar en la oscuridad del engaño y tratan de impedir que obtengamos ayuda agregándonos la vergüenza. Esto encaja con su plan de atarnos en la oscuridad, en lugar de exponer sus tácticas de temor a la luz de la razón, la revelación y el consejo. Ellas alimentan las vanas imaginaciones de nuestra mente, y una vez que el temor y la intimidación echan raíces, sin darnos cuenta, nos ponemos de acuerdo con ellas y las dotamos de poder.

Yo era una mujer adulta, con tres hijos... y tenía miedo a la oscuridad. Era un temor irracional, pero eso no cambiaba el hecho de que, cuando las luces se apagaban, yo quedaba helada de miedo.

Cuando me levantaba a la mitad de la noche para alimentar a alguno de mis bebés, prendía todas las luces entre mi cuarto y el de mi hijo. Después de atender al niño, volvía a mi cuarto apagando las luces a medida que avanzaba. El problema era cuando llegaba a la última luz antes de meterme en la cama. Después de apagarla, aún me quedaban aproximadamente tres pasos que debía dar antes de meterme en la cama. Entonces estaría bien. Pero muchas veces, después de apagar esa última luz, quedaba completamente paralizada de temor.

Me sentía tonta y por eso me resistía a despertar a mi esposo. ¡Era una mujer racional, inteligente! Sabía que no había nada que temer en la oscuridad. Conocía La Palabra de Dios y sabía confrontar a Satanás. Era profetisa y ministra: profetizaba, predicaba, echaba fuera demonios, etc. ¿Por qué tener miedo a la oscuridad? ¡Sencillamente, no era razonable!

Así que lo enfrentaba sola. Me quedaba en la oscuridad, citando pasajes bíblicos una y otra vez. "Dios no me ha dado espíritu de temor, sino de poder, amor, y dominio propio… Dios no me ha dado espíritu de temor, sino de poder, amor, y dominio propio… Dios no me ha dado espíritu de temor…". ¡Y después, generalmente, volvía a prender la luz y me metía en la cama!

Descubrí que había dos cosas que debía hacer para liberarme de ese temor. Primero, debía aprender a detener el proceso antes de que comenzara para no dar lugar a vanas imaginaciones. Debía darme cuenta de que no solo estaba luchando con mi mente, sino con fuerzas malignas irracionales e inmisericordes que me atacaban.

*… pues aunque vivimos en el mundo, **no libramos batallas como lo hace el mundo**. Las armas con que luchamos no son del mundo, sino que **tienen el poder divino para derribar fortalezas**. Destruimos argumentos y toda altivez que se levanta contra el conocimiento de Dios, y llevamos cautivo todo pensamiento **para que se someta a Cristo*** (2 Corintios 10:3-5, énfasis agregado)

Segundo, debía recordar el poder de ponernos de acuerdo. Obviamente, estaba luchando sola para lograr la victoria en esta situación. Dado que me sentía avergonzada y tonta, me resistía a extender una mano hacia mi esposo –que estaba a tres pasos de distancia– para despertarlo y pedirle que orara en acuerdo conmigo. Yo necesitaba recordar lo que La Palabra de Dios dice sobre el poder que se libera cuando dos personas se unen para orar.

¿Cómo podría un hombre perseguir a mil (…)? ¿Cómo podrían dos hacer huir a diez mil (…)? (Deuteronomio 32:30).

*Además les digo que si dos de ustedes en la tierra se ponen de acuerdo sobre cualquier cosa que pidan, **les será concedida** por mi Padre que está en el cielo* (Mateo 18:19, énfasis agregado).

Así que, una noche, después de haber experimentado este terror una vez más, me metí en la cama, desperté a mi esposo y le pedí que orara. Él hizo una oración muy sencilla, tomó autoridad sobre el temor, ¡y luego se dio media vuelta y volvió a dormir! Entonces, me sucedió algo muy extraño. Sentí paz, calma, ¡me sentí libre de temor! Desde aquella ocasión, si siento temor, inmediatamente le pido a alguien que se ponga de acuerdo conmigo, y el poder de ese temor es quebrado y echado fuera.

¿Miedo razonable?

Conté el ejemplo anterior porque parece muy tonto. Tener temor de la oscuridad es completamente irracional. Pero ¿qué de un miedo razonable? No debería ser problema, ¿verdad? ¡No! El temor es un espíritu, y ya sea racional o irracional, puede atormentarnos. El otro gran temor en mi vida era algo que la mayoría de las mujeres consideran razonable. Yo les tenía miedo a las serpientes. Razonable, ¿verdad? Razonable, sí; justo, no. El temor es un espíritu y, por razonable que parezca, comenzará a apoderarse de su vida y atormentarla hasta paralizarla.

Así que el Señor decidió que era hora de que yo fuera libre del espíritu de temor que me ataba. Adivine dónde hizo Dios que nos mudáramos con mi familia hace muchos años… ¡Florida! La capital de las serpientes de los Estados Unidos. No podía caminar hasta mi auto a la noche sin entrar en un pánico total por miedo a las serpientes. Las imaginaciones vanas habían capturado mi mente…, ¡y yo lo había permitido!

El temor puede tener el efecto opuesto de la fe. Con la fe, tenemos esperanza y expectativa de bendición y bien. Con el temor, solo esperamos el mal. Yo esperaba encontrar serpientes, y solo fue cuestión de tiempo para que mis expectativas se vieran cumplidas.

Dios me amó lo suficiente como para hacerme atravesar un tiempo en que debí confrontar mi miedo a las serpientes. Suena maravilloso, ¿verdad? Pero si usted sabe leer entre líneas, sabrá lo que significa. Significa que cada vez que yo miraba a mi alrededor, encontraba una serpiente. Una cayó del techo y aterrizó a mis pies cuando abrí la puerta de entrada a mi casa. Una me esperaba en el camino cuando fui a buscar el auto. Una se deslizó por el césped hasta donde yo estaba jugando con mis hijos. ¡Hasta encontré una entre la ropa para lavar, mientras me preparaba para meter una carga en el lavarropas!

Dios me dejaba bien en claro que Él no iba a permitir que yo diera lugar al temor en ninguna área de mi vida. El temor a la oscuridad era irracional, pero el temor a las serpientes era totalmente razonable para mí. Aun en La Biblia, se representa a Satanás como una serpiente. Sé que dicen que hay serpientes buenas y serpientes malas, pero para mí, ¡la única serpiente buena es una serpiente muerta!

Dios me hizo atravesar el proceso de confrontar este temor, aunque no parecía algo de lo que yo debiera ser liberada. Aprendí que no podemos dividir nuestra vida en compartimentos y creer que el espíritu de temor (o cualquier otra cosa, en realidad) permanecerá confinado a un área y nada más. Ese espíritu comenzará, finalmente, a extenderse y a socavar nuestra fe en otras áreas, hasta que tenga una firme base de apoyo (una fortaleza).

Descubrí que, si deseaba ser usada por el Señor para confrontar a los espíritus de las tinieblas, debía confrontar primero mi temor a las tinieblas naturales. Y para poder exponer las fortalezas ocultas y huidizas del infierno y batallar contra ellas, primero debía confrontar mi miedo a la muerte y al mal. ¿Cómo podría Dios usarme contra las serpientes espirituales si yo temía a las serpientes naturales?

Continúe hasta poseer el resto

Dios está levantando mujeres como Débora, que están dispuestas a confrontar y vencer sus temores e inseguridades para marchar a la batalla. Aunque no sabemos de seguro si Débora blandió una espada, sí sabemos que fue al campo de batalla y llevó a las tropas a la victoria.

Dios está levantando guerreras. Debemos ser llenas de la unción del Espíritu Santo, libres de nuestros propios temores y estar dispuestas a persistir a pesar de las adversidades. Debemos darnos cuenta de que nuestra guerra no solo es para darnos libertad a nosotras misma, sino para transmitir la libertad que Jesús murió para dar a la humanidad: libertad para un mundo perdido y agonizante. No se trata de nosotras: ¡se trata de Él! Jesús ya ganó la victoria por nosotras y juzgó a las fuerzas de las tinieblas, pero depende de nosotras ejecutar la venganza que Él ya determinó. (Ver Salmo 149:6-9).

Gracias a la victoria ganada por medio de la dirección de Débora y Barac, Israel entró en un tiempo de bendición y descanso que duró toda una generación.

... *Entonces el país tuvo paz durante cuarenta años* (Jueces 5:31).

Notas:

1. *Strong's Concordance.*

2. *Encyclopedia of 7700 Illustrations* (Enciclopedia de 7700 ilustraciones), Tan, Assurance Publishers, Rockville.

3. *Encyclopedia of 7700 Illustrations.*

Mujeres que marcan una diferencia impactando las generaciones

CRYSTAL HAMON

La locura de la época de compras navideñas había caído sobre nosotras. Madres de la zona y de otras ciudades corrían de un comercio a otro esperando conseguir un buen lugar para estacionar y el mejor precio para el regalo perfecto. En medio del torbellino, después de un largo día de fatigar el pavimento, decidí detenerme en mi antiguo lugar de trabajo, The Gap. Sonreí para mis adentros pensando en el trabajo del año anterior en el comercio minorista y llegué a la conclusión de que estaba muy feliz de no trabajar más allí.

Mientras caminaba junto a pilas de suéteres y estantes de ofertas, divisé el rostro conocido de una ex compañera de trabajo. Sus ojos color café y su rostro de nativa de la India oriental se iluminaron al ver a una compradora conocida y amiga. Pero dos segundos después de comenzar la conversación, sus ojos brillantes se apagaron y hundió su rostro en mi abrazo de bienvenida, mientras me contaba, llorando, algunos asuntos de su vida que la agobiaban.

Hacía un año que no veía a Prema. Ella sabía que yo era cristiana, y yo sabía que ella era budista, y la mayoría de las veces, nuestras conversaciones habían sido breves, cordiales y superficiales. Esta demostración abierta e inesperada de emoción y amistad fue una sorpresa para mí, pero sentí que Dios estaba detrás de esto. Con una profunda tristeza, me contó lo que pesaba en su corazón, y luego, me miró y con su inglés trabajoso, me dijo: "Nadie sabe esto, pero vi algo en tus ojos y supe que me entenderías". Allí mismo, en la sección de ropa nueva femenina, le pregunté si podía orar con ella, y accedió. Así comenzó una serie de conversaciones acerca de Dios y visitas a nuestra iglesia. Unos meses después, entré al comercio, y Prema me contó: "Crystal, ya no soy budista. Soy cristiana. ¿Recuerdas que siempre estaba triste? Desde que comencé a orar a Jesús, ya no me siento más triste".

Cuando comencé a trabajar allí, el empleo en The Gap no era para mí más que una ocupación a corto plazo para ganar un dinero extra. Ni imaginaba que Dios me había puesto allí para llevar a esta dulce alma al amor más grande de su vida.

Muchas veces, subestimamos nuestro lugar o nuestra posición, nos desvalorizamos y desvalorizamos nuestra vida, y no llegamos a ver el precioso tapiz que Dios está tejiendo con el hilo de nuestra existencia. El mundo de hoy es interesante y atemorizante para la generación menor. A niños de cinco años se les enseña a odiar, matar y sacrificar sus vidas y las vidas de otros por un dios que no conocen, en los países islámicos. Las jovencitas son vendidas como objetos sexuales en los países asiáticos. Niños matan a otros niños en las escuelas de los Estados Unidos, y los niños de menos de cinco años son violados en África debido a la leyenda que dice que esto es una cura para el sida. Aunque hemos visto, y continuaremos viendo, algunos de los avances tecnológicos más importantes de nuestra época, al mismo tiempo, las antiguas luchas del bien contra el mal continúan encendiéndose en actos terroristas de asesinatos masivos a escala monumental, y el temor se apodera de nuestros corazones. Y aunque escapemos por poco a un atentado cometido por un inmolado o a la locura asesina de un compañero de escuela, aun debemos sufrir los traicioneros golpes al corazón del abandono, la vergüenza y el rechazo del abuso, el divorcio y otras manifestaciones del egoísmo en nuestra sociedad.

¿Qué puede tener para ofrecer, entonces, esta generación quebrantada y dolida? ¿Qué redención se encuentra después de tal pérdida? Es interesante notar que, a lo largo de la historia de La Biblia, cuando se estaba por producir una gran revolución o un punto de inflexión, una avalancha de males siempre trataba de ahogarlo. Justo en ese momento, Dios ponía a una persona joven en escena. Recordemos a David o Ester, y sus tiempos de revolución. Pensemos en Moisés, el gran libertador. Justo antes de que él naciera, se había emitido la orden de que todos los bebés varones hijos de hebreos en Egipto fueran asesinados al nacer. En otra ocasión, cuando llegó a oídos del rey Herodes el rumor de una profecía cumplida sobre un Salvador que había nacido, todos los niños de dos años o menos que vivían en Belén fueron muertos. *¿Será que las muchas atrocidades y dificultades que vemos dirigidas a nuestros jóvenes hoy son un intento del enemigo por ahogar las voces de cambio cultural y liberación que se levantan?*

Hitler comprendía el secreto de que quien maneja la mente y el corazón, y moldea la ideología de los jóvenes en un país, tendrá en sus manos el futuro de esa nación. Por eso, en sus malignas y maníacas estrategias, reclutaba a jovencitos desde los diez años de edad como miembros de su corrupto Reich. Pero estas mismas estrategias que han sido utilizadas por motivos oscuros también se han utilizado para dar luz. Muchos eruditos creen que la mayoría de los discípulos de Jesús eran adolescentes o jóvenes de poco más de veinte años, ¡y de ellos se dice que dieron vuelta el mundo!

Mi amigo Lou Engle lo expresa así: "Hay momentos en la historia en que se abre la puerta para un cambio masivo. En el vacío creado por esta apertura, se producen grandes revoluciones, para bien o para mal. Es en esos momentos que hombres y mujeres claves, y aun generaciones enteras, arriesgan todo para convertirse en el punto de inflexión de la historia; ese pivote que determina para qué lado se abrirá la puerta".

Personalmente, creo que estamos viviendo un tiempo en que Dios susurra en los oídos de jóvenes artistas, educadores, servidores públicos, gente de negocios y cineastas, insuflando vida en sus almas y visión en sus corazones para que sean canales de cambio, un ejército de pureza y compasión para el mundo que los rodea cada día. Algunos irán más allá de su comodidad y se aventurarán en lugares oscuros y atemorizantes.

Voy a terminar con una cita de Pete Greig, autor de **Red Moon Rising** (La luna roja naciente). Él desafía a nuestra generación diciendo:

Quizá, Él anhela que de vez en cuando, vaciemos nuestros edificios y convirtamos nuestros templos en tabernáculos. Que nos hagamos como Él, amigos de pecadores. Somos la luz del mundo, pero nadie quiere quedarse viendo la bombilla. Somos la sal de la Tierra, pero un plato lleno de sal enferma.

El pueblo de Dios está llamado a dispersarse y mezclarse, a entremezclarse y más aun, a influir desde una posición de debilidad, como un niño pequeño en una familia grande, como la levadura en un pan, como una semilla de mostaza bajo el pavimento. ¿Será que el Espíritu Santo está cansado de asistir a nuestras reuniones y anhela que nos hagamos presentes en las suyas? Quizá está soñando con mil nuevos lugares de reuniones donde nuevos sonidos y nuevas imágenes ardan en los ojos y rompan el corazón.

Permitamos que el latido del corazón de Dios resuene en nuestra generación haciéndolo reverberar en nuestras vidas.

Una palabra para mujeres de coraje

¡Mujeres como Débora, levántense! Es hora de recibir nueva osadía, coraje y confianza que el Señor nos imparte. Ya no nos acobardaremos, temerosas o intimidadas. Es tiempo de acceder a todos los dones y llamados que Dios puso sobre nuestras vidas. Confrontaremos a las fuerzas de las tinieblas. Seremos la espada del juicio de Dios sobre los malos espíritus. Nos revestiremos de toda la armadura de Dios y nos plantaremos con el ejército de los creyentes, luchando por el avance de su Reino. Haremos nuestra parte y despertaremos nuestros dones. Seremos poderosas, porque el Espíritu de Dios está en nosotras, y ¡Él es poderoso!

*Por último, **fortalézcanse con el gran poder del Señor**. Pónganse toda la armadura de Dios para que puedan hacer frente a las artimañas del diablo. Porque nuestra lucha no es contra seres humanos, sino contra poderes, contra autoridades, contra potestades que dominan este mundo de tinieblas, contra fuerzas espirituales malignas en las regiones celestiales. Por lo tanto, pónganse **toda la armadura de Dios**, para que cuando llegue el día malo **puedan resistir hasta el fin con firmeza**. Manténganse firmes, ceñidos con el cinturón de la verdad, protegidos por la coraza de justicia, y calzados con la disposición de proclamar el evangelio de la paz. Además de todo esto, tomen el escudo de la fe, con el cual pueden apagar todas las flechas encendidas del maligno. Tomen el casco de la salvación y la espada del Espíritu, que es la palabra de Dios. **Oren** en el Espíritu **en todo momento**, con peticiones y ruegos. Manténganse alerta y perseveren en oración por todos los santos* (Efesios 6:10-18, énfasis agregado).

Cuarta sección

Preguntas para reflexionar

1. Mencione tres motivos de temor en su vida.

2. Explique el plan de Dios para liberarla de esos temores.

3. ¿Existe algún aspecto de su vida en que usted haya dejado de perseguir su destino debido a resistencia, dificultades o barreras, y que siente ahora que Dios desea que persevere y persista para desarrollarlo? Explíquelo.

Débora, la adoradora: mujer apasionada

"La adoración de la iglesia en la actualidad debe corresponderse con la adoración que se produce en el cielo."

Chuck Pierce
El Guerrero de Adoración

Capítulo 18

Débora, la adoradora

Una mujer apasionada

Aquel día Débora y Barac hijo de Abinoán entonaron este canto: «Cuando los príncipes de Israel toman el mando, cuando el pueblo se ofrece voluntariamente, ¡bendito sea el Señor!» (Jueces 5:1-2, énfasis agregado).

Débora no era solo profetisa, jueza, guerrera y esposa; ¡también era adoradora! Su corazón rebosaba de alabanza por la grandeza de Dios, su poder, su fuerza y su majestad. En su adoración, ella derramó su corazón a Dios y a su pueblo, dando gracias a Él por su gran liberación. ¡Era una mujer apasionada!

Jueces 4 cuenta los hechos relativos a la victoria de Débora y Barac sobre Sísara y sus ejércitos, y Jueces 5 relata apasionadamente los mismos hechos en forma de poesía y canción. Esta canción fue una expresiva declaración que brotó de los corazones adoradores de Débora y Barac. No solo eran guerreros, ¡eran adoradores!

Quienes deseamos ser parte del ejército de mujeres como Débora seremos quienes hemos aprendido a dedicarnos apasionadamente a adorar al Dios Altísimo. Comprenderemos que Él es digno de toda nuestra alabanza, que todas nuestras victorias las debemos a Él. Podemos prepararnos buscando sabiduría, revelación, coraje y equilibrio, pero si no permitimos que el Señor sea entronizado totalmente en nuestro corazón y nuestra vida, constantemente veremos que no llegamos a ser todo lo que Él nos ha llamado a ser.

Creados para la intimidad

En el principio, Adán y Eva caminaban con Dios al fresco del día. La comunión con el Señor de toda la creación era parte de su rutina diaria. Vivían su vida abiertamente delante de su Padre y se vestían de su gloria. Aunque estaban desnudos, no se avergonzaban, porque la gloria del Señor los cubría. Crecieron en su relación íntima y personal con su Dios hasta el día en que el engaño del enemigo entró, y Adán y Eva pecaron contra su Señor y Rey. Como consecuencia de su caída, cambiaron su cubierta de gloria por una cubierta de deshonra (ver Oseas 4:7). Ya no corrieron a Él cuando salió a caminar al fresco del día, sino se escondieron de Dios, llenos de vergüenza y deshonra. Se levantó un muro de separación que cortó a la humanidad la relación de amor e intimidad con su Dios.

Así era la situación de la humanidad hasta que Jesús vino a destruir todas las maldiciones que el pecado había liberado sobre la Tierra. Cuando Él entregó su vida por nuestros pecados, volvió a ubicarnos en una relación correcta con Dios. Isaías 61:7 dice que Él cambió su gloria por nuestra vergüenza una vez más. Nos revistió con su presencia y nos dio acceso al salón de su trono para que pudiéramos acercarnos osadamente a su trono de gracia. Fuimos creados para tener una relación estrecha, íntima, transparente con el Creador del universo.

Dios nos llama a vivir vidas de adoración delante del Señor y a entrar en su presencia con oración, para poder comprender plenamente la grandeza de su poder. Al adorar a Dios y pasar tiempo en su presencia, comenzamos a captar cuán grande Él es y cuán grande es en nosotros.

La adoración abre el río de la unción de Dios, que libera poder sobre nuestra vida. Nos coloca en la perspectiva correcta y concentra nuestro corazón, nuestras actitudes y nuestras acciones donde corresponde: en Jesús, sus planes y sus propósitos.

La adoración y la oración van de la mano. No se puede orar eficazmente sin adorar también. De la misma manera, no se puede adorar realmente sin haber preparado el corazón en oración.

¿Qué es la causa del Reino?

Cuando Jesús se encontró con la mujer junto al pozo, tuvieron una conversación sobre la verdadera adoración. Jesús nos da pautas sobre lo que Dios el Padre busca en nuestra adoración hacia Él, y cómo debemos aproximarnos a este aspecto vital de la relación con Él.

*Pero se acerca la hora, y ha llegado ya, en que los **verdaderos adoradores rendirán culto al Padre en espíritu y en verdad, porque así quiere el Padre que sean los que le adoren**. Dios es espíritu, y quienes lo adoran deben hacerlo en espíritu y en verdad* (Juan 4:23-24, énfasis agregado).

La adoración no es solo una ocasión en que nos reunimos en la iglesia para cantar algunas canciones. No es solo un ritual que realizamos ni un deber que cumplimos. No es asumir una postura piadosa con la cabeza inclinada y los ojos cerrados o las manos levantadas. La verdadera adoración no se encuentra en una actuación, sino en una vida de dedicación y compromiso de corazón. En otras palabras, no se limita a un lugar o tiempo específico, sino se convierte en un estilo de vida que abarca todo.

El Padre busca a personas que lo adoren con corazón sincero. La mujer junto al pozo buscaba una fórmula simple y conveniente para la adoración, pero Jesús le dejó en claro que Dios no quedaba satisfecho con que sus hijos siguieran un ritual o realizaran ciertos actos religiosos. Dios es Espíritu, y solo está satisfecho cuando sus hijos, de corazón, lo adoran en espíritu y en verdad.

Las mujeres como Débora son libres de la religión muerta y de todas las formas y los rituales vacíos. Quienes tienen esta unción están llenas de vida, pasión y entusiasmo por su Señor y Rey. El amor es lo que las motiva a servir a la causa del Reino.

¿Cómo se adora en espíritu y en verdad? Debemos vivir nuestra vida como un libro abierto delante del Señor, sabiendo que Él conoce todo y ve todo. Viendo los dones que Él nos ha dado y, al mismo tiempo, reconociendo las luchas y debilidades que soportamos, podemos llegar ante Él sin vergüenza, recibiendo su gracia y su fortaleza. Podemos llevar todo lo que somos y todo lo que esperamos ser a Él, y dejarlo a sus pies, ofrendándole nuestra vida.

La verdadera adoración nos hará desear su voluntad por encima de la nuestra, su plan más que nuestro plan, su camino en lugar de nuestro camino. Tener corazón de verdaderas adoradoras nos hará vivir la vida en obediencia a Aquel que amamos. Hará que nos entreguemos por completo, absolutamente, a Él. Así, cada acto de obediencia se convierte en un acto de adoración.

La verdadera adoración no comienza afuera para luego pasar a nuestro interior, sino todo lo contrario. Comienza en lo más profundo de nuestro ser: nuestra mente, nuestro corazón y nuestra voluntad, y fluye hacia fuera en acciones. No obstante, una verdadera adoradora sabe que hay momentos en que no "sentimos" adorar o demostrar el amor de nuestro corazón hacia Dios. Son momentos en que entramos en la presencia del Señor por medio de acciones, por fe, por obediencia y por un acto de nuestra voluntad, cuando decidimos dar gloria, honra y alabanza a Dios. Estos actos de alabanza estimularán la adoración del corazón y producirán el sacrificio de alabanza que tan dulce aroma es para nuestro Dios.

El propósito de la verdadera adoración

La verdadera adoración ante el Señor es una experiencia multifacética. Así como mi relación con mi esposo tiene muchas dinámicas, mi relación personal de adoración con el Señor tiene diferentes propósitos y dimensiones. Veamos cómo la adoración influye en nuestra vida cuando entramos en ese lugar secreto con nuestro Dios.

La adoración fija prioridades

Una sola cosa le pido al Señor y es lo único que persigo: habitar en la casa del Señor todos los días de mi vida, para contemplar la hermosura del SEÑOR y recrearme en su templo (Salmo 27:4).

Cuando adoptamos un estilo de vida de adoración delante del Señor, esto suele poner en perspectiva toda nuestra vida. Comenzamos a darnos cuenta de que no somos nosotros el centro de la vida, sino Él, sus propósitos y su pueblo. David escribe en este salmo que él solo desea una cosa del Señor. Una cosa. Él puso en perspectiva su vida y dio prioridad a su relación con Dios.

Su deseo mayor era habitar en la casa del Señor, contemplar la belleza del Señor y recrearse en su templo. David habla de un lugar de relación íntima con Dios y hace de la casa de Dios una prioridad en su vida. Esto no es un deber religioso ni un ritual piadoso, sino vivir con Dios en una relación íntima, familiar.

El deseo de David es, después, contemplar la hermosura del Señor. Él está lleno de gloria, lleno de majestad. Irradia luz y vida. Aun los ángeles de los cielos que continuamente rodean su trono gritan: *"Santo, santo, santo es el Señor Dios Todopoderoso..."* (Apocalipsis 4:8). Ellos están abrumados por su magnificencia. ¡Dios realmente es digno de toda alabanza, gloria y honor!

Finalmente, David habla de recrearse (o inquirir, RVR 1960) en su templo. Él clamaba por escuchar la voz del Señor. Deseaba escuchar la sabiduría de Dios, su consejo, sus palabras de amor y afirmación. David decía que "una cosa" era más importante que todas las necesidades, anhelos y deseos que tenía en su vida. Todo se limitaba a conocer al Señor y ser conocido por Él.

En Romanos 8, se nos habla del poder del amor de Dios, cuán amplio e indestructible es:

¿Quién nos apartará del amor de Cristo? ¿La tribulación, o la angustia, la persecución, el hambre, la indigencia, el peligro, o la violencia? Así está escrito: «Por tu causa siempre nos llevan a la muerte; ¡nos tratan como a ovejas para el matadero!». Sin embargo, en todo esto somos más que vencedores

por medio de aquel que nos amó. Pues estoy convencido de que ni la muerte ni la vida, ni los ángeles ni los demonios, ni lo presente ni lo por venir, ni los poderes, ni lo alto ni lo profundo, ni cosa alguna en toda la creación, podrá apartarnos del amor que Dios nos ha manifestado en Cristo Jesús nuestro Señor (vv. 35-39).

Sí, somos más que vencedores por nuestra relación de amor con nuestro Dios.

La adoración da poder

Porque en el día de la aflicción él me resguardará en su morada; al amparo de su tabernáculo me protegerá, y me pondrá en alto, sobre una roca. Me hará prevalecer frente a los enemigos que me rodean; en su templo ofreceré sacrificios de alabanza y cantaré salmos al SEÑOR *(Salmo 27:5-6).*

Estar en presencia del Señor da poder a los creyentes para cumplir su destino. Cuando Jesús anduvo y habló sobre esta Tierra, la gente reconocía que era único porque hablaba con una autoridad inusual, que otros no poseían. Esto surgía de su tiempo especial de estar con el Padre, escuchando su voz y descubriendo su voluntad. De la misma forma, los discípulos eran reconocidos como aquellos que habían estado con Jesús, por sus osadas palabras y acciones.

Los gobernantes, al ver la osadía con que hablaban Pedro y Juan, y al darse cuenta de que eran gente sin estudios ni preparación, quedaron asombrados y reconocieron que habían estado con Jesús (Hechos 4:13).

La adoración nos quita nuestra propia armadura de autoprotección y nos lleva a sus cámaras seguras. En este lugar, ningún demonio puede tocarnos. Nuestra cabeza se levanta sobre nuestros enemigos en victoria, y somos libres para realizar la voluntad de Dios. Recibimos poder para vivir la vida que fuimos creados para vivir.

La adoración despierta

A Débora se le dijo que despertara y cantara una canción. Cuando despertamos cada mañana, nos levantamos de la modorra o el sueño y aclaramos la nebulosa de nuestra mente para poder pensar claramente durante el día. Hay lugares donde debemos ir y cosas que debemos hacer, y para eso necesitamos estar preparados. La adoración marca el ritmo del día y aguza a nuestro hombre espiritual de modo que esté preparado para todo lo que nos espera.

Muchas personas programan la alarma del despertador por la mañana porque tienen un compromiso al que deben asistir. Hoy, Dios hace sonar la alarma para todos los que tienen oídos para oír. ¡Prepárense! Algo está por suceder. Hay cosas que se están moviendo, se están sacudiendo. ¿Está usted preparada?

Cuando adoramos a Dios, nuestro corazón y nuestra mente se acomodan a sus propósitos. Despertamos de la nebulosa de la ira, la falta de perdón, el dolor y la vergüenza. Despertamos a quiénes somos en Cristo Jesús y quién es Él en nosotros. Cuando cantamos una canción, hacemos que las palabras de nuestra boca, la confesión que hacemos delante de Dios, se acomode a sus propósitos divinos para ordenar nuestro día.

La adoración magnifica

Engrandezcan al Señor conmigo; exaltemos a una su nombre. Busqué al Señor, y él me respondió; me libró de todos mis temores (Salmo 34:3-4).

Con cánticos alabaré el nombre de Dios; con acción de gracias lo exaltaré (Salmo 69:30).

Engrandecer o magnificar algo es hacerlo más grande a nuestros ojos. ¿Cómo podemos hacer más grande a Dios? Podemos magnificarlo exaltando su nombre y quién es Él. Podemos hacerlo más grande jactándonos de todas las grandes cosas que Él ha hecho. Podemos amplificar todo lo que Él es explotando de gratitud por sus extraordinarios caminos. Ahora mismo, deténgase un momento y haga una lista de todas las grandes cosas que Dios ha hecho por usted. Él salvó su alma del infierno. Le dio paz a su mente y salud a su cuerpo. Le proveyó todo lo que necesita para vivir: comida, refugio, ropa. Le dio la bendición de tener otras personas que la aman y se interesan por usted. Sea específica al detallar todo lo que Él hizo por usted, y descubrirá que las preocupaciones y los problemas que parecen tan grandes a sus ojos comenzarán a palidecer en comparación con la grandeza de Dios.

Si tomamos una monedita y la levantamos contra el Sol, veremos que solo cubre una pequeña parte de sus rayos. Pero si la acercamos cada vez más a nuestros ojos, esa pequeña monedita puede llegar a ocultarnos todo el brillo del gran Sol. Esto es lo que sucede cuando nos concentramos en los problemas en lugar de concentrarnos en el Señor. Nuestros problemas, comparativamente pequeños, comienzan a agrandarse cada vez más a nuestros ojos, bloqueando los rayos del amor y el consuelo de Dios. Por el contrario, cuando magnificamos y engrandecemos al Señor, su grandeza y su omnipotencia, nuestras dificultades se empequeñecen frente a la calidez de su amor.

La adoración transforma

Ahora bien, el Señor es el Espíritu; y donde está el Espíritu del Señor, allí hay libertad. Así, todos nosotros, que con el rostro descubierto reflejamos como en un espejo la gloria del Señor, somos transformados a su semejanza con más y más gloria por la acción del Señor, que es el Espíritu (2 Corintios 3:17-18).

No podemos estar en la presencia del Dios vivo sin ser cambiados. La presencia de Dios nos desafía a ser todo lo que fuimos formados para ser.

En este pasaje, encontramos la palabra *transformados* que viene de la palabra griega *metamorphoo*,[1] de donde proviene la palabra *metamorfosis*. Esta trae a la mente la imagen de la oruga que debe pasar el proceso de la metamorfosis para finalmente surgir como una bella mariposa. Comienza como un gusanito y, a medida que crece, cambia la piel. (¡Nosotros también cambiamos la piel a medida que crecemos!). Crece hasta un punto en que debe cambiar. Sabemos que la oruga se convierte en un capullo para pasar por el proceso de transformación. En el capullo, los cambios se producen rápidamente, aunque ningún ojo humano puede ver la transformación.

Muchas veces, Dios hace atravesar a sus hijos una metamorfosis espiritual. Comemos su Palabra y crecemos hasta que el Señor dice: "Es hora de un cambio". Entonces, el Señor nos lleva a un lugar secreto y comienza el proceso de transformación. A veces, esto se produce por medio de tiempos de oración, devoción personal y escuchar su voz. Otras veces, Dios moldea nuestra vida por medio del horno de las pruebas de fuego y las aflicciones. A lo largo de todo el proceso, Dios tiene un plan en mente. ¡Quiere vernos surgir como la mariposa para que podamos extender nuestras alas y volar!

Vivir una vida totalmente dedicada al Señor nos cambiará de gloria en gloria a su imagen. Si andamos en humildad y obediencia a Él, nuestro corazón y nuestra mente se acomodarán a los suyos hasta que, finalmente, romperemos nuestro capullo, nos subiremos a la corriente de su Espíritu, extenderemos nuestras nuevas alas ¡y volaremos!

La adoración enseña

Que habite en ustedes la palabra de Cristo con toda su riqueza: instrúyanse y aconséjense unos a otros con toda sabiduría;

canten salmos, himnos y canciones espirituales a Dios, con gratitud de corazón. Y todo lo que hagan, de palabra o de obra, háganlo en el nombre del Señor Jesús, dando gracias a Dios el Padre por medio de él (Colosenses 3:16-17).

Los tiempos de adoración, ya sea en un ambiente personal y devocional o en medio de una reunión colectiva, pueden ser momentos en que el Espíritu Santo nos enseñe y nosotros nos enseñemos unos a otros. Mientras cantamos La Palabra de Dios y exaltamos su naturaleza divina, estamos destinados a aprender más sobre Él. Al concordar con sus principios espirituales y confesarlos con nuestra boca, la verdad comienza a adentrarse en nuestro corazón, y podemos ser libres.

La adoración conecta

¡Cuán bueno y cuán agradable es que los hermanos convivan en armonía! (Salmo 133:1).

Por eso yo, que estoy preso por la causa del Señor, les ruego que vivan de una manera digna del llamamiento que han recibido, siempre humildes y amables, pacientes, tolerantes unos con otros en amor. Esfuércense por mantener la unidad del Espíritu mediante el vínculo de la paz. Hay un solo cuerpo y un solo Espíritu, así como también fueron llamados a una sola esperanza; un solo Señor, una sola fe, un solo bautismo; un solo Dios y Padre de todos, que está sobre todos y por medio de todos y en todos (Efesios 4:1-6).

Es muy difícil adorar a Dios junto con una persona y continuar enemistado con ella. De alguna manera, adorar al Señor detiene las divisiones y crea un espacio de paz para que se produzca la resolución. La adoración puede derretir aun el corazón más duro cuando la persona se presenta ante el trono de Dios con apertura y sinceridad. La adoración produce una conexión del Reino que las palabras y los discursos no pueden crear, y prepara un ambiente de unidad y amor que es como un puente sobre el abismo de la separación.

La adoración también nos reconecta con el Señor después de una prueba o dificultad en la que es difícil ver la mano de Dios. Hace poco vi a una mujer de nuestra iglesia perder trágicamente a su joven esposo a causa de un cáncer. Ella creía en su sanidad, como todos nosotros, y oramos fervientemente para que continuara con vida, pero no fue así. Desde la muerte de su esposo, la mujer se siente abandonada por Dios, y le resulta difícil comprender cómo un Dios amoroso puede permitir que algo tan horrible suceda. Esta mujer tiene más preguntas que respuestas. Pero cada vez que se abren las puertas de la iglesia, ella está allí para adorar a Dios. Siente la necesidad de conectarse con Dios, y la adoración es uno de los vehículos que la ayuda a lograrlo. La adoración la conecta con el corazón de Dios, aunque su mente está llena de tristeza, dolor y dudas. Aunque no comprende el obrar de la mano de Dios, continúa buscando tocar su corazón. Por medio de esta conexión de corazón a corazón, pueden fluir a ella la sanidad y la vida, aun en el tiempo de mayor dolor.

Dios está rompiendo la maldición de la pasividad e infunde pasión en el corazón de mujeres de todo el mundo. Somos llamadas a conectarnos con su presencia y conocerlo íntimamente como Persona. Él no es una cosa. Es nuestro amoroso, celestial Padre que anhela pasar tiempo con nosotras, darnos poder, alentarnos y amarnos. Él está golpeando a la puerta de su corazón. ¿Desea abrirle y permitirle entrar?

Notas:

1. *Strong's Concordance.*

CAPÍTULO 19

La guerrera adoradora

Así que Débora fue con Barac hasta Cedes, donde él convocó a las tribus de Zabulón y Neftalí. Diez mil hombres se pusieron a sus órdenes, y también Débora lo acompañó (Jueces 4:9-10).

Antes de ir a la batalla, Débora y Barac reunieron a las tropas en Cedes. El nombre *Cedes* viene del hebreo *qadash*, que significa "limpiar, ceremonial o moralmente; consagrar, dedicar, ser santo, santificar, purificar, preparar".[1] Cedes era un lugar de oración y adoración. Era un lugar de poder. Un lugar de santificación (apartarse), purificación, consagración y dedicación al Señor.

Débora y Barac reconocían que, para ganar la batalla que Dios había puesto delante de ellos, debían preparar su corazón. Esta preparación consistía en consagrarse al Señor en adoración y oración, y comprometer nuevamente sus vidas a los propósitos de Dios.

Digamos la verdad: el ejército israelita iba a una batalla que, desde el punto de vista natural, acabaría sin dudas en destrucción y muerte. No podían ganarla con su poder o sus grandes capacidades. Solo Dios podía darles la victoria. Cuando se consagraron y dedicaron sus vidas a esta causa, Dios los llenó de valor y comenzó a luchar con ellos contra sus enemigos.

En la canción de Débora, descubrimos el resto de la historia de cómo Dios dio la victoria a estos guerreros adoradores.

El pueblo de Zabulón arriesgó la vida hasta la muerte misma, a ejemplo de Neftalí en las alturas del campo. Los reyes vinieron y lucharon junto a las aguas de Meguido; los reyes de Canaán lucharon en Tanac, pero no se llevaron plata ni botín. Desde los cielos **lucharon las estrellas,** *desde sus órbitas lucharon contra Sísara.* **El torrente Quisón los arrastró;** *el torrente antiguo, el torrente Quisón. ¡Marcha, alma mía, con vigor!* (Jueces 5:18-21, énfasis agregado).

Cuando estos guerreros consagrados y dedicados lucharon, Dios hizo que todo el cielo luchara con ellos. Después, envió lluvias torrenciales e hizo que el torrente Quisón creciera inesperadamente y arrastrara al ejército de Sísara. Josefo dice que Dios no solo envió una lluvia torrencial, sino también hizo caer granizo sobre el ejército enemigo.

Cedes antes de Quisón

Quisón significa "colocar una trampa, atrapar".[2] Dios puso una trampa para los enemigos que habían mantenido a su pueblo en esclavitud, los aniquiló por completo y liberó a su amado pueblo con una victoria. Hoy, Dios le pone una trampa a su enemigo. ¿Obedecerá usted yendo a la batalla? Es vital que reconozcamos que no podemos ir a Quisón si primero no hemos estado en Cedes. No podemos esperar que las ataduras se rompan y los enemigos sean vencidos, si no estamos dispuestas a morir la muerte a nosotras mismas y apartar nuestra vida dedicándola a Dios y sus propósitos.

Las mujeres como Débora comprenden que este es un tiempo de dedicarse y consagrarse al Señor en adoración y oración de poder. Si somos sabias, sabremos que tener una revelación sobre una estrategia no es suficiente para lograr la victoria. No podemos tomar el plan de Dios y tratar de ejecutarlo con nuestras propias fuerzas. Sencillamente, ¡no funcionará!

La estrategia de Dios debe cumplirse solo por medio de una vida que haya soportado el proceso de la preparación por medio de la purificación y la santificación. Esta entrega total de nosotras mismas a Dios nos posiciona para recibir poder, poder que destruirá las mismas fuerzas del infierno y abrirá todo el cielo para librar la batalla con nosotras.

En el Reino de Dios, no hay guerra exitosa sin adoración y oración. A lo largo de La Biblia, vemos que las grandes victorias vienen precedidas por tiempos de dedicación, consagración y adoración. Después de cruzar el Jordán, pero antes de comenzar a conquistar la tierra, el pueblo de Israel se santificó y se sometió a la circuncisión. (Ver Josué 3:5; 5:3). Antes de que Josafat pudiera ir a enfrentar a las naciones enemigas que habían rodeado a Judá, proclamó un tiempo de buscar al Señor y ayunar. Luego, levantó su voz en medio del pueblo y comenzó a dar alabanza a Dios. (Ver 2 Crónicas 20:3). *Judá*, que significa "alabanza",[3] fue a enfrentar a su enemigo con música, cantos y regocijo. Cantaban: "Alabemos al Señor, porque su misericordia es para siempre". Dios luchó por ellos e hizo que las naciones enemigas se confundieran y comenzaran a luchar y destruirse unas a otras. La alabanza y la adoración de Judá trajeron confusión al campamento enemigo, lo cual produjo una gran victoria en esa batalla. (Ver 2 Crónicas 20).

Aun Jesús adoró a Dios en sumisión y oración inmediatamente antes del tiempo de la mayor guerra espiritual del mundo, cuando colgó en la cruz por nuestros pecados y venció a la muerte, el infierno y la tumba. Él oró: "No se cumpla mi voluntad, sino la tuya". (Ver Lucas 22:42). Fue un acto de obediencia. Fue un acto de guerra espiritual. Fue un acto de adoración.

¡El Señor es varón de guerra!

El Señor es un guerrero; su nombre es el Señor (Éxodo 15:3).

¡A Dios le encanta una buena pelea! Aunque es cierto que Dios es amoroso y que ama con una intensidad que el hombre no puede comprender ni conocer, también debemos reconocer que es un luchador. Él se pone a la altura del desafío de enfrentar a sus enemigos.

En su canción, Miriam glorificó al Dios que no solo había librado a los israelitas de Egipto, que no solo había levantado sobrenaturalmente las aguas del Mar Rojo para que Israel pudiera cruzar sobre tierra seca, sino también había echado a Faraón y sus ejércitos al mar. De hecho, estaba cantando y celebrando la muerte de sus enemigos. Sin duda, era una mujer que no temía representarse como adoradora y guerrera al declarar los propósitos de Dios sobre la Tierra.

En Josué 10, leemos la historia de cuando Josué luchó contra los amorreos, uno de los enemigos mortales de Israel. Dios le dijo a Josué que no temiera, porque Él había entregado al enemigo en sus manos. Cuando Josué se levantó para luchar, Dios decidió intervenir en la batalla y comenzó a lanzar granizo sobre los amorreos, que huyeron. Josué 10:11 dice que más fueron muertos por el granizo que cayó del cielo que por las espadas de Israel. ¿Querría decir algo el Señor con esto? "¡Yo maté más que Josué!". Después, para que Josué pudiera tener una victoria total, Dios hizo que el Sol permaneciera inmóvil y prolongó el día hasta que la batalla terminó. ¡Nuestro Dios es varón de guerra!

Si Dios hizo todas estas cosas contra los enemigos naturales de Israel, ¿imagina usted lo que le encantaría hacerles a nuestros enemigos espirituales? Naturalmente, nadie puede equipararse con Él. Él es el Amo del universo, el Amo de cielo y Tierra. Ningún demonio del infierno ni ningún hombre de la Tierra pueden, realmente, enfrentarlo.

Cuando gritamos y alabamos el nombre del Señor, esto estimula su celo de guerrero y lanza su grito de guerra. Dios busca guerreras de adoración que permanezcan con Él para ver cómo sus juicios se ejecutan contra todos los enemigos espirituales.

Canten al Señor un cántico nuevo (...) canten su alabanza desde los confines de la tierra (...) Den gloria al Señor y proclamen su alabanza en las costas lejanas. El Señor marchará como guerrero; como hombre de guerra despertará su celo. Con gritos y alaridos se lanzará al combate, y triunfará sobre sus enemigos (Isaías 42:10, 12-13)

La alabanza es un arma de guerra

Que broten de su garganta alabanzas a Dios, y haya en sus manos una espada de dos filos para que tomen venganza de las naciones y castiguen a los pueblos; para que sujeten a sus reyes con cadenas, a sus nobles con grilletes de hierro; para que se cumpla en ellos la sentencia escrita. ¡Ésta será la gloria de todos sus fieles! ¡Aleluya! ¡Alabado sea el Señor! (Salmo 149:6-9).

Cuando los Estados Unidos y los ejércitos de la Coalición fueron a la guerra contra Sadam Hussein en Irak, en 2003, los soldados buscaron armas de destrucción masiva (conocidas también como ADM). No había dudas de que el enemigo poseía tales armas, ya que habían sido utilizadas anteriormente para devastar comunidades enteras en el Oriente Medio; la pregunta era dónde habían sido escondidas. De la misma manera, el diablo ha utilizado armas de destrucción masiva contra la Iglesia y ha devastado congregaciones, familias y aun naciones por medio de la corrupción, la idolatría y el temor. Pero así como las ADM fueron difíciles de encontrar, también lo son las tácticas del enemigo cuando desafía sutilmente al pueblo de Dios. El enemigo siembra semillas de duda y preocupación, repitiendo: "¿Acaso Dios dijo…?". El diablo inmoviliza al pueblo de Dios por medio del temor y la intimidación, cuando, en realidad, se nos ha ordenado que ejecutemos la venganza de Dios y manifestemos sus juicios escritos sobre la Tierra. La Iglesia se ha vuelto débil, pasiva e ineficaz al enfrentar al enemigo con su maligna artillería y demoníacos bombardeos sobre nuestras mentes y nuestros corazones.

Pero la Iglesia está despertando para luchar y reconoce las ADM que han sido puestas en nuestras manos por el mismísimo

Comandante en Jefe. Es hora de que nos levantemos y causemos daño a las fuerzas de las tinieblas por la autoridad que nos fue dada en el nombre de Jesús. Cuando oramos, el cielo comienza a cambiar. Cuando decretamos los propósitos de Dios, la Tierra se alinea. Cuando gritamos, rompemos en pedazos las estrategias del enemigo. Cuando alabamos a Dios, los enemigos demoníacos son vencidos. Salmo 8:2 dice:

Por causa de tus adversarios has hecho que brote la alabanza de labios de los pequeñitos y de los niños de pecho, para silenciar al enemigo y al rebelde (Salmo 8:2).

La alabanza es un arma de guerra puesta en las manos de la Iglesia para silenciar a nuestro enemigo. En su libro *El guerrero adorador*, Chuck Pierce escribe:

Hoy, Dios levanta un ejército de guerreros de adoración. No hay fuerza en esta Tierra que pueda contra tal ejército (…) Este grupo ha sido llamado a adorarlo. También han sido llamados para convocar a otros. Están establecidos bajo su autoridad. Tienen un fundamento seguro. Demuestran su muerte redentora ejerciendo el poder de su resurrección. Saben que Él es la cabeza. Ellos son miembros. Tienen comunión para cobrar fuerzas y acceder a la mente de su líder. Luchan contra un enemigo y sus huestes. Son testigos osados y tienen la esperanza del regreso de su líder para que llene y restaure todas las cosas en el ámbito terrenal. Adoran sin reservas para poder obedecer y extender el plan del Reino de su Amo. Son la Esposa lista para guerrear en todo momento para vengar el enemigo y vencer su plan de tinieblas. ¡Levántense, guerreros de oración! ¡Levántese la Iglesia![4]

La alabanza abre una brecha

"Abrir una brecha" es, en realidad, un término militar muy agresivo que se utiliza mucho en la Iglesia actualmente. Oramos pidiendo que "se abra una brecha" o "se abra un camino" en determinada situación, pero ¿sabemos qué es realmente lo que estamos pidiendo?

El diccionario lo define como un "movimiento militar o avance que atraviesa la primera línea defensiva; un acto o instancia de quitar o sobrepasar una obstrucción o restricción; salir de un punto muerto; cualquier avance, desarrollo, logro o aumento significativo o repentino que quita una barrera para el progreso".

Débora era, sin duda, una mujer con una unción para "abrir brechas". Ella permitió que el ejército de Israel se abriera paso a través de las defensas de Sísara y fuera más allá de ellas hasta llegar a la victoria. La Iglesia ha hecho un buen trabajo en abrir brechas, pero debemos aprender a continuar en la batalla hasta el máximo, a ir más allá, hasta poseer los despojos del enemigo. A la mayoría de la gente le gusta la victoria; lo que no le gusta es la batalla que esto implica. Lamentablemente, no hay victoria sin batalla.

La alabanza ubica a los creyentes en situación de "abrir brechas" o "abrirnos paso". En Hechos 16:16-34, Pablo y Silas estaban encarcelados por predicar el evangelio y echar fuera un espíritu de adivinación de una jovencita. Habían sido golpeados, encadenados con grillos y colocados en lo más profundo de la cárcel. Aquí, la mano sobrenatural de Dios comenzó a producir una ruptura a partir de su alabanza:

A eso de la medianoche, Pablo y Silas se pusieron a orar y a cantar himnos a Dios, y los otros presos los escuchaban. De repente se produjo un terremoto tan fuerte que la cárcel se estremeció hasta sus cimientos. Al instante se abrieron todas las puertas y a los presos se les soltaron las cadenas.
(Hechos 16:25-26)

Observe la "unción de ruptura" en este pasaje. No solo se rompieron las cadenas de Pablo y Silas, sino las de todos los demás presos. La mujer que "rompe cadenas" no solo recibe la respuesta para sus necesidades personales, sino esa ruptura también abre el camino para que otros puedan recibir también.

La casa de la brecha

Cuando Rut se casó con Booz, la gente de la tierra y los ancianos de las puertas lanzaron bendiciones sobre su unión. Parte de lo que proclamaron fue: "¡... *el Señor te conceda una descendencia tal que tu familia sea como la de Fares, el hijo que Tamar le dio a Judá!*" (Rut 4:12). *Fares*, en hebreo, significa "brecha". ¡Que su casa sea una casa en la que se abran brechas! Esta palabra proviene de una raíz que significa "romper, irrumpir, compeler, dispersar, crecer, aumentar, abrir, dispersar, presionar, urgir".[5]

Alabanza e intercesión

¿Quién fue Fares? Encontramos su historia en Génesis 38, cuando Tamar, una mujer cananea con sueños y corazón rotos, se une a Judá y concibe mellizos. Recordando que *Judá* significa "alabanza", podemos ver que, cuando permitimos que nuestro desaliento, decepciones y desilusiones entren en contacto con la alabanza, ¡nace una doble porción de la unción!

Cuando Tamar daba a luz, uno de los bebés sacó su mano y la partera le ató un cordón rojo para indicar que era el primogénito, el que recibiría la doble porción de parte de su padre. Pero el trabajo de parto de Tamar continuó, y el otro niño fue el que salió primero, finalmente. Entonces, ella dijo: "¡Qué brecha te has abierto!" (Génesis 38:29, RVR 1960).

Muchas personas, hoy, quizá la vean a usted y se pregunten: "¿Cómo logró abrirse paso de esa manera? Parecía que tenía todo en contra, que no tenía oportunidades de sobrevivir, mucho menos de ganar. ¿Cómo lo logró? ¿Cómo venció? ¿Cómo pudo abrirse paso?". Vencemos por la sangre del Cordero, es cierto. Pero a veces, también vencemos cuando nos negamos a darnos por vencidas y continuamos a pesar de las barreras y los obstáculos que se interponen en nuestro camino.

Hoy, Dios une la unción de la alabanza apasionada y la adoración con la del trabajo con poder y la intercesión para dar a luz sus divinos propósitos dobles en esta Tierra. Dios desea cambiar los corazones, dar una cosecha de almas para su Reino y cambiar para siempre las naciones por medio de nuestras oraciones. Dios está buscando intercesores que atraviesen las líneas defensivas del enemigo y vayan más allá para recoger el botín de guerra para el Reino.

El diccionario define la palabra *interceder* como "actuar o interponerse en representación de alguien que está en dificultades o problemas". Esta palabra, *interponerse* significa "causar una intervención, poner una barrera u obstáculo en el camino de algo". En otras palabras, como intercesoras, debemos intervenir por los demás y meternos en medio de los planes destructivos del diablo. ¡Somos llamadas a entrometernos!

Como ya hemos mencionado, en 2 Crónicas 20, cuando los hijos de Israel estaban sitiados por todos sus enemigos, apartaron un tiempo para orar y ayunar, y buscar el rostro de Dios. En medio de ese tiempo, Él levantó a un profeta con una estrategia divina:

"No tengan miedo ni se acobarden cuando vean ese gran ejército, porque la batalla no es de ustedes sino mía. Mañana, cuando ellos suban por la cuesta de Sis, ustedes saldrán contra ellos y los encontrarán junto al arroyo, frente al desierto de Jeruel. Pero ustedes no tendrán que intervenir en esta batalla. Simplemente, quédense quietos en sus puestos, para que vean la salvación que el Señor les dará. ¡Habitantes de Judá y de Jerusalén, no tengan miedo ni se acobarden! Salgan mañana contra ellos, porque yo, el Señor, estaré con ustedes." (…) Después de consultar con el pueblo, Josafat designó a los que irían al frente del ejército para cantar al Señor y alabar el esplendor de su santidad con el cántico: «Den gracias

al Señor; *su gran amor perdura para siempre.» Tan pronto como empezaron a entonar este cántico de alabanza, el* Señor *puso emboscadas contra los amonitas, los moabitas y los del monte de Seír que habían venido contra Judá, y los derrotó"* (2 Crónicas 20:15-17, 21-22).

Esta palabra, *alabanza*, es la palabra hebrea *tehillah*,[6] que es un himno. Es una oración a la que se le ha puesto música; una oración de alabanza ante el Señor.[7] Dios busca a quienes abran una brecha a través de la oposición para defender su territorio con osadía y tenacidad, y ver llegar el Reino de Dios: que su voluntad se haga en la Tierra como en el cielo.

La alabanza manifiesta al Rey de Gloria

Es interesante que tanto Fares como su hermano Zera son incluidos en la genealogía de Cristo en Mateo, capítulo 1. Esto significa que ambos eran importantes para el linaje que Dios estaba creando para traer a su Hijo. Dios puso una unción de apertura en el linaje, así como una unción de Zera. Este nombre, Zera, proviene de la palabra hebrea que significa "una luz que se levanta" o "irradiar como rayos, levantarse como el Sol".[8] Esto me recuerda el pasaje sobre la gloria del Señor en Isaías 60:1-3:

¡Levántate y resplandece, que tu luz ha llegado! ¡La gloria del Señor *brilla (Zera) sobre ti! Mira, las tinieblas cubren la tierra, y una densa oscuridad se cierne sobre los pueblos. Pero la aurora del* Señor *brillará (Zera) sobre ti; ¡sobre ti se manifestará su gloria! Las naciones serán guiadas por tu luz, y los reyes, por tu amanecer esplendoroso (Zera)* (Isaías 60:1-3).

Así que vemos que la unción de la ruptura abre el camino para que la gloria del Señor se levante sobre las vidas y sobre los no creyentes (gentiles) para que sean atraídos hacia nosotros por causa de la luz de Dios que irradia de nosotros.

¿Qué es la gloria del Señor? Es más que un brillo dorado en el rostro de un creyente. Es la manifestación tangible de la presencia del Señor. Es la calidez de su amor envolviéndonos como una manta cuando estamos en su presencia. Es la demostración de su poder en cada milagro, señal o prodigio. Es toda expresión de quién Él es manifestada en su Iglesia y a través de ella.

La gloria de Dios es el reflejo directo de quién es Él. Así como la Luna es un reflejo de la luz del Sol, también puede decirse que la Luna es la gloria del Sol. No tiene luz en sí misma, solo la que proyecta del Sol. De la misma manera, la Iglesia es la gloria del Señor. Debemos reflejar su imagen a la Tierra. No tenemos luz en nosotros mismos; solo irradiamos la verdadera Luz del mundo a la humanidad. ¡Nosotros somos su gloria!

El Salmo 24 también nos habla de este Rey de gloria y lo describe como un guerrero.

Eleven, puertas, sus dinteles; levántense, puertas antiguas, que va a entrar el Rey de la gloria. ¿Quién es este Rey de la gloria? El Señor, el fuerte y valiente, el Señor, el valiente guerrero. Eleven, puertas, sus dinteles; levántense, puertas antiguas, que va a entrar el Rey de la gloria. ¿Quién es este Rey de la gloria? Es el Señor Todopoderoso; ¡él es el Rey de la gloria! (Salmo 24:7-10).

La alabanza desata milagros

Clama a mí y te responderé, y te daré a conocer cosas grandes y ocultas que tú no sabes (Jeremías 33:3).

La alabanza abre la puerta de lo sobrenatural. Cuando Pablo y Silas alabaron al Señor, sus ataduras fueron soltadas sobrenaturalmente. Los hijos de Israel vieron la mano libertadora de Dios cuando enviaron primero a los alabadores. Pablo recibió gracia sobrenatural de Dios cuando estaba en la cárcel. Él escribió estas palabras:

Estén siempre alegres, oren sin cesar, den gracias a Dios en toda situación, porque esta es su voluntad para ustedes en Cristo Jesús. No apaguen el Espíritu (1 Tesalonicenses 5:16-19).

Si usted necesita un milagro, alabe a Dios. Si se siente acosada por todas partes por enemigos espirituales, declare: "Gloria a Dios, porque su misericordia permanece para siempre". Si siente que está a punto de caer en el desastre, recuerde a los hijos de Israel junto al Mar Rojo. ¡Su caída al desastre acabó siendo un salto al milagro! Cuando lo alabamos, ubicamos nuestros corazones en la posición correcta para recibir. *"No tengan miedo (...) Mantengan sus posiciones, que hoy mismo serán testigos de la salvación que el SEÑOR realizará en favor de ustedes..."* (Éxodo 14:13).

Notas:

1. *Strong's Concordance.*
2. *Strong's Concordance.*
3. *Strong's Concordance.*
4. Chuck D. Pierce, *El gerrero adorador*, Peniel, 2003.
5. *Strong's Concordance.*
6. *Strong's Concordance.*
7. *Brown Driver Briggs Hebrew Lexicon.*
8. *Strong's Concordance.*

CAPÍTULO 20

Avivar la pasión

El camino de Jesús hacia la cruz es conocido como "la pasión de Cristo". ¿Por qué se utiliza esta palabra? *Pasión* significa "emoción fuerte o intensa".[1] Jesús demostró una intensa emoción en su dolor y sufrimiento, pero no para promocionarse ni cumplir sus propios planes. Lo hizo para cumplir el deseo de Dios el Padre, de recuperar a la humanidad de manos de Satanás. Esta pasión permitió que soportara muchas cosas por nosotros. Hebreos 12:2 dice de Jesús: "… *quien por el gozo que le esperaba, soportó la cruz, menospreciando la vergüenza que ella significaba…*".

Nosotros fuimos su pasión; ahora, Él debe ser la nuestra. Debemos cultivar emociones fuertes, intensas por nuestro Esposo, nuestro Señor y nuestro Rey. Para hacerlo, debemos meditar en sus palabras para nosotras, escuchar su voz y pasar tiempo en intimidad con Él, en oración. Por medio de una relación profunda con Él, podemos despertar gozo, amor, entusiasmo y un deseo que sobrepasará a cualquier deseo de la carne.

Cuando lo amamos con esa intensidad y esa pasión, no hay nada que no estemos dispuestas a hacer por Él. Ningún precio es demasiado grande. Nuestra vida se consume por Él y sus propósitos en la Tierra. Este es el punto de la mayor victoria. Es el lugar de la más elevada adoración.

Luego oí en el cielo un gran clamor: «Han llegado ya la salvación y el poder y el reino de nuestro Dios; ha llegado ya la autoridad de su Cristo. Porque ha sido expulsado el acusador de nuestros hermanos, el que los acusaba día y noche delante de nuestro Dios. Ellos lo han vencido por medio de la sangre del Cordero y por el mensaje del cual dieron testimonio; no valoraron tanto su vida como para evitar la muerte...» (Apocalipsis 12:10-11, énfasis agregado).

La adoración nos permite buscar apasionadamente a nuestro Señor, y Él, a su vez, nos da poder. Las grandes mujeres de Dios lo buscarán con todo su corazón, sin guardarse nada, y despertarán la pasión que nos lleva a la victoria.

Ven, amado mío...

Yo soy de mi amado, y mi amado es mío... (Cantar de los Cantares 6:3).

Jesús debe ser el centro de nuestro corazón. Todo lo que hacemos por Él en el servicio, todo lo que hacemos por Él en la batalla espiritual, todo lo que hacemos por Él para cambiar nuestro mundo debe estar motivado por el profundo deseo de conocerlo más a Él. Debemos aceptar plenamente el hecho de que su deseo más grande es que lo conozcamos. No seremos como los siervos que se presentaron delante de su Señor en el día del juicio y dijeron: *"Señor, Señor, ¿no profetizamos en tu nombre, y en tu nombre expulsamos demonios e hicimos muchos milagros?".* Y el Señor les respondió: *"Jamás los conocí. ¡Aléjense de mí...!"* (Mateo 7:22-23).

Debemos conocerlo como nuestro Esposo, que está apasionadamente enamorado de su Esposa. Somos la Esposa de Cristo, individual y colectivamente, y debemos devolver su amor, quitando todo obstáculo, abriéndonos paso hasta su presencia, para conocerlo mejor. Él nos llama a quitarnos de encima la oscuridad del invierno, cuando nada crece y nada florece. Debemos levantarnos y abrazar su primavera, para poder florecer en su presencia:

Mi amado me habló y me dijo: «¡Levántate, amada mía; ven conmigo, mujer hermosa! ¡Mira, el invierno se ha ido, y con él han cesado y se han ido las lluvias! Ya brotan flores en los campos; ¡el tiempo de la canción ha llegado! Ya se escucha por toda nuestra tierra el arrullo de las tórtolas. La higuera ofrece ya sus primeros frutos, y las viñas en ciernes esparcen su fragancia. ¡Levántate, amada mía; ven conmigo, mujer hermosa!» (Cantares 2:10-13).

La generación de la demostración

Dios busca una generación que no se avergüence de quién es en Cristo y del poder que Él le ha dado gratuitamente. Busca una "generación de demostración" que demuestre osadamente el corazón de Dios, el mensaje de Dios y el poder de Dios al mundo. Cuando somos llenas del Espíritu Santo y entregamos nuestra vida a Él en adoración, recibimos lo necesario para convertirnos en embajadoras suyas en la Tierra.

Las mujeres de destino no tendrán temor de declarar valientemente el mensaje de Dios por medio de su adoración. Serán creativas y expresivas; pintarán libremente el cuadro del corazón de Dios y lo que siente por su pueblo por medio de canciones, música, danzas, gestos y demostraciones. Las mujeres como Débora se liberarán de los límites y adorarán con abandono, comunicando libremente su amor por su Señor.

También estarán equipadas para demostrar todas las verdades de La Palabra. Sanidades, milagros, señales y prodigios fluirán libremente cuando las mujeres de fe se levanten para demostrar el Reino.

Yo mismo, hermanos (o hermanas), cuando fui a anunciarles el testimonio de Dios, no lo hice con gran elocuencia y sabiduría. Me propuse más bien, estando entre ustedes, no saber de cosa alguna, excepto de Jesucristo, y de éste crucificado. Es más, me presenté ante ustedes con tanta debilidad que temblaba de miedo. No les hablé ni les prediqué con palabras sabias y elocuentes sino con demostración del poder del Espíritu, para que la fe de ustedes no dependiera de la sabiduría humana sino del poder de Dios (1 Corintios 2:1-5, énfasis agregado).

Notas:

1. *Webster's Dictionary of the English Language.*

Mujeres que marcan una diferencia por su compasión

MICHAL ANN GOLL

El ayuno que he escogido, ¿no es más bien romper las cadenas de injusticia y desatar las correas del yugo, poner en libertad a los oprimidos y romper toda atadura? ¿No es acaso el ayuno compartir tu pan con el hambriento y dar refugio a los pobres sin techo, vestir al desnudo y no dejar de lado a tus semejantes? (Isaías 58:6-7).

Sí, hay un ayuno que va más allá del agua y la comida. Va más allá de toda limitación de tiempo, porque es un estilo de vida de ayuno. Para realizar este ayuno, debemos tener el corazón deseoso de justicia de Dios y utilizar nuestra esfera de influencia para establecer verdadera justicia y misericordia. Debemos cambiar los lentes con que hemos estado mirando, salir de nuestro escondite y reconocer que Dios desea en su corazón que todos entren en su familia... que es nuestra familia. Es tiempo de agrandar nuestro corazón tomando como medida el corazón de Dios. Es hora de poner por obra nuestra pasión por Él; de dar libremente su compasión a quienes sufren. Tengo una convicción muy profunda: creo que, si nuestro corazón ha sido verdaderamente tocado por el amor de Dios, nos sentiremos motivados a entregar ese mismo amor a otros.

Se ha hecho mucho énfasis en los dones del Espíritu, y muchos quieren saber qué dones tienen. Pero, en lugar de dedicarse a servir, muchos han usado ese conocimiento para determinar qué cosas no pueden hacer. Es hora de que se ponga en práctica el mayor don que todos tenemos: ¡el don del amor! Es hora de hacer las cosas más sencillas y descubrir lo que sí podemos hacer. Podemos tomar de la mano a alguien; podemos dar un abrazo a otra persona. Podemos ofrecer una sonrisa a alguien que está triste y necesita algo de aliento. ¡Es hora de que se produzca un avivamiento de la bondad!

Yo he decidido hacer todo lo posible para ayudar a que se produzca ese avivamiento. En lugar de esperar que alguien más calificado que yo dé el paso al frente, siento que el Señor me insta a dar ese paso. Así que me he inscripto en la escuela de compasión de Dios. El primer requisito es admitir que no la tenemos y no la entendemos. Pero tenemos que obtenerla. Y la única forma que conozco de obtenerla es... ¡dar el salto! Estudiamos La Palabra para comprender lo que Dios tiene en su corazón; después, la escribimos en el nuestro, y luego es hora de salir y ponerla por obra. Algunas personas me piden que ore por ellas para impartirles compasión, y debo decir que no sé si eso es posible. La compasión es una obra externa de la pasión por Dios que está en lo más profundo de nosotros. Si tenemos una verdadera pasión por Dios, actuaremos, porque eso es lo que hace la compasión. ¡La compasión exige acción!

Creo que actuar en las relaciones y a través de ellas es algo que está muy cerca del corazón de Dios. Él cree en las relaciones. Es vital que el Cuerpo de Cristo comience a actuar como un cuerpo... ¡se supone que estamos unidos! ¡Queremos ayudar a conectar el cuerpo, coyuntura por coyuntura, oferta y demanda!

Hemos tenido el maravilloso privilegio de armar cortos viajes misioneros cuyo principal objetivo es orar, orar y orar. Hasta ahora, hemos ido a Mozambique, Tailandia, China y Burma. Nuestros corazones fueron conmovidos para siempre al conocer a estos increíbles guerreros del amor. Oramos por ellos. (¡Oh, cuánto disfrutan y aprecian esto!). Oramos por la Tierra proféticamente, escuchando lo que Dios tiene en su corazón para esa región en particular. Oramos por los niños y los servimos. Adoramos a Dios con entrega, exaltando al Dios de nuestros padres, el Dios de Abraham, Isaac y Jacob, creyendo que es uno de los mejores depósitos que podemos realizar. ¡Cualquiera puede hacer eso!

Creemos que no podemos transmitir realmente lo que Dios tiene en su corazón si no existe alguna aplicación que implique ayudar a los pobres y huérfanos. Leamos Proverbios 29:7: "El justo se ocupa de la causa del desvalido; el malvado ni sabe de qué se trata". Yo pensaba que llevaba lo que Dios tiene en su corazón… hasta que vi ese pasaje y descubrí cuán lejos estaba de esa verdad. Debemos involucrarnos y conocer las necesidades de las personas que viven circunstancias difíciles. Actualmente, estamos llevando ayuda a los niños de Mozambique, buscando formas creativas de recaudar fondos y materiales para su cuidado. También invertimos en la búsqueda de soluciones para las necesidades de las personas de Burma, los niños soldados de ese país, y también los de Tailandia y China. Ayudamos a rescatar a algunos de esos niños de las garras de la guerra, las enfermedades, el abuso y la pobreza. Estamos relacionándonos con ministerios de ayuda benéfica, tanto en el nivel local como en el internacional. Tenemos un profundo deseo de ayudar a las mujeres que están atrapadas en el círculo de la prostitución y el comercio sexual, y vemos la necesidad de refugios para ellas. Esas mujeres y sus niños necesitan lugares seguros, con la seguridad del amor de Dios. Tenemos que alcanzar a los jóvenes y amarlos. Tenemos que considerar a esos jóvenes como nuestros hijos, porque, desde el punto de vista de Dios, lo son. Buscamos maneras de ayudar a los países en vías de desarrollo a conseguir sistemas para filtrar el agua y enviar medicamentos y comida a las regiones necesitadas. Estamos desarrollando equipos de rescate para los casos de desastres naturales. Algunos integrantes de nuestro equipo trabajaron en los días posteriores al desastre de Katrina y aún hoy siguen viajando a Nueva Orleáns para ayudar allí.

Otra gran necesidad en la que estamos trabajando es en el área de nutrición y salud. Recopilamos materiales informativos y herramientas de autoayuda para educar y capacitar a las personas para prevenir enfermedades en lugar de tener que curarlas. Oh, nuestra nación necesita esto desesperadamente. Hemos sucumbido a la mentalidad del "si tienes un dolor, toma una pastilla", en lugar de comprender lo que Dios tiene en su corazón con respecto a la salud y la longevidad. También cavamos profundamente en las fuentes de la sanidad y aplicamos el poder sanador de Jesús a muchos.

Para tener el corazón y la unción de Débora, debemos atesorar el pasaje de Zacarías 7:9-10: «Así dice el SEÑOR Todopoderoso: » "Juzguen con verdadera justicia; muestren amor y compasión los unos por los otros. No opriman a las viudas ni a los huérfanos, ni a los extranjeros ni a los pobres. No maquinen el mal en su corazón los unos contra los otros". Esta es la Palabra del Señor para todo aquel que desee conocer el corazón de Dios. Débora llevó sanidad y liberación a su tierra. Cambió el sistema de justicia y llevó el comercio de vuelta a su pueblo. La tierra prosperó bajo su liderazgo, y todo quedó restaurado. Ella y Barac se unieron en la infame batalla contra Sísara... y ganaron. Ganaron la batalla en la tierra, pero también la ganaron en el espíritu, porque a ninguno de los dos le importaba quién se llevaba la gloria. Ambos tenían celo de la presencia de Dios; y por ello, Él recibió la gloria. Aprendamos a ser verdaderos líderes, como Débora y Barac. Que seamos llenos del amor de Dios para que la justicia se establezca en cada uno de nuestros ámbitos de influencia, tanto individuales como colectivos. ¡Así sea!

Michal Ann Goll es fundadora, junto con su esposo Jim, de Ministry to the Nations. Ha escrito varios libros y participa como oradora en conferencias en todos los Estados Unidos. Comparte las experiencias de su vida e inspira a otros a tener un andar más profundo con Jesús. Vive en Antioch, Tennessee, con su esposo y sus cuatro hijos.

Una palabra para las adoradoras

¡Mujeres como Débora, levántense y adoren a su Rey! Búsquenlo apasionadamente con todo su corazón; denle gloria, honra y alabanza. Por medio de la adoración, reciban valentía y coraje para entrar en toda batalla esperando la victoria. Despierten a poderosos tiempos de oración e intercesión. Demuestren libremente su amor, exprésenlo a Él declarando públicamente su señorío sobre sus vidas. ¡Adórenlo, porque Él es digno; alábenlo, porque es poderoso; exáltenlo, porque es excelente!

QUINTA SECCIÓN

Preguntas para reflexionar

1. ¿Qué es la verdadera adoración?

2. ¿Cómo la adoración nos da poder para la batalla?

3. ¿Hay aspectos de su vida en que necesita emplear los principios de la guerra y la adoración? Explíquelo.

4. ¿Cómo puede demostrar más eficazmente su adoración? ¿Qué otros aspectos del Reino quisiera Dios que usted demostrara?

¡Déboras, levántense!

Mujeres que marcan una diferencia formando la Compañía de Débora

Julie Anderson

Débora debe de haber sido una increíble mujer de fe en su época.

Conocía los tiempos y la naturaleza de Dios para liberar a su pueblo de la opresión, y recibió la sabiduría y la estrategia de Dios para dar victoria a su nación. Creo que, si viviera hoy, estaría esperando pacientemente, adorando y orando a Dios, prestando atención para saber qué tiene Él en su corazón para nuestros países; pero pronto comenzaría a actuar.

Las Déboras de la actualidad hacen impacto en el mundo en diferentes esferas de influencia y tienen notables encuentros sobrenaturales con victorias espirituales. La guerra contra el terrorismo, la continua hostilidad y las opresivas intimidaciones contra nuestros países son motivo de oración para un ejército cada vez mayor de mujeres que buscan a Dios; mujeres que oran por la paz, mujeres con gran fe en Dios. Las Déboras de hoy participan en todos los niveles. Están en el comercio, el arte, la publicidad, la banca, la educación, el gobierno, la tecnología, los medios, la medicina, el correo, los comercios y los servicios de seguridad. La lista de lugares donde hay mujeres orando, comunicándose y buscando juntas a Dios es inacabable; ellas se levantan como voces para hacer oír la voz de Dios.

En 1999, la visión de miles de mujeres fortaleciéndose espiritualmente y siguiendo al Señor Jesús en un gran ejército preparado para la guerra echó raíz en mí, y recordé el Salmo 68:11. Yo había acompañado a mi amiga Cindy Jacobs a Barcelona, España, donde ella iba a hablar. Había vivido una temporada de gran sequía espiritual antes de esto y me había cansado de luchar por la Tierra. Desalentada, sabiendo que debía romper algunos hábitos pecaminosos en mi vida –sobre los cuales no había triunfado–, sentí que necesitaba un descanso. Quería pasar tiempo con mi querida amiga Cindy. Sentía que, con su don profético, ella se daría cuenta de mis problemas, se levantaría en oración de fe conmigo para producir la victoria y quizá hasta me daría soluciones.

Mi esposo y yo vivíamos en Inglaterra, donde él había fundado y dirigía un instituto de capacitación bíblica donde dictaba cursos por la mañana y otros cursos vespertinos en Londres. Viajábamos de ida y vuelta a Londres varias veces por semana, dos horas de viaje, con frecuencia, en medio de un tránsito cerrado. Con el plan de estudios que habíamos preparado, nuestra meta era capacitar guerreros que conocieran con seguridad La Palabra de Dios, adoraran al Señor en intimidad y fueran hábiles para la guerra espiritual. Intercedíamos y buscábamos a Dios para lograr una victoria y un avivamiento espiritual que despertara a nuestros países: Estados Unidos, tierra natal de mi esposo, y el Reino Unido, la mía.

Enseñar y capacitar a los alumnos en los principios de Dios pasó de ser una batalla diaria a una larga maratón que Dios confirmó por medio de Nahum 3:14. Iba a ser un prolongado sitio para el cual debíamos prepararnos. La vida se convirtió en un trabajo penoso; pasábamos horas en el tránsito todos los días; nos levantábamos al amanecer y llegábamos a casa a medianoche. La falta de una buena alimentación y de un buen descanso, de horas de sueño y de ejercicio físico, comenzó a hacer mella en nosotros.

La opresión había aumentado notablemente en Londres. Había demasiadas personas con demasiados puntos de vista, perspectivas y religiones; todas tratando de mezclarse en un revoltijo de culturas y cambiando la sociedad, exigiendo que las cosas se hicieran a su manera. Los Hare Krishna caminaban por Oxford Street orando; los musulmanes discutían en Speakers Corner, Hyde Park; los judíos del norte de Londres parecían más excluidos que nunca; mientras tanto, la voz de los cristianos se apagaba cada vez más. La Londres que yo amaba comenzó a hundirse en la nada, perdiendo progresivamente su identidad inglesa. Se habían aprobado leyes sobre el comercio los domingos para las personas que trabajaban toda la semana, lo cual era entendible, pero ahora no había ningún día tranquilo en la ciudad para meditar, orar, leer. Todos andaban corriendo de un lado para otro, demasiado ocupados para Dios.

Débora supo cuál era el momento para que Barac dirigiera con éxito al ejército de Israel a la guerra, y supo que la gloria de Dios se manifestaría a través de una mujer. Prediqué su historia y pensé en ella, y me encontré caminando por el campo en los días que me quedaba en casa, fuera de Londres. Escuchaba a Dios durante horas, mientras me ocupaba de las tareas domésticas, y oraba e intercedía por nuestro parlamento británico y nuestros líderes políticos.

Cuando salí para viajar con Cindy a España, no tenía idea de que Dios me estaba preparando para implantar en mí una nueva visión. Débora marcó una diferencia en el futuro de su nación, y de alguna forma, yo sentí que yo también lo haría.

Cindy y yo nos hospedamos en el centro de Barcelona, donde la habían invitado a hablar. El viejo hotel era limpio y pacífico. La segunda noche de nuestra estadía me desperté a eso de las tres de la madrugada y encontré a Cindy sentada en su cama, junto a mí, con aspecto de sorprendida pero, al mismo tiempo, angélica. Su rostro tenía un aspecto suave y delicado, y el cuarto estaba lleno de una increíble sensación del Espíritu de Dios. Cindy, con voz baja, lo explicó diciendo: "¡Gabriel estuvo aquí!".

El ángel de Dios había estado allí, y Cindy había recibido una visión en la que nos vio montadas a caballo. Profundamente conmovida, mi amiga me contó lo que había visto y oído. Me dijo que yo estaba en un caballo blanco, y ella en uno marrón; íbamos galopando por diferentes naciones con miles de mujeres siguiéndonos. Fue entonces que me di cuenta de que había llegado la respuesta que me daría la estrategia para la victoria, y que sería para más países además del Reino Unido y los Estados Unidos.

Mi esposo y yo nos mudamos al centro de Londres poco después de esto, y comencé a trabajar con nuestros cursos de capacitación en la ciudad. También comencé a conducir más reuniones de oración bajo el nombre de "Prayer for the Nations" (Oración por las naciones), la organización de beneficencia que habíamos fundado y registrado, *y que dirigíamos. Después de un concilio de referencia en el que me reuní con personas en cuya sabiduría confiaba, inicié una escuela de oración estratégica en Westminster, para orar por nuestro parlamento y nuestros líderes políticos.*

Tres días por semana, adoradores, salmistas, intercesores, misioneros y pastores venían a recibir un refrigerio espiritual, a recargar sus baterías y a recibir oración en la Escuela de Oración Estratégica, desde donde enviábamos a los creyentes a iniciar sus propias escuelas de oración o a regresar a su trabajo con una fe y una visión renovadas. De esa pequeña escuela de oración surgieron toda clase de reuniones estratégicas, incluyendo las Convocatorias Internacionales de Oración y "The Call, England" (El llamado, Inglaterra), un día en que miles de personas se humillaron en el estadio de fútbol de Reading, y dos generaciones se reunieron para ayunar y orar. También organizamos y administramos el Desayuno Nacional de Oración en el Parlamento durante cuatro años consecutivos.

Un día de 2004, mientras oraba, me di cuenta realmente de que esa noche de 1999 en España, Dios había tocado intencionalmente mi corazón para que levantara mujeres y mujeres como Débora. No era por casualidad que Dios había enviado a Gabriel, que había llevado un mensaje del cielo; y aunque yo no tenía deseos de involucrarme en un ministerio femenil, ahora sabía que tenía que orar por esa visión de miles de mujeres unidas. Me encantaba orar y hablar con Dios, y estar en reuniones de oración y sanidad, pero la idea de estar con muchas mujeres no me seducía tanto. Dios tendría que trabajar en mis inseguridades, mis temores a las críticas y esas pequeñas envidias que son tan fuertes entre las mujeres.

Cuando comencé a orar y comprender que Dios no envía ángeles —en particular, a Gabriel— a una visitación terrenal a menos que se trate de algo muy importante, supe que había recibido una comisión del cielo que debía cumplir en la Tierra. Comencé a orar por todas las mujeres que anhelaban pureza y fortaleza, que no temen ir a la guerra. (Aunque las mujeres no iban a la guerra en la época de Débora, ella se levantó y no temió acompañar a Barac al campo de batalla).

Al mismo tiempo, Cindy vino a Londres a hablar en una de nuestras conferencias AWAKEN, y me di cuenta de que necesitaba invitar y reunir a mujeres de influencia para escucharla. Organizamos un almuerzo en una pizzería de Pimlico, en el centro de Londres, y atestamos el salón del primer piso. Después de esto, se produjo una explosión de visión espiritual en los corazones de estas mujeres hambrientas y desesperadas, que anhelaban ver la victoria y el destino cumplirse en sus vidas.

Unos meses después, reuní a un grupo de mujeres líderes para otro almuerzo, esta vez, en un fino hotel de Victoria. Doce mujeres nos reunimos para intercambiar ideas sobre cómo alentar a las mujeres y armar un ejército de intercesoras. Durante el año siguiente, mientras se reunían diferentes líderes, yo continué orando. Cuanto más oraba, más sentía que el 7 de julio de 2005 sería una fecha tremendamente importante para Dios, que sería el día en que lanzaríamos oficialmente nuestro ejército de "mujeres como Débora" en el Reino Unido.

Cuando Jane Hamon vino a Londres a hablar en nuestra conferencia AWAKEN, ninguna de nosotras sabía que ese sería el día en que iban a explotar bombas terroristas en diferentes lugares de la ciudad, y que hombres, mujeres y jóvenes inocentes morirían como consecuencia de los ataques. La mañana del 7 de julio, yo me había levantado temprano para orar, y luego había ido a lavarme y secarme el cabello antes de que comenzara la conferencia de tres días con Jane y Tom Hamon, Dutch Sheets y Chuck Pierce. El Señor me había dicho claramente que debíamos abrir de par en par las puertas proféticas para Londres e invitar a los profetas a entrar; el espíritu de profecía iba a fluir a toda la nación y a otros países desde Londres. Cuando sonó mi celular, a las 9.10 de la mañana, era una joven Débora que me llamaba para informarme sobre las explosiones, e inmediatamente sentí una enorme ira.

Pero Débora no temía la guerra, y nosotras tampoco debíamos temerla, como mujeres de Dios. No sentí temor, solo ira porque esto había sucedido justamente esa mañana. Somos llamados a gobernar y reinar desde los lugares celestiales de intimidad con Cristo y en Él, y a

LA COMPAÑÍA DE DÉBORA

andar en esta Tierra en una íntima relación con Dios. En ese día histórico, muchas mujeres se quedaron sin poder asistir al almuerzo porque la policía británica había desconectado inmediatamente las redes de teléfonos celulares y llenado de barricadas la ciudad. La fecha 7/7/05 es el día en que Londres recuerda la tragedia del terrorismo. Dios escogió ese día para lanzar a las Déboras por una puerta profética para ser usadas para expresar su voz.

El domingo anterior, por la tarde, mi esposo me había llevado a visitar el Museo de Guerra Imperial, que está cerca de nuestra casa. Mi esposo es muy sensible a los tiempos de Dios, y con frecuencia, me guía y me protege en el calor de las batallas espirituales. Fue muy conmovedor caminar con él recorriendo la historia de la Primera Guerra Mundial, la Segunda Guerra Mundial y terminar esa tarde en el salón del "Día D".

En 1944, había mujeres que oficialmente sabían del Día D entre quienes trabajaban en las diversas reparticiones de las sedes de la Armada Real y la Fuerza Aérea Real, ayudando a ganar la Segunda Guerra Mundial. El esfuerzo de la guerra fue apoyado en gran manera por mujeres que eran esposas, novias y madres, que sabían —aunque no de fuente oficial— sobre el inminente desembarco, en algún lugar de Francia, del largamente esperado Segundo Frente. Las mujeres eran conocidas como "reyezuelos".* Mi madre era una de ellas, y recuerdo que, cuando era pequeña, yo me preguntaba cómo las mujeres iban a la guerra.

Mientras me detenía a contemplar la historia, fue interesante ver que cuando los hombres desesperaban, hubo momentos en que las mujeres se levantaron y salvaron a su nación. Vi que la victoria venía de la estrategia que Dios había dado a los generales, usando a personas comunes para formar un ejército que cruzó el Canal de la Mancha y se levantó contra la dominación nazi. Gran Bretaña, por supuesto, se unió a los Estados Unidos en una fuerza unida. Me di cuenta de que Dios me estaba hablando. Lo escuché decir: "Comienza a organizar 'Días D' en Londres, y trae la victoria a mis mujeres. ¡Quiero que las mujeres se levanten! Quiero que cada una de ellas escuche mi voz y sepa que ha sido llamada a orar en este tiempo".

Hasta la fecha, hemos tenido cuatro "Días D", y cada uno fue histórico. Cuando Jane Hamon vino a Londres en junio de 2006, casualmente, tuvimos el Día D en la misma fecha que habíamos realizado el primero. Ese día, en Westminster, mientras orábamos por las mujeres con influencia, especialmente por las que están en política, hubo un derramamiento tangible del Espíritu de Dios.

Hoy, hay muchas mujeres que son Déboras modernas y que oran con el viento fresco del Espíritu de Dios. Son Déboras de estos tiempos, mujeres que marcan una enorme diferencia trabajando en Oración por el Parlamento y sirviendo a sus gobiernos por medio de la oración y la inteligencia intercesora.

¡Mujeres de Dios, levántense! Usted es una Débora en su campo, y puede marcar una diferencia si obedece cualquier cosa que el Señor la haya creado para hacer. Así como todos trabajaron juntos en el Día D con lo que tenían, y marcaron tal diferencia que lograron la victoria en la Segunda Guerra Mundial, de la misma manera, hoy hay una victoria, individual o colectiva, que debe ser obtenida a través de usted.

Débora sabía que la intimidad con Dios era su propósito más elevado. Débora no se permitió adormecerse ni ser engañada por los dioses o las posesiones mundanas. Débora esperó con fe y dedicación inquebrantables, y recibió lo que Dios tenía en su corazón. Débora fue preparada para la guerra en ese lugar secreto en que se recibe la verdadera victoria. Débora permaneció en ese lugar de intimidad con Dios para recibir la estrategia de la victoria que derrotó y superó en inteligencia a los enemigos de su nación.

¡Levántense, mujeres de Dios! Hoy, la unción de Débora cae sobre las mujeres. Si usted está leyendo este libro, sin duda, el Espíritu Santo despierta esa unción dentro de usted para que luche en oración por sus hijos, su familia y su país.

---

* N. de la T.: un tipo de pájaro.

CAPÍTULO 21

Mujeres como Débora, levántense en doble porción

Hoy, Dios llama a una nueva raza de mujeres en la Tierra. Este ejército de mujeres comparte muchos aspectos y atributos de Débora. No son mujeres de un solo frente, sino tienen múltiples talentos, dones y capacidades. Dios las tomará como una gema preciosa extraída de la montaña, y las hará atravesar el proceso de corte y pulido hasta que cada faceta brille, transparente y refulgente.

Reclamemos nuestra herencia

Hemos entrado en un tiempo de cambio en la Iglesia y en la Tierra. Dios vuelve a colocar a las mujeres en su justo lugar de funcionamiento y autoridad. Vemos en toda La Biblia que este siempre ha sido su deseo para las mujeres, y estamos entrando en el tiempo de dominio y liberación más grande que este planeta haya visto desde antes de la caída. Hasta ahora, hemos participado de una apertura limitada, pero ahora llega el tiempo de la doble porción.

En Números 24:4-7, leemos la historia de las hijas de Zelofejad, que se plantaron contra la cultura y la costumbre de su época para reclamar herencia entre sus hermanos. Su padre, un hombre justo que había servido con Moisés, murió sin hijos varones que lo heredaran. Pero tenía cinco fuertes hijas mujeres que reclamaron su herencia delante de Moisés. *Zelofejad* significa "sombra de temor". Dios está liberando a las mujeres de la sombra de temor que las ha inmovilizado y ha cercenado su capacidad de marcar una diferencia en la Tierra.

¿Será borrado de su clan el nombre de nuestro padre por el solo hecho de no haber dejado hijos varones? Nosotras somos sus hijas. ¡Danos una heredad entre los parientes de nuestro padre!». Moisés le presentó al Señor el caso de ellas, y el Señor le respondió: «Lo que piden las hijas de Zelofejad es algo justo, así que debes darles una propiedad entre los parientes de su padre. Traspásales a ellas la heredad de su padre...» (Números 27:4-7).

Esto explica cómo se inició este movimiento de devolver a las mujeres un puesto de funcionamiento y herencia plenos. Las mujeres se levantaron y pidieron herencia entre sus parientes. Los líderes varones que buscaban al Señor –como lo había hecho Moisés– declararon que tal solicitud era justa y buena; que debían recibir posesión de la herencia como ministros capaces en el Cuerpo de Cristo. Como consecuencia de esto, las mujeres comenzaron a acceder a oportunidades de hablar, predicar y liderar. Pero este avance fue solo limitado, porque en muchas áreas del liderazgo cristiano no se ha reconocido, aún, el llamado de Dios para las mujeres.

Gálatas 3:26-29 nos recuerda que, en el Cuerpo de Cristo, no hay hombre ni mujer, sino que todos hemos sido hechos herederos según la promesa. Colosenses 1:12 dice que el Padre nos ha hecho aptos a todos para participar de la herencia de los santos. Esta herencia es más que la mera salvación del alma y el perdón de pecados. Es la capacidad de acceder al camino ordenado por Dios para nuestra vida.

Recibir la doble porción

Un principio de La Palabra de Dios establece que, cuando Dios restaura algo en la intención original en que fue creado para obrar, se manifiesta una doble porción. Zacarías 9:11-12:

En cuanto a ti, por la sangre de mi pacto contigo libraré de la cisterna seca a tus cautivos. Vuelvan a su fortaleza, cautivos de la esperanza, **pues hoy mismo les hago saber que les devolveré el doble** (énfasis agregado).

También en Isaías nos alienta ver que Dios restaurará doble honor en lugares donde ha reinado la confusión y la vergüenza. Dios es un Dios de justicia, y su deseo es que el mandato de Génesis 1:28 se cumpla, y el hombre y la mujer dominen la Tierra. Eso ocurre cuando se manifiesta la doble porción.

En vez de su vergüenza, **mi pueblo recibirá doble porción***; en vez de deshonra, se regocijará en su herencia; y así en su tierra recibirá* **doble herencia***, y su alegría será eterna. «Yo, el* SEÑOR *amo la justicia, pero odio el robo y la iniquidad. En mi fidelidad los recompensaré y haré con ellos un pacto eterno…»* (Isaías 61:7-8, énfasis agregado).

Esta doble porción que Dios libera en todo el Cuerpo de Cristo es la impartición del manto apostólico y profético que destruye estructuras demoníacas que han mantenido cautivas a personas y culturas. Es la liberación del espíritu de sabiduría y revelación que menciona Efesios 1:17-18, que equipa a los santos para una apertura personal así como para que avancen en sus esferas de autoridad. Esta doble porción es que hombres y mujeres, jóvenes y viejos, blancos y negros, ricos y pobres, trabajen juntos como uno solo para cumplir los propósitos del Reino.

Esta doble porción da sanidad a las personas que se sacuden las cadenas de la historia que las han atado en falsas identidades, temor y vergüenza. Cuando la Iglesia se levante con esta libertad, ¡mundo, cuídate! Es hora de dar un cambio del Reino a toda la Tierra y de infiltrarse en los reinos de este mundo con el evangelio del Reino de Dios.

Esta doble porción es, también, unción de abundancia. Hay una porción para mí, para satisfacer todas mis necesidades: físicas, emocionales, relacionales, económicas y espirituales; y otra para satisfacer las necesidades de otros. Hay una porción para que yo tenga salud, y otra para dar unción de sanidad del Señor a otros que tienen necesidades físicas. Hay una porción para que todas mis necesidades económicas sean suplidas y que mi visión tenga financiamiento, y otra porción para sembrar en las necesidades y las visiones de otras personas. Hay una porción para que yo cumpla mi destino, y otra para ayudar a que otros cumplan sus destinos. Nuestro Dios es un Dios de abundancia, un Dios de más que suficiente. ¡Él es el Señor de la doble porción!

Aunque las mujeres iniciaron este movimiento de restauración levantándose y reclamando el derecho de tomar su lugar en el Cuerpo de Cristo, ahora, Dios, da esta herencia a sus hijas.

Cuando Job sufrió todas sus pérdidas, el dolor y la pena, pero permaneció fiel a su Señor, Dios le restauró todo lo que le había sido quitado. Pero Dios no le dio simplemente lo mismo que había perdido; le devolvió el doble. De esta doble porción, Job dio a sus hijas herencia entre sus hermanos, y Dios las hizo las mujeres más bellas de esa tierra.

Después de haber orado Job por sus amigos, el Señor *lo hizo prosperar de nuevo y le dio dos veces más de lo que antes tenía (…) El* Señor *bendijo más los últimos años de Job que los primeros (…) Tuvo también catorce hijos y tres hijas. A la primera de ellas le puso por nombre Paloma, a la segunda la llamó Canela, y a la tercera, Linda. No había en todo el país mujeres tan bellas como las hijas de Job. Su padre les dejó una herencia, lo mismo que a sus hermanos* (Job 42:10, 12-15, énfasis agregado).

¡Mujeres de la Compañía de Débora, levántense!

La Compañía de Débora demostrará tanto el espíritu de sabiduría como el de revelación. Serán esposas, madres y mujeres de negocios. Todas tendrán la visión de su llamado como ministras y la seguridad de su capacidad para escuchar la voz de su Señor.

La Compañía de Débora será osada y valiente; confrontará el pecado y las tinieblas, combatirá las fuerzas del mal y derribarán fortalezas. Estas mujeres enfrentarán sin misericordia sus propios temores e inseguridades y no darán lugar al diablo. La Compañía de Débora no se dejará influir ni gobernar por la filosofía del mundo acerca de las mujeres. Nadie podrá impedirles cumplir su destino a causa de su género, y ellas no adoptarán las filosofías paganas del feminismo y el humanismo. Estas mujeres serán damas que viven su femineidad y sus ventajas como mujeres. La Compañía de Débora tendrá corazones de adoradoras para su Señor y Rey. Conocer, amar y servir a Jesús será su pasión, y sentirán el desafío y la compulsión de demostrar su Reino dondequiera que vayan. Andarán con los Barac del Cuerpo de Cristo en la unción de la doble porción del Señor para hacer impacto en la Tierra. Estas mujeres serán apostólicas y proféticas en todo lo que hagan. Andarán y trabajarán con otras mujeres sin envidias ni competencia. Aceptarán el mandato de dominar y transformar la Tierra. ¡Estas mujeres marcarán una diferencia!

*El Señor da la palabra (de poder); **las mujeres que escuchan y publican** (la noticia) son un gran ejército* (Salmo 68:11, La Biblia Amplificada, traducción libre, énfasis agregado).

Acerca de la autora

La Dra. Jane Hamon pastorea Christian International Family Church junto con su esposo Tom desde hace más de veinte años. Viaja por los Estados Unidos y otros países impartiendo revelación profética y autoridad apostólica para fortalecer a la Iglesia, de manera que se levante y avance hacia su destino y propósito en la Tierra. Su ministerio activa a los santos para que escuchen la voz del Señor y brinda estrategias para ganar batallas espirituales, así como una nueva dinámica del poder milagroso de Dios para la Iglesia. Ha escrito tres libros: *Dreams and Visions* (Sueños y visiones), *La Compañía de Débora* y *The Cyrus Decree* (El decreto de Ciro). La Dra. Hamon vive con su esposo –con quien está casada desde hace veinticinco años– y ha criado tres hijos, todos los cuales trabajan con ellos en el ministerio.

Notas

Notas

Notas

Esperamos que este libro
haya sido de su agrado.
Para información o comentarios,
escríbanos a la dirección
que aparece debajo.

Muchas gracias.

info@peniel.com

www.peniel.com